IT'S THE MANAGER
Moving From Boss to Coach

From **GALLUP**

ザ・マネジャー
人の力を最大化する組織をつくる

ボスからコーチへ

Jim Clifton
ジム・クリフトン
Jim Harter
ジム・ハーター

古屋博子訳

日本経済新聞出版

IT'S THE MANAGER: Moving From Boss to Coach
by Jim Clifton and Jim Harter

Japanese translation rights arranged with Gallup, Inc.

人の潜在能力を最大限に発揮させる。
それが、いますべての組織の最大の目的であると
考えている人たちへ。

ザ・マネジャー　人の力を最大化する組織をつくる　―目次

Ⅲ　採用のためのブランドを確立する

Ⅳ　ボスからコーチへ

V これからの働き方

巻末資料

本書の読み方

本書は、CEO（最高経営責任者）、CHRO（最高人事責任者）、マネジャーに向けた参考書です。しかし、シカゴからロサンゼルスまでの出張時の機上で、はじめから終わりまで読む、といったタイプの本ではありません。私たちは、あなたの組織がいま直面している問題についてアドバイスするために本書を執筆しました。

本書では、50項目以上のブレークスルー（問題解決の糸口となる突破口）を取り上げ、それぞれをテーマごとに5つの部――「戦略を立てる」「組織文化をつくる」「採用のためのブランドを確立する」「ボスからコーチへ」「これからの働き方」に分けて解説しています。

企業や組織はその「旅路」において、それぞれ異なる局面にいます。あなたの組織ですでに取り組んでいる課題もあれば、いま苦戦している最中のものもあるでしょう。あなたがいま抱えている最大の課題を解決するための答えが書かれている章を見つけてください。

ただし、どの章であってもこの本を読んでいるときにひとつだけ念頭に置いてほしいことがあります。それは、「マネジャーやチームリーダーの質が、あなたの組織の成功を左右する唯一にして最大の要因である」ということです。

序章　いま世界中の人々が望んでいること

The New Will of the World

いま世界中の職場が歴史的な転換期の渦中にあります。にもかかわらず、現場で実践されているマネジメントには30年以上にわたって大きな変化がありません。

どのように働き、どのように生活して、どのように人生を送りたいのかが大きく変化しているのに、マネジメントの実践がそれに追いついていないのです。適応させるべきときが来ています。

この状況を理解しようと、ギャラップのアナリストたちは、ほぼすべての主要な研究機関やマネジメントに関する文献を、そして、私たちが30年以上にわたって米国と世界の職場で追跡調査してきた独自データを調べました。この追跡調査には、世界160カ国で実施した、従業員とマネジャーを対象とする数千万件の深層インタビューも含まれています。

また、世界の大企業300社のCHRO（最高人事責任者）たちとラウンドテーブル（訳注、円卓で自由な意見交換を行うミーティング）を行いました。

さらには、世界的に著名な経済学者にも話を聞きました。

そして、私たちは次の結論に達しました。「世界で最も深刻な短期的（5～10年）課題は、経済のダイナミズムと生産性（1人当たりのGDP）の低下であり、これらの問題は確実に改善することができる。かつて、リーン経営やシックスシグマが米国や世界の製造品質を改善したように」

ただし、今回、取り除かなければいけない「欠陥」は、プロセス上の失敗ではありません。問題は、人の潜在能力が最大限に発揮されていないことです。

ですから、政治や政策で解決することはできません。この問題を解決することができるのは、CEO（最高経営責任者）やCHROです。政府組織やNGO（非政府組織）を含め、世界に約1万ある大組織を率いるCEOやCHROこそが、この世界最大の問題を解決することができるのです。

企業は重要な役割を担っています。国勢調査局によると、米国には約600万の企業があります。そのうち400万社が従業員4人以下で主に家族経営の企業です。中小企業は200万社で、その内訳は従業員5～9人の企業が100万社、10～19人の企業が60万社、20～99人の企業が50万社です。従業員100～499人の企業は9万社、従業員500人以上の企業は約1万8000社あります。

この1万8000社の組織文化が「従業員の能力開発に注力する組織文化」へと変わることができれば、米国のGDP成長率や生産性は大きく改善するでしょう。

解決策は、世界中の労働者が望んでいることに「マネジメントの実践」を合わせることです。偉大なるアメリカン・ドリームは変わりました。そしてグローバル・ドリームも変わったのでです。世界中の人々が望んでいるのは、よい仕事をすること。これが、世界の新しい「意思」なのです。

組織が、その意思に応えられたら、すべてが変わるでしょう。

リーン経営やシックスシグマのようにマネジメントの実践方法が一変すれば、人は変貌を遂げ、組織は膨大な時間とコストを節約することができます。すべてが改善されるでしょう。人もチームも成長し、能力を発揮して、はるかに大きな成功を手にすることができます。「よい仕事をしたい」「すばらしい仕事をしたい」という意思と実際の仕事が一致するからです。

チームメンバーの潜在能力を十分に発揮させることができない。これは、シックスシグマの用語でいえば「欠陥」です。

ある世界的な大手プロフェッショナル・サービス企業は、こんな試算をしています。マネジャーが、部下の育成や継続的なコーチングの会話を行わず、ただ部下の評価書類だけを書いているような場合、年間10億ドル相当の経営陣の時間が無駄になっています。多くのCEOやCHROが気づきはじめているように、既存の大規模な人事評価やランク付けが有効だという証拠はありません。世界中の研究機関を探しても見つかりませんでした。

CEOやCHROからよく次のような質問を受けます。「従業員の能力開発に注力する組織文化かどうか、どうすればわかりますか。また、どうすれば監査できるのでしょうか」。この問いの答えを測るために最も有効な項目が、後ほど説明する〈Q12〉のなかにあります。それは次のとおりです。

「仕事上で、自分の成長を後押ししてくれる人がいる」

この項目に従業員の60％が「強く同意する」と回答したなら、あなたは職場を変革し、世界を大きく変えたことになります。

本書のデータや分析結果から得た発見によって導き出された結論は、次のとおりです。「過去30年間、世界経済の生産性が鈍化したのは、マネジャーが、部下やチームを導き、育成するための方法を変えることができなかったから」

私たちの分析は従来のマネジメントの実践を批判していますが、その一方で、「この問題は解決することができる」と結論づけています。それは、従業員エンゲージメントに上昇傾向をもたらすことです。世界中の従業員のうち、仕事にエンゲージしている従業員（訳注、仕事や組織に熱意を持ってかかわっている従業員）はわずか20％です。つまり、意義深いミッションと目的を持ち、成長を実感できる、すばらしい仕事に就いている人は20％だけだということです。仮にこの数値が50％に向上したら、あらゆる職場が、ひいては世界全体が変わるでしょう。

また、エンゲージしている従業員の割合を大きく増やす方法も、研究によりわかっています。このことについてはすでに何冊もの本が書かれており、知見もあります。問題は、過去30年間で「マネジメントの科学」が大きく進歩したにもかかわらず、現場での「マネジメントの実践」がそれに追いついていないということです。

長いあいだ、企業の目的は、株主利益を生み出すことでした。しかし、それだけでは「これからの働き方」に応えることはできません。

ピーター・ドラッカーが定義した企業の目的は、「有効な定義はただひとつ、顧客を創造することである」でした。私たちもその解釈が好きです。しかし、それだけでは、「これからの職場」において不十分なのです。

新しい企業の目的、そして、「これからの働き方」には、人間の潜在能力を最大限に発揮させることが含まれなければならないのです。

生産性とは何か

人の潜在能力が最大限に発揮されると、よいことがあるのは、企業だけではありません。その影響は、国や世界の生産性にまで及びます。それほど有益なのです。

世界中のほとんどの機関で経済学者や研究者が基準にしている指標がGDP（国内総生産）です。GDPとは、すべての国民が生み出し、互いに売買するすべてのものの総額です。

もし国に「総売上高」という項目があるとすれば、それはGDPであり、その国の国民や組織のすべての取引の総計です。ほとんどの国の政府は、この総計を四半期ごとに報告しています。

GDPは、社会の進歩や国家の健全性を表す主要な指標だと考えられています。たとえば、中国の1人当たりGDPは順調に伸びていますが、ロシアは停滞しています。そのため、中国の人間開発のほうがロシアよりもよい状態にあると見ている著名な学者や思想家たちもいます。

それほど単純ではありませんが、少なくともGDPは、国や社会を問わず一貫した指標であり、一般的には非常に参考になります。

そして、GDPの成長率を総人口で割ったものが、経済学者が言う「生産性」です。

たとえば、米国を会社として、あなたがそのCEOまたはCHROだとします。会社には約1億2500万人のフルタイム従業員と2700万人のパートタイム従業員がいて、売上高は約20兆ドル（2018年のGDP）、負債は約20兆ドルです。巨大企業である米国株式会社が直面している最も深刻な問題は、成長率の低下と経費の急増です。

従業員の50％で35年前より収入が減っているため、従業員の不満は募る一方です。実質的には35年以上、給与は上がっていません。住宅費や医療費、教育費などの支出が増えているのに、給料の額は据え置きか、減っているのです。

CEOやCHROは、各国の政府よりも、自国や世界の経済のダイナミズムを変えられる立場にあります。よい財政政策は悪い財政政策よりましですが、最も強力な手段は、国会議員ではなくCEOやCHROの手中にあるのです。

ウォール街はなぜ空回りしているのか

あらゆる階層の従業員が成長しなければ、組織も成長しません。気力もアイデアも、有機的な顧客成長（訳注、顧客の需要だけでなく、エンゲージメントや経験、ニーズに合わせたサービスの提供、その結果としての長期の関係なども含む）もありません。これらが重なると、経済のダ

図表1　世界経済の成長

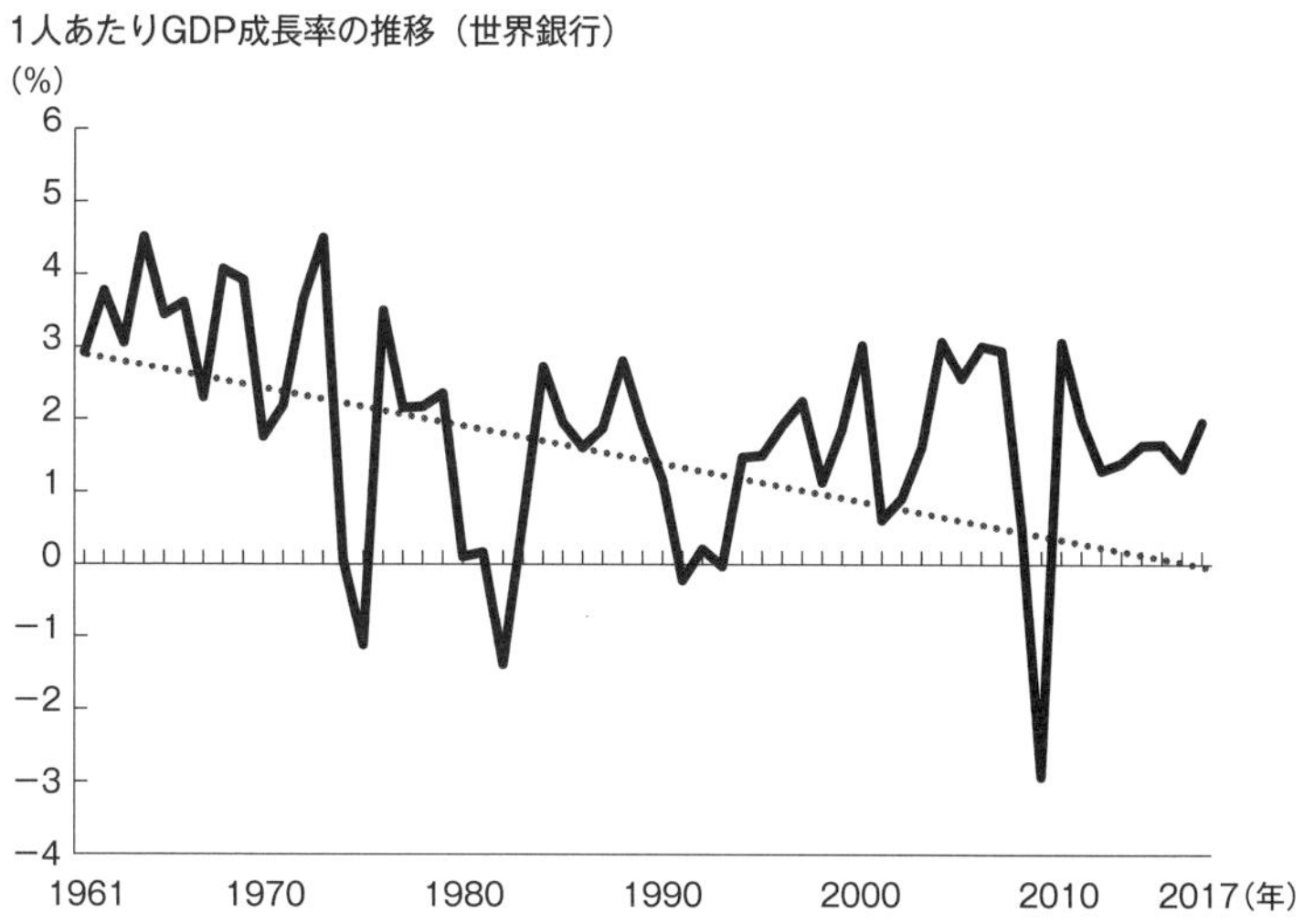

イナミズムが失われていきます。約20社を除いて、米国の大企業で同じことが起こりました。そこで、彼らがとった成長のための手段は「買収」です。

組織が本来の有機的な成長に失敗すると、CEOはあきらめて、競合他社を買収するか、安売りを始めるのです。

驚くことに、上場企業の取締役会の多くがこうした手段を後押ししています。

図表1は、経済のダイナミズムが失われていく世界がどのようなものかを示しています。

競合他社の買収は、フォーチュン1000社ほぼすべての企業にとっての成長戦略です。その結果、米国取引所の上場企業の数は過去20年間でほぼ半減し、約7300社から約3700社になりました。

つまり、「群れ」はかなり小さくなってきています。

こうした買収戦略は、いつか行き詰まるでしょう。となると、ニューヨーク証券取引所やナスダックはいつまで必要とされるのでしょうか。

私たちの分析によると、「ほとんどの企業で、既存の顧客層に対してより多くの販売をするだけで収益を2倍に伸ばせる」ことがわかっています。しかし、理由は何であれ、それは行われていません。顧客を感化し、意欲を湧き立たせるチームをつくって（訳注、本人だけでなく他者の意欲をかき立てることが重要。顧客にやる気をもたらし、顧客の事業をともに創造していくことも含まれる）顧客との関係を育てていくよりも、買収で「顧客を購入する」という安易な道を選んでいるのです。

取締役会の方々には、回収不能な高額の買収を行うよりも、真の有機的な成長戦略を直ちに実行していただきたいと思います。そのためには、優れたマネジャーのもと、従業員の能力開発に注力する組織文化を基盤として持たなければいけません。その基盤の上に成長が始まります。チームとして「意欲を湧き立たせる力」が高まったとき、顧客との関係は深まり、収益や利益の質も高まります（訳注、顧客が「単なる買い手」から「ともにビジネスをつくる人」に、供給者が「単なる売り手」から「自分の生活や人生になくてはならないものを提供する人」に変わることで両者の関係性が一段階上のものになり、たとえば持続性が高まるなど、得られる利益の質が確実によくなる）。このことに、あなたのリーダーとしての仕事をかけてください。

意欲的なチームによる成長には、買収のような高額な投資は不要です。さらには、世界が望んでいるものを満たすことで人類を正しい軌道に乗せることができるでしょう。

世界が望んでいること

先述したとおり、世界が望んでいるのは「よい仕事」に就くことです。

数年前、ギャラップは、世界人口の98％を対象に人々の生活の状態を推定するグローバルな方法論を構築しました。その方法に基づいて、私たちは世論調査でこう尋ねました。「はしごを想像してみてください。そのはしごには、一番下は0、一番上には10までの数字がついています。一番上の10があなたにとって最も理想的な生活で、はしごの一番下の段が最悪の生活を表すと考えてください。段が高くなれば生活がよくなり、低くなれば生活が悪くなるとしたら、あなたは今現在、はしごのどの段に立っていると感じていますか。実感に一番近いのはどの段ですか」

続いて、「すばらしい生活にするものは、正確に言うと何ですか」と質問しました。

結果は驚くものでした。まず、法と秩序、食料と住居は、どの国の人々にとっても依然として基本的なニーズでした。しかし、世界の人々が抱いている夢は、「よい仕事」に就いたときに実現することがわかったのです。

同様の傾向は、私たちが80年以上にわたって米国で行ってきた追跡調査にも見られます。それによれば、人々はまず、基本的なニーズとして法と秩序（安全）を、次に食料と住居を求めています。そして、かつては家庭を持ち、家を買い、平和に暮らすことを望んでいました。

しかし、いまは違います。米国でも世界中のどこでも、人々が望んでいるのは「よい仕事」なのです。これは、ギャラップにとって過去最大の、かつ驚くべき発見のひとつです。家族や子ども、家を持つこと、そして平和はいまでも重要ですが、優先順位は以前より低くなっています。想像しうる最高の人生は、生活に足る収入が得られるすばらしい仕事と、自分の成長を後押ししてくれる上司やチームリーダーがいなければ実現しません。このことは特に、若い人たちや、ますます増えつつある働く女性にとって重要なこととなっています。

「ひどい仕事」「よい仕事」「すばらしい仕事」の違いはいったい何なのでしょうか。

ひどい仕事とは、不完全雇用で、非常に低い賃金しかもらえない、フルタイムで働きたいのに30時間未満しか働かせてもらえないような仕事を指します。

よい仕事とは、組織のためにフルタイムで働き、週30時間以上勤務し、生活費が賄える給与が支給される仕事と、ギャラップでは定義しています。

すばらしい仕事とは、「よい仕事」にもうひとつ大きな要素が加わったものです。それは、意味のある充実した仕事に熱意と当事者意識を持って取り組んでいること、つまり、仕事にエンゲージし、職場で個人として成長し、能力を発揮していると実感していることです。

すばらしい仕事をしている人は、他とはまったく違う成果を手にしています。仕事がうまくいくだけではありません。チームに意欲を吹き込み、問題を起こすのではなく解決し、地域社会でボランティア活動を行い、心身ともにはるかに健康的で、ウェルビーイング（訳注、キャリア、人間関係、経済、身体、コミュニティの5つの要素において生き生きしている状態）も高く、職場での事故も少なく、ミスもほとんどありません。

問題は、このように仕事にエンゲージしている、あるいはすばらしい仕事をしている人が、世界の労働者のうちわずか20%しかいないことです。この少数の人たちが、世界経済を動かしています。彼らが組織や社会に提供している価値ははかりしれません。

ギャラップによると、残りの80%の人々は、仕事に熱意を持っていない、つまり、ただ仕事をするふりをしているか、最悪の場合「仕事や上司、会社が嫌いだ」と答えています。驚くのは、「自分の仕事は無意味だ」と答えていることです。これがミレニアル世代の回答なら、「自分の人生は無意味だ」と解釈できてしまいます。

世界中の職場が、私たちが思っている以上に大きなニーズを抱えているのです。

たとえば、日本を見てみましょう。日本は、何でもきちんと行おうとするすばらしい国ですが、憂慮すべきことに日本人の94%が仕事に「エンゲージしていない」または「まったくエンゲージしていない」という結果が出ています。この問題は非常に深刻で、政府は、職場でのストレスや燃え尽き症候群、悲劇的な自殺率の高さに対処するために新しい政策や法律を整えようとしています。

マネジメントの実践がいまのままなら、日本国内での「これからの働き方」だけでなく、日本の文化をも破壊してしまいます。日本の労働者のうち、「仕事にエンゲージしている」と答えたのはわずか6%です。

世界のリーダーやCEO、CHROはこれまで、従業員エンゲージメントを改善するよりもはるかに難しい問題を解決してきました。しかし、この従業員エンゲージメントの問題を解決することは、自分たちの組織の成長だけでなく、世界中の企業の成長や人類の発展における次の飛躍にもつながります。これまでで最も解決しがいがある問題ではないでしょうか。

成功のカギはマネジャー

CEOやCHROの多くはここまで読んで、次のように思っているのではないでしょうか。「おっしゃることはわかります。では、よりよい成果を出すために、いますぐできることは何でしょうか。『世界が望んでいること』と『これからの働き方』に合わせて自社の文化を全面的に変えるには、どのような手段をとればよいのでしょうか」

ギャラップの創業者ジョージ・ギャラップから80年前に解読を託されたすべての暗号のなかで、私たちが解読した、最も核心的かつ明快で議論の余地のないものは、おそらくこれでしょう。「チームのエンゲージメントにおける分散の70%は、マネジャーによって決定されます」

そう、マネジャーなのです。

5万人の従業員がいれば、約5000人のマネジャーやチームリーダーがいます。すべてのばらつきは、そこにあります。よく考えられた福利厚生パッケージや新しい評価システム、無料のランチ、スポーツ施設などはどれもすばらしいものですが、それらだけで成長の成果を変えることはできません。それを変えられる方法はただひとつ、優れたマネジャーとひどいマネジャーの割合を改善することです。

５０００人の管理職のうち、30％が優秀、20％が最低、50％が普通のマネジャーだとしましょう（米国の従業員エンゲージメントの全国平均値とほぼ同じです）。この30％を60％に倍増させ、20％を一桁に減らすのです。そうすれば、株価は急上昇するでしょう。ＣＥＯやＣＨＲＯがとることができる行動のなかで、これ以上、確実に、かつ構造的で持続的に企業価値を変えられるものはないでしょう。

そのためにはどんな手段があるのでしょうか。通常、変化を起こすための手段はいくつもありますが、この場合はひとつ。それが、マネジャーです。

チームメンバー全員の潜在能力を最大限に発揮させることができる優れたマネジャーがいれば、世界中の人々が望んでいるすばらしい仕事とすばらしい人生を実現することができます。

それこそが、「これからの働き方」でもあるのです。

I

戦略を立てる
STRATEGY

人々に意欲を吹き込むメッセージは大切ですが、それだけでは何も変わりません。いくつものチームをまとめ上げ、優れた意思決定を行うための「戦略」を立てることが重要です。

第Ⅰ章 CEOやCHROは何を変えるべきか
What Exactly Should CEOs and CHROs Change?

ミレニアル世代（1980～1996年に生まれた人）とZ世代（1997年以降に生まれた人）の多くは、やる気に満ちて仕事を始めます。しかし、古いやり方のマネジメントが実践されることによって、彼らの人生はすり潰されていきます。「前例どおり」という名目で踏襲される形式や世代間のギャップ、個別のニーズや事情を考慮しない一律的な手法、年次評価など、現在に至るまで、マネジメントの実践方法にはほとんど進歩が見られません。

このことは、組織の生産性においてどのような意味があるでしょうか。もしあなたが古いやり方をしているなら、直ちに職場を刷新する必要があります。組織文化を変革するのです。

出発点は、まず、CEOやCHROが信じていることを変えることです。次にマネジャーが信じていることを変える。そして、そのマネジャーが部下をどう育成するかを変えていきます。

ギャラップによれば、特にミレニアル世代が、人々のコミュニケーションや読み書きの方法、人間関係のあり方など、これまでの世界の仕組みをすっかり変えてしまったことがわかっています。そして、もう元には戻りません。ミレニアル世代とZ世代は、小売りやサービス、不動産・住宅、交通、エンターテインメント、旅行などの仕組みも変えつつあります。高等教育も間もなく様変わりするでしょう。

彼らは、世界が望んでいること、すなわち、すばらしい仕事と人生の意味も変えようとしているのです。

6つの変化

私たちが推奨するのは、組織文化を「かつて求められていたもの」から「新たに世界が望んでいること」へ直ちに転換することです。以下は、私たちが発見した6つの大きな変化です。

1　ミレニアル世代とZ世代は、ただ「給料」をもらうために働くのではなく、「目的」を求めている　この世代の人々は、仕事をすることで何らかの意味や価値に貢献したい、ミッションや目的を持った組織のために働きたいと考えています。ベビーブーマーなどの世代は、必ずしも仕事に意味を必要としませんでした。仕事に求めたのは給料です。彼らにとってのミッションや目的は、自分の家族や地域社会でした。ミレニアル世代やZ世代にとっても報酬は重要で、公平でなければなりませんが、一番の動機ではなくなりました。この世代が重視するのは「給料」ではなく「目的」です。あなたの組織の文化も、そう切り替えていく必要があります。

2　ミレニアル世代とZ世代は、仕事に「満足度」ではなく「成長」を求めている　この世代

図表2　職場での要求の変化

過去	→	未来
給料		目的
満足度		成長
ボス		コーチ
年次評価		継続的な会話
弱み		強み
仕事		人生

のほとんどの人は、オフィスで見かける豪華なアメニティに関心がありません。従業員の満足度を高めるために、スポーツ設備や豪華なコーヒーメーカー、無料で提供される食事などを用意している企業が多々ありますが、こうしたアメニティや娯楽を与えることは、リーダーとして間違っています。さらにまずいことに、それは従業員を見下していることになります。

3　ミレニアル世代とZ世代は、「ボス」ではなく「コーチ」を求めている　これまでは上司に指揮統制の役割が求められていました。しかし、ミレニアル世代やZ世代が求める上司は、それとはまったく異なります。コーチングができ、人としても従業員としても敬意を払ってくれる。さらには、自分が強みを理解し、それを伸ばすのを助けてくれる。そんなチームリーダーやマネジャーがいることを重視しています。

4　ミレニアル世代とZ世代は、「年次評価」ではなく

「継続的な会話」を求めている　この世代のコミュニケーションのとり方は、メッセージアプリやツイッター、スカイプなど、即座に反応し続けていくスタイルです。ミレニアル世代とZ世代には、こうした絶え間ないコミュニケーションとフィードバックが習慣としてあり、このことが職場に大きな影響をもたらしています。年に一度の評価だけでは決してうまくいかないでしょう。

5　ミレニアル世代とZ世代は、「弱み」だけを注視するマネジャーを必要としない　弱みが強みに発展することはありませんが、強みは飛躍的に伸びていくものであることが、調査からわかっています。もちろん弱みを無視してはなりません。正確にいえば、弱みを理解しつつ、強みを最大限に活かすべきなのです。強みに基づく組織文化は、優秀な人材を惹きつけ、定着させるのに役立ちます。

6　それは単なる「仕事」ではない、「人生」そのものである　先述したように、いま世界中の誰もが「よい仕事」に就くことを望んでいます。これはギャラップの発見のひとつです。また、このことは特にミレニアル世代やZ世代に当てはまります。「この組織は、私の強みや貢献に感謝しているのか」「この組織には、私の得意なことを毎日する機会があるか」などについての関心が、組織文化の歴史において、かつてないほどに高まっています。ミレニアル世代とZ世代にとって仕事とは、もはや単なる仕事ではなく、人生そのものだからです。

第2章

なぜ組織変革はこんなにも難しいのか

Why Organizational Change Is So Hard?

「自分たちの組織のリーダーには明確な方向性がある」という項目に「強く同意する」と回答した従業員は、わずか22％しかいませんでした。

組織文化を「かつて求められていたもの」から「いま世界が望んでいるもの」へと変革し、前章で述べた「6つの変化」にマネジメントを適応させるには、CEOやCOO（最高執行責任者）など、Cレベルの経営幹部のリーダーシップが不可欠です。それなしには実現できません。問題は、「自分たちの組織のリーダーには明確な方向性がある」という項目に「強く同意する」と回答した従業員がわずか22％しかいないことです。

なぜ、組織変革はこんなにも難しいのでしょうか。

答えのひとつは、人類が何千年ものあいだ、小さな集団や部族で生きてきたことと関係があります。部族のメンバーは、それぞれが役割を持って価値を提供することで、何らかの見返りを得ていました。こうして部族は絆で結ばれていたのです。集団が生き残れるかどうかは、メンバーが自分の役割を果たしているかどうかにかかっていました。

また、部族の資源を奪うかもしれない部外者を信用しないことで見返りを得てきました。

狩猟採集社会では「われわれvs彼ら」という思考が、生き残るために必要だったのです。こうした部族主義は、私たちの脳のなかに刻み込まれています。

さらに、集団内で維持できる協力者の数には限りがあることが、社会学者の研究で明らかになりました。つまり、大きな組織が機能するためには、あなたの忠実な友人がさらに忠実な友人を持ち、その忠実な友人がさらに忠実な友人を持つ……といった必要があるのです。

あなたのネットワークは、こうした2次、3次のつながりを通じて初めて影響を及ぼすことができます。リーダーとして成功するためには、あなたの評判が、親しい人だけでなく、さらにその先へと広がっていくことが大事なのです。

私たちが行った職場調査も、こうした社会学的発見を裏付けています。成功する組織には波及効果があります。経営陣のエンゲージメントが、マネジャークラスのエンゲージメントに波及し、さらにそれが現場へと下りていきます。しかし、何も手を打たなければ下りていきません。

大規模な社会や、リーダーが何千人ものメンバーやチームを率いる大企業が誕生したのは、人類の進化においてごく最近のことです。大組織の成功例も失敗例も数えきれないほどありますが、失敗例の多くは、ネットワークの崩壊によるものです。部族主義がよみがえり、チームは他のチームと対立するようになります。その結果、組織の大目標から外れることになるのです。

実際に大組織のリーダーが直面している課題は、共通する文化がないことです。これは有名企業でもよく見られる課題です。ベストセラー『まず、ルールを破れ』（日本経済新聞出版）にも書かれているように、意外な発見だったのは、同じ企業内でもチームによってエンゲージメントに大きな差があることでした。私たちのデータベースの指標で比較すると、あるチームのエンゲージメントは上位に、あるチームのエンゲージメントは下位に位置しており、残りのチームのエンゲージメントはその中間に位置しています。

一方で、大きな組織や社会が発展してきたことには、理由があります。大きくなることによって生まれた効率性が、人々の苦痛や苦労を減らして生活をより楽なものにし、長寿を可能にしてきたのです。

効率的な仕組みをつくったり、大きな建物を設計したり、インフラを整備したりする際には、これまでのやり方、上司（ボス）による指揮統制型のリーダーシップがうまく役目を果たしてきました。しかし、そうした上位下達のリーダーシップは、コーチングやコラボレーションを必要とする現在の職場では機能しなくなってきています。

第3章 リーダーに欠かせない2つの特性

Two Non-Negotiable Traits for Leaders

1　いくつものチームをまとめ上げる

2　優れた意思決定を行う

「チームに意欲をもたらす力さえあれば、リーダーは成功する」という誤解があります。それが本当ならよかったのですが。

少し考えてみましょう。やる気を起こさせるのがうまい講演者が、その変化が継続したという証拠を持ち合わせていないことが多いのは、なぜでしょうか。それは、よかれと思ってなされた動機づけのメッセージの多くが、現実の日々の経験とかみ合わないからです。リーダーシップでも同じことがいえます。

最初は、ほとんどの従業員が、リーダーの言葉を信じたいと思うものです。しかし、日々いろいろなことが起こるなかで、彼らはリーダーの信憑性を疑いはじめます。たとえば、「新しい取り組みに対して軌道修正を求められたが、その理由がわからない」「年次評価の際、なぜ期待したボーナスや昇進がなかったのか、理由がわからない」「仕事をしていないが社内政治に長けている人が、代わりにもらったのではないか」「福利厚生がカットされたことを上司は上層部のせいにしている」など。チームに意欲をもたらそうとするリーダーは、従業員たちの目にどう映っているのでしょうか。

私たちは50年間にわたり、経営陣から中間管理職、現場の監督者まで、リーダーについて調査してきました。優れたリーダーとその他のリーダーを分けるものは何でしょうか。

私たちが見つけた、成功するリーダーの条件は20以上の次元にのぼります。ビジョンを描く力、戦略的に考える力、社内外に影響力を持つネットワークを築く力、難しい決断を下す勇気など、成功するリーダーに見られる要素は確かに多次元的なものです。しかし、そうした特徴のほとんどは次の2つに集約できます。彼らはどうやって次のことを行えばいいか、わかっているのです。

1　いくつものチームをまとめ上げる

2　優れた意思決定を行う

そして、この2つの要素は、組織がアジャイル（俊敏）であるかどうかによっても大きく左右されます。

意欲をもたらすメッセージは重要です。しかし、チームをまとめ、優れた意思決定を行うための戦略がなければ、真の影響力を発揮することはできません。

リーダーが成功するためには、この2つの要素のどちらか一方が欠けてもダメなのです。

第4章 いくつものチームをまとめ上げる

Bring Multiple Teams Together

マネジャーが成長すると、自分の仕事を大局的な視点からとらえ、他のマネジャーと協力して力を発揮することができるようになります。

どんな組織も問題を抱えています。軋轢と向き合ってその問題を解決するのか、それとも責任を誰かになすりつけるのか。それは、リーダーシップについてどう考えているかによって変わります。

現場の第一線にいるマネジャーやスーパーバイザーも、従業員たちと同じように、自分が成長し続けていると実感できる仕事をする必要があります。多くのマネジャーは、会社が抱えている問題からチームを守るために自らが盾となり、責任をとろうとしますが、自分の問題を上層部のせいにしてしまうマネジャーもいます。「私のせいではない。会社のせいだ」と。「われわれvs彼ら」の思考にとらわれてしまうと、チームは孤立します。

チームリーダーであれ、マネジャーのマネジャーであれ、エグゼクティブ・リーダーであれ、あらゆる階層のマネジャーが、「ミッション」と「目的」を必要としています。しかもそれは、日々の仕事、つまり自分たちの貢献と関連づけて考えられるものでなければなりません。また、明確な「期待値」も必要です。期待値は、企業としての戦略が変更されたら、その都度、再定義しましょう。さらに「継続的なコーチング」と「アカウンタビリティ（説明責任）」があれば、自分の進歩と可能性を確認することができます。

マネジャーが従業員のニーズを満たす前に、まずは「マネジャー自身」のニーズが満たされていなければなりません。ひとつの部署のなかには、歩調が合うマネジャーもいれば、合わないマネジャーもいるでしょう。すると、互いが互いを敵か味方のどちらかにとらえはじめます。同じ部署内のマネジャー同士の絆がどれだけ強いかによって、それぞれのチームが他のチームをサポートするかどうかが決まります。

マネジャー自身がエンゲージメントの高い状態にあり、成長していれば、大局的な視点からチームを超えた連携を従業員たちに促すことができるでしょう。本書では、第Ⅳ部「ボスからコーチへ」などで、マネジャーの能力開発に向けたロードマップについて解説します。

効果的な組織変革にはマネジャー同士の協働が不可欠です。

第5章 優れた意思決定を行う

Make Great Decisions

「組織とは、意思決定を生産する工場です」

ダニエル・カーネマンは、ギャラップの名誉シニアサイエンティストであり、ノーベル経済学賞を受賞した心理学者です。意思決定に関する世界的権威である彼は、私たちにこう言いました。

「組織とは、意思決定を生産する工場です」

戦略的な方向性や、M&A（企業の買収・合併）、カギとなる人材採用、新たなテクノロジー、会社のミッション、倫理的ジレンマなど、組織の命運は、すべてリーダーの意思決定にかかっています。

もし「正しい」決断でなければ、その決断にかけた労力はすべて水の泡となります。

正しい決断を下すことは、それ自体が科学です。正しい決断をするためには、運もさることながら、3つのポイントがあります。

1 自分の限界を知る

リーダーが正面から向き合わなければならないのは、「意思決定において、自分にはどんな強みと弱みがあるのか」を知ることです。判断を誤る可能性が高いのは、どんな場面でしょうか。たとえば、あるリーダーは、非常に強い自信があるため、よく考えずに決断してしまいがちです。また、競争心が強いので、長期的な目標よりも目先の成功を優先させるようにチームを導いてしまうかもしれません。あるいは、単に十分な知識がなく、専門家のサポートが必要かもしれません。優れた意思決定ができる人は、自分の限界をいやというほどよくわかっています。

2 批判的な検討をする

その決断は理にかなっているでしょうか。また、根拠は何でしょうか。リーダーはよりよい決断をするために、同僚と一緒に批判的思考で、リスクの高い落とし穴を特定する必要があります。なぜなら、ほとんどのリーダーが、自分と同じような考え方をする人や意識的・無意識的に自分に同調しようとする人たちに囲まれており、「確証バイアス」に陥っているからです。多くの場合、彼らはリーダーとして「集団思考」と戦い、逆行する決断をする必要があります。

大きな決断をする前に、自分の判断が強みと弱みのどちらに偏っているかをチェックしましょう。そして、確証バイアスに陥っていないか確認してください。あなたは、「イエスマン」に囲まれていないでしょうか。もしもそうなら、チームのメンバー全員に反対意見を求めてみましょう。その決定がもたらす短期的・長期的な影響として、どのようなことが想定されるでしょうか。

3　分析に基づいた証拠を用いる　その数字は何を語っているでしょうか。データに見られるパターンは、あなたの決断を後押しするものですか、それとも矛盾するものでしょうか（第52章参照）。アマゾンの元ＣＥＯ、ジェフ・ベゾスの有名な言葉があります。「事実に基づいた意思決定の優れた点は、階層（ヒエラルキー）をひっくり返すことにある」。正しく行われた分析は、政治やバイアスを覆す力を秘めています。

協働するチームと優れた意思決定が組み合わさったとき、組織は、真にアジャイルな文化を構築する絶好の機会を手にすることができるのです。

II

組織文化をつくる

CULTURE

組織文化は、その組織のパフォーマンスに直接、測定可能な影響を与えます。

第6章 組織文化とは何か

What Is an Organizational Culture?

「自分の組織が支持しているものは何か、競合他社との違いを生み出しているものは何かを知っている」という項目に「強く同意する」と回答した従業員は半数以下、41%しかいませんでした。

組織文化は、その組織の目的（なぜ、その事業を行うのか）から始まります。組織文化が日々育まれるか否かは、マネジャーにかかっています。

経営陣の多くは組織の目的を雄弁に語れますが、それができる従業員はわずかです。自分の会社の価値を強く信じている従業員は、わずか27%しかいません。このギャップが、すべてに悪影響を及ぼしているのです。

組織文化は、その企業のブランド（従業員や顧客がその企業をどう見ているか）を決定づけます。

世界に通用する組織文化は、才能あふれる従業員のやる気を引き出すことで、優れた顧客体験を生み出しています。逆に、顧客と結んだ約束（ブランド・プロミス）を果たせなければ、顧客からの信頼を、さらには従業員からの信頼を失うことになります。

残念なことに、そうした状況はあちこちで見られます。「自分の会社は常に顧客との約束を果たしている」と感じている米国の従業員は、わずか26％しかいませんでした。

従業員が自社ブランドの差異化要因を理解していれば、その組織のパフォーマンスは向上します。しかし、「自分の組織が支持しているものは何か、競合他社との違いを生み出しているものは何かを知っている」という項目に「強く同意する」と回答した米国の従業員は半数以下の41％しかいないことが、私たちの分析で明らかになっています。

また、同項目に「強く同意する」と回答したミレニアル世代の71％が、「少なくとも今後1年間は会社に残る予定だ」と答えています。同項目に「強く同意しない」と回答したミレニアル世代でそう答えたのは30％でした。

組織の目的（なぜ、その事業を行うのか）がわからないと、優秀な従業員は去っていってしまいます。

第7章 なぜ組織文化が重要なのか

Why Culture Matters?

組織文化は、その組織のパフォーマンスに直接的な影響を与えます。

あなたの組織の文化について考えてみてください。

- 組織の目的とブランド、文化はどのくらい一致していますか？
- 組織の目的は、従業員や顧客にどのくらい明確に伝わっていますか？
- 従業員は組織文化にコミットしていますか？

優秀な人材は「評判の高い組織」に入ります。そうした点ではソーシャルメディアが、よくも悪くも組織文化の認知度を高めるのに一役買っています。

私たちの分析によると、組織文化を理解し体現しようとする従業員やチームは、そうでない従業員やチームよりも、社内の重要業績評価指標（ＫＰＩ）で常によい数値を出していることがわかっています。

組織文化は、その組織のパフォーマンスに直接、測定可能な影響を与えるのです。

全世界の従業員の3人に1人が、「会社が掲げているミッションや目的は、自分の仕事が重要なものであると感じさせてくれる」という質問に「強く同意する」と回答しています。これが3人に2人になると、欠勤が34%、事故の起こる確率が42%減り、品質が19%改善されます。

崩壊した組織文化に見られる症状

組織文化の問題であるにもかかわらず、当初は、それが組織文化の問題だと気づかないことがあります。次のような兆候があると、組織文化が崩壊している恐れがあります。

- グローバル人材を惹きつける力がない
- 顧客と従業員の関係性を基盤とする有機的成長を最大化することができない
- リーダーが主導して始めたことが進展しない
- 顧客ニーズに機敏に応えていない
- 最も優秀な従業員が、ブランド力のある他社へ転職する

なぜ、標準的な調査で組織文化を測れないのか

組織文化は、あらゆる組織において固有のもの、それぞれが個別のものです。

にもかかわらず、組織文化の診断方法の多くは、あらかじめ決められた「よい」「悪い」という視点に基づいて、組織文化を特定のタイプに当てはめようとするものです。そうした手法は、経営陣がつくりたいと考えている組織文化ではなく、ベンチマークとなる外部の組織文化と自社の組織文化を比較するものです。これでは、一般的な基準との比較はできても、企業の根源的な特徴や個性を測ることはできません。

組織には、厳密な科学的根拠に基づくとともに、自分たちの独自性を見極めるのに十分な柔軟性を持ったアプローチが必要です。

第8章 組織文化をどう変革するか

How to Change a Culture

組織文化の融合は難しい課題です。なぜなら「部族」には、自分たちのアイデンティティを維持したいという性質があるからです。

CEOやCHROの多くが、「組織文化」を最優先事項として挙げています。変革が必要だとわかっているからです。

彼らが望んでいるのは、世界で起きている変化に対してアジャイルに対応できる組織文化です。特に、優れた意思決定と迅速な実行を可能にするコラボレーション力の高い組織文化を、さらには優秀な人材を惹きつけて離さない組織文化を必要としています。

記録的な件数のM&Aがなされ、世界中の多くの企業がそれぞれの文化やブランドを融合させようとしていますが、組織文化の融合はめったにうまくいきません。なぜなら「部族」には、自分たちのアイデンティティを維持したいという性質があるからです。

では、組織文化を変革するためには何が必要となるのでしょうか。

1 目的とブランドを明確にする

CEOやCHRO、執行役員会は、なぜ事業を行うのかという「目的」と、就職希望者や従業員、顧客に認識してほしい自社の「ブランド」を明確にしましょう。目的とブランドは、他のすべてのことの基盤となります。従業員としての経験（エンプロイー・エクスペリエンス）は、就職希望者として企業に抱いた第一印象（組織文化やブランドをどう認識しているか）から始まり、入社から育成、最終的には退社に至るまでの過程（エンプロイー・ジャーニー）で、その印象を検証していきます。経営陣は、目的とブランドに与し、一貫した姿勢を保つとともに、全力でコミットしましょう。それが、チームをまとめ、優れた意思決定を行うための出発点となります。

2　仕組みやコミュニケーションを監査する　人材育成の実践やパフォーマンス・マネジメント、価値観や行事、組織構造などの仕組みやコミュニケーションを見直し、それらが組織の目的やブランドと合致したもの、一貫したものになっているかどうかを確認しましょう。この監査は短時間で行うことができます。また、年1回行うことを推奨しています。

3　ボスからコーチへ　あなたが望んでいる組織文化を実現できるのは、優れたマネジャーだけです。優れた組織文化はお金では買えません。マネジャーはあらゆる階層で、組織文化に何らかの変化をもたらします。また、従来のパフォーマンス・マネジメント・システムでは、従業員の意欲を高めることができず、何十億ドルもの生産性が失われていました（第20章参照）。今日、従業員が求めているのは「ボス」ではなく「コーチ」です。マネジャーが「ボス」から「コーチ」

へと変貌を遂げることで、従業員のエンゲージメントを高め、パフォーマンスをあげることが、さらには組織文化を変革することができます。

この後の章では、「強みに基づく組織文化」の構築や「従業員の能力開発に注力した組織文化」の創造など、これからの働き方に向けた組織文化の変革について説明します。退職者を惹きつける力や、ダイバーシティ＆インクルージョン、人工知能（ＡＩ）など、あなたの組織の文化やブランドに影響する重要な現実を列挙していきます。組織文化を変革し、目的とブランドを構築する方法についても、科学的根拠に基づいた洞察を提供します。

III

採用のための ブランドを確立する

EMPLOYMENT BRAND

組織の評判は、ソーシャルメディアやインスタント・メッセージによって、かつてよりもはるかに早く拡散していきます。

第9章 新世代の労働力を惹きつける

Attracting the New Workforce

企業は、忠誠心の高い顧客層を構築するために、マーケティング活動に時間と費用をかけています。しかし、その一方で忘れられがちなのは、それと同じくらい強力な「採用ブランド」を確立し、優秀な就職希望者（将来の従業員）を惹きつけることです。

テクノロジーの進展やSNSの普及のおかげで、従業員は「（自分たちが）企業ブランドをどのように経験しているのか」について、世間の人たちと共有できるようになりました。組織のなかで実際に起きていることを、いまや誰もが知っているのです。採用から入社、オンボーディング（入社後の施策）、キャリア開発の機会、そして退社に至るまでの従業員としての経験（エンプロイー・エクスペリエンス）のすべてが明らかになっています（図表3）。

ミレニアル世代は「つながり」を重視する世代です。仕事を探す際には、就職を検討している企業の現役社員からの紹介や、家族や友人からのアドバイスを求めます。これは、フェイスブックなどのSNSで仕事を探すのとは異なります。彼らは、信頼できる人のところへ行くのです。

また、彼らは、キャリア・フェアなどの採用イベントにはあまり関心がありません。それよりも他の手段のほうが簡単で素早くアクセスできるし、彼らにとってはそのほうが自然なのです。

図表3　従業員としての経験

あなたの組織での旅路

目的・ブランド・組織文化

誘致
優れた才能を募集する
↓
採用
優秀な従業員を獲得する
↓
オンボーディング
採用決定を確かなものにする
↓
エンゲージメント
強みと目的を確立する
↓
実行
期待値を実行に移す
↓
開発
成長をコーチングする
↓
出発
良好なかたちで退社する

このようにミレニアル世代は、関心のある企業の情報源に直接アクセスすることを好みますが、一方で彼らは、自身の専門分野のオンライン情報や専門家のネットワークサイト、オンライン求人サイト、従業員のクチコミサイト、一般的な検索エンジンなどを活用して、就職先の選択肢を広げようとします。それに比べると、SNSや大学のキャリアセンターなどのウェブサイトはあまり利用

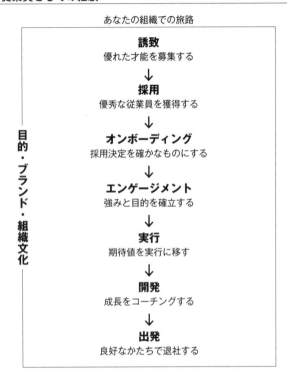

していません。

職場文化に関連していえば、ミレニアル世代は、自分のライフスタイルに合った仕事を求めています。若年層の約半数は依然として報酬を重視していますが、学習や昇進の機会、上司の質、興味深い仕事をすることなどに比べると重要度は下がっています。

こうした傾向は、企業の採用活動にとってどのような意味があるのでしょうか。それは、あなたの職場の現実がこれまで以上に「透明化」されて周囲から見られるようになり、何も隠せないということです。実際に職場でなされているマネジメントのあり方や昇進の仕方、働き方の柔軟性、実際に働くオフィス空間や場所などが、あなたの会社の「採用ブランド」を決定づけています。

したがって、最も重要なことは、採用のための強力なブランド力と、そのブランドどおりの職場文化を維持することです。評判は、かつてよりずっと早く拡散されていきます。

そして、Z世代が社会人になることで、組織の「透明性」はさらに高まります。彼らは、生まれたときからデジタルなコミュニケーションがあった世代だからです。

もし、あなたの組織が表向きに発している言葉と実態とのあいだに食い違いがあれば、就職希望者はネットや友人からそのことを知るでしょう。そして、それは拡散されていきます。

第10章 スター社員を採用する

Hiring Star Employees

バイアスのせいで、マネジャーが間違った候補者を選んでしまうこともあります。

採用を失敗した、または、ひどい採用をしてしまった。それは莫大なコストになり得ます。優秀な人材を採用する機会を逃すだけでなく、後任者を育成するためのお金もかかるからです。反対に、仕事に熱意を持つ優秀な社員を採用できれば、企業のコスト削減につながります。彼らは、顧客のエンゲージメントや収益、利益を向上させるからです。

適切な採用を行うことで、高いパフォーマンスを発揮する組織文化が確立されます。さらには、適切な採用が、人材がどれだけ容易に文化に溶け込み、どれだけ早く成長し、どれだけ長く在籍し、どれだけ組織を代表する顔となるか、そして、厳しい状況下でも頑張れるかを左右します。

つまり、有効な評価システムを用いてバイアスをなくせば、採用の成功率は3倍になるのです。

バイアスの種類

●**グレア要因**　候補者の外見や服装、自己アピールの仕方など、面接時に表面的に表れる特徴を偏重する。

●**経験の誤謬**　以前、とある会社から転職してきた社員が大成功したので、その会社からの応募者は誰もが成功するだろうと思い込んでしまう。

●**確証バイアス**　出身校や所属していたクラブなどの情報から候補者の印象をかため、そうした思い込みを裏付けるような発言だけを聞いてしまう。

●**自信過剰バイアス**　自分には応募者を見る目があると信じており、直感以外の情報を考慮しない。

●**類似性バイアス**　自分と似ている人を選ぶ。

●**ステレオタイプ・バイアス**　性別や人種、性的指向、民族、年齢などに関連した、無意識の固定観念を持っている。

●**可用性バイアス**　総合的に判断せず、面接時の記憶に頼り、覚えているいくつかのよい点または悪い点を基準にして判断する。

●**立場固定**　すでに多くの時間と労力をかけているので、候補者の採用を進めなければならないと心理的圧迫を受ける。

ナリニ・アンバディとロバート・ローゼンタールは、「サイコロジカル・ブレティン」誌に掲載されたメタ分析に関する論文のなかで、行動の「薄片」という言葉を用いました。この言葉は後に、マルコム・グラッドウェルの著書『第1感「最初の2秒」の「なんとなく」が正しい』で紹介され、有名になりました（訳注、同書では「輪切り」という訳語が使われている）。これは、「人間は、第一印象など、ごく短時間の人との交流のなかで得たちょっとしたサンプルをもとに判断を下すことが多い」という事実に基づいています。

場合によっては、こうしたきれぎれな情報が有効な洞察を提供します。たとえば、医師や看護師が測定した血圧や脈拍、採取した血液は、あなたの健康状態を判断するための、科学的根拠に基づいた薄片的な情報です。一方、右記で挙げた無意識のバイアスが働いている薄片もあります。バイアスがあると、安易な判断や誤った決断がなされ、結果的に失敗を招いてしまいます。

こうしたバイアスのせいで、マネジャーが、採用後に実際に仕事をしてみて、採用したときの判断を後悔することもあります。

一方で、膨大なデータがすぐに手に入る分野もあります。たとえば、大学からスポーツ選手を採用する場合、プロチームは、時間をかけてデータを分析したり、彼らの「試合映像」を見たりして判断します。採用担当部門は、5つ星システムを使って各候補選手を評価しています。このシステムは、完璧とは言わないまでも、どの大学のチームがその年の優勝候補になるかをかなりの精度で予測します。

企業には、求職者の「試合映像」を収集するような余裕はありません。しかし、幸いなことに組織心理学者は、１００年をかけて医学と同じくらい厳密な「心理測定学」を発展させてきました。心理的な特性を測定する心理測定学によって、いまでは、科学的根拠に基づいた薄片の情報で採用時のバイアスを大幅に減らしたり、採用後のパフォーマンスを予測したりすることができる効率的な方法が編み出されています。

第II章 採用プロセスを分析し、再設計する
Hiring Analytics —— the Solution

私たちは、50年間にわたり、2000社以上のクライアントにおける何百もの職種で、就職希望者や昇進の候補者に質問をし、回答を調査し、さらに採用後や昇進後のパフォーマンスを追跡してきました。こうしたデータの蓄積により、職種を問わずパフォーマンスを予測する5つの特性を発見しました。

1 モチベーション 達成に向けて突き進む力
2 ワークスタイル 効率的にやり遂げられるように仕事を組み立てる力
3 イニシエーション 行動を起こし、他者を成功へと駆り立てる力

4　コラボレーション　質の高いパートナーシップを築き上げる力

5　思考プロセス　新しい情報を取り入れて問題を解決する力

これら5つの特性の下位には、個人貢献者（訳注、研究職や事務職など、管理職ではない従業員）やマネジャー、そのほかエグゼクティブ・リーダーなどの職務に応じてそれぞれ異なるサブ特性があり、採用後のパフォーマンス予測の精度を高めるために使うことができます。

ギャラップのシニアサイエンティストでメタ分析の先駆者であるフランク・L・シュミットは、同僚のイン・スー・オー、ジョナサン・A・シェイファーと、過去100年分の組織心理学に基づくアセスメント研究をレビューしました。企業で最も一般的に使われてきた31種類の採用方法が対象です。

そのなかには、知能テストや性格診断、構造化されたインタビューなど、30～60分で終わるものもあれば、アセスメントセンターや就職試験など、より多くの時間をかけて実質的な観察を行うものもあります。シュミットらは、短時間の測定方法でも、時間がかかる観察方法と同じか、それ以上の性能を発揮することを突き止めました。短時間の効率的な方法は、長年にわたって改良されてきたのです。

ギャラップの調査や100年分のアセスメント研究の再調査からの知見、そして私たちのクライアント企業で最も実践的かつ効果的に機能していることを踏まえると、採用を成功させるためには次の4つの基準が有効です。

1　経験と実績　職務要求に合致した経験や学歴、職務知識があることの証明など、候補者についての情報を集めます。

2　生来の傾向　前述した5つの特性（モチベーション、ワークスタイル、イニシエーション、コラボレーション、思考プロセス）に基づいて候補者を評価します。これら5つの特性を審査することで、候補者について知りたいことをほぼ集めることができます。ギャラップの構造化されたインタビューやオンラインアセスメントを用いれば（訳注、クリフトン・ストレングスとは異なります）、効率的かつコスト効率の高い方法でこれを行うことができます。

3　複数回の面接　採用プロセスの後半では、採用担当者やチームメンバーなどが候補者と複数回の面接を行います。これにより、候補者の役割や組織への適合性、マネジャーやチームとの関係性を多方面から確認することができます。ギャラップは、その際の「会話」の質を高めるためのリスニングガイドを開発しました。複数回の面接による評価を組み合わせることで、1回の面接だけでは陥りがちな潜在的なバイアスを大幅に減らすことができます。

4　実践観察（オン・ザ・ジョブ・オブザベーション）　インターンシップやプロジェクト参加の機会を通じて、各候補者の個人的な成果やコラボレーション、顧客価値などについての「試合映像」を集め、上司や同僚に評価してもらいます。

これら4つの基準を用いることで、候補者にとってはエンゲージするポジティブな経験になると同時に、高いパフォーマンスと科学的に関係する採用プロセスを設計することができます。

AIの発展により、今後数年のうちに採用プロセスはさらに効率的になるでしょう。

第12章 未来のスター社員の「試合映像」をどこで探すか
Where to Find "Game Film" on Future Stars

「完成までに1学期以上かかるプロジェクトに取り組んだり、教室で学んだことを応用できるようなインターンシップや仕事に就いたりしたことがある」という項目に「強く同意する」と答えた大卒者は、3分の1以下でした。

きらりと光る逸材を惹きつける。そして、自社の「採用ブランド」を確立する。こうしたことは、将来のスター社員がまだ大学や高校に在学しているときから始めましょう。学生たちに心の準備をさせる最善の方法のひとつが、有意義なインターンシップや実習です。

学生たちにとってもそうした機会はとても価値があるでしょう。私たちの調査によると、「就職活動あるいは職場で成功するために必要なスキルや知識を身につけて卒業する」という項目に「強く同意する」と答えた大学生は、わずか3分の1（それぞれ34％、36％）でした。また、「自分の専攻はよい仕事につながる」と信じている大学生は半数強（53％）しかいませんでした。

いずれも、社会人になるための準備や教育機関から提供されるキャリア関連の支援に関する学生たちの意識について調べた、全米規模の標本調査「Strada-Gallup 2017 大学生調査」の結果の一部です。

さらに、大学卒業生を対象に、大学での経験の質を測るために設計された調査「ギャラップ卒業生調査（旧Gallup-Purdue Index）」では、大学卒業後の成功に強い関連性を持つ6つのポジティブな大学での経験を特定しています。

1 学ぶ喜びを駆き立ててくれた教授が少なくともひとりいた
2 自分をひとりの人として気づかってくれた教授がいた
3 目標や夢を追求するように後押ししてくれたメンターがいた
4 完成まで1学期以上かかるようなプロジェクトに取り組んだ
5 教室での学びを活かせるようなインターンシップや仕事をした
6 在学中、課外活動や組織へ非常に活発に参加した

これらの6つの経験は、特に卒業後のウェルビーイングや従業員エンゲージメントと強い関連性があります。しかし、「在学中にこれら6つをすべて経験した」と答えた卒業生は3％しかいませんでした。

この卒業生調査の結果には、企業が優秀な候補者を採用するための大きなヒントが隠されています。

これら6つの経験のうち、企業が積極的にかかわることができるのは、「目標や夢を追求するように後押ししてくれたメンターがいた」「完成まで1学期以上かかるようなプロジェクトに取

り組んだ」「教室での学びを活かせるようなインターンシップや仕事をした」の3つです。次世代の人材を確保するために大学と提携して、学生たちに集中的に仕事体験をしてもらうことを検討しましょう。

将来の働き手に対するメンターとして、いま仕事をしているプロフェッショナル以上の適任者はいません。インターンシップやメンターシップ、実践的な仕事のプロジェクトは、「実際にどのくらいうまく仕事ができるか」という採用前に判断するのが最も難しい尺度を測るための手がかりとなります。

優秀な卒業生を確保したいなら、積極的に場を提供し、高校や大学の在学時から将来の人材たちに仕事を体験してもらいましょう。インターンシップは、企業側から申し出ることもできます。また、学期ごとにプロジェクトを立ち上げるなど、大学のカリキュラムに自社のビジネスを組み込む方法を検討してもよいでしょう。

大学卒業者のうち、「教育は費用に見合っていた」という質問に「強く同意する」と答えた人は半分しかいませんでした。こうした認識は、大学での経験がどう計画されるかによっても変わるでしょう。また、大学と協力して次世代の人材をスタンバイさせることに企業がどれだけ熱心かによっても変わります。

もちろん、すべての人が伝統的な4年制大学に通うわけではありません。高校卒業後に就職する学生も大勢います。就職の仕方は今後数年間で大きく変化するでしょう。

採用ブランドを次のレベルに上げて、「働くとはどういうものか」というイメージを学生に持ってもらいましょう。これは、組織にとって、将来のスターを見つけることができるという利点があるだけでなく、学生にとっても計り知れない価値をもたらすのです。

第13章 オンボーディングのための5つの質問
Five Questions for Onboarding

1「皆が信じているものは何か」
2「私の強みは何か」
3「私の役割は何か」
4「私のパートナーは誰か」
5「ここでの自分の未来はどうなるのか」

入社したばかりの従業員は、どのようにして「私たちの一員」となるのでしょうか。組織文化に応じて、さまざまなかたちで「オンボーディング（入社後施策）」が行われています。絆を結ぶことを重視する企業もあれば、自分の力で解決するように促す企業もあります。また、お決まりのオリエンテーションを行う企業もあれば、意図的に従業員を放置する企業もあります。

オンボーディングの目的は、従業員がキャリアを通じて積み重ねていくことになる基礎的な要素を知ってもらうことです。それは、四半期というより、今後数十年にわたるパフォーマンスに影響を与えます。

最初が肝心です。オンボーディングは、従業員のキャリアを方向づけます。まだ白紙の状態で、学びや変化を求めているときほど、影響は大きくなるでしょう。

しかし、オンボーディング・プロセスの改善に大きな関心が寄せられる一方で、「オンボーディングがうまくいっている」という項目に「強く同意する」と回答した従業員やマネジャー、リーダーは、10人に1人しかいません。また、従業員の約10人に4人が入社後6カ月間の仕事経験でエンゲージメントを高めていますが、この時期は通常、エンゲージメントが最も高くなるときです。

なぜ、そうした初期の注目が、在職期間が長くなるにつれて薄れていくのでしょうか。あなたも新入社員（訳注、新卒だけでなく中途採用も含む）も、組織の目的や、目指すべきブランド、目指すべき組織文化を明確に把握しているでしょうか。

オンボーディング・プログラムを成功させるために、マネジャーがすべての新入社員に対して答えなければならない「5つの質問」を紹介します。

Ⅰ 「皆が信じているものは何か」

新入社員がまず知るべきことは、組織の目的、つまり共通の信念です。それを共有できれば、その他のすべてのことについて、組織が何を支持し、何を達成しようとしているかを軸として組み立てることができます。

当然ながら、オンボーディングでは、多くの「基本的な」情報を伝える必要があります。組織内のすべての従業員に適用される福利厚生や規則、方針などです。一見すると実用的なこれらの事柄には、組織文化がよく表れています。

安全管理や休暇、倫理違反報告などをリーダーがどう実践し、どう充実させようとしているかは、組織文化全体をよく表しています。たとえば、フレックスタイム制を導入し、「従業員のウエルビーイングを重視している」というメッセージを発信したとして、従業員たちは実際にデスクを離れてジムに行ったり、子どもの行事に参加するために早退したりすることができるのでしょうか。福利厚生や規則、倫理的なガイドラインや組織文化は、組織が掲げる目的やブランドと一致しているでしょうか。

2 「私の強みは何か」

従業員が「私たちの一員」となり、生産的に働くためには、自分自身を知る必要があります。しかし、ほとんどの組織が、この重要な初期段階を見落としています。

必ず、新入社員全員が自分の強みを活かして職務に取り組めるようにしましょう。従業員が自分の強みを知っていれば、上司との「会話」をより深い実りあるものにすることができます。また、チームメンバーがお互いの強みを知っていれば、新メンバーもすぐにチームに溶け込めるし、メンバー全員で、よりよい協力関係を築いて仕事を進めることができます。

効果的なオリエンテーションを行いたいなら、従業員が自分の強みを活かして成果をあげる方法を探る機会を提供しましょう。また、新入社員は、自分が苦手なことを自覚し、どのようなときに人を頼り、助けを求めるべきかを知っておくことも大切です。

とはいえ、「強みに基づく研修」の目的は、パフォーマンスを上げることだけではありません。それは、ひとりひとりの従業員に時間とお金を先行投資することでもあります。強みに基づく研修を行うことは、「従業員の能力開発と長期的な成長に関心がある」というメッセージを発信することでもあるのです。次の章では、「強みの科学」についてくわしく説明します。

3 「私の役割は何か」

私たちが行った世界規模の職場調査によると、「自分が仕事で何を期待されているか、わかっている」と答えた従業員は約50％にすぎませんでした。ほとんどの従業員は、採用段階で、将来の仕事がどのようなものになるのかなんとなくわかっていますが、実際には、募集内容と違っていることもあります。仕事上の責任とパフォーマンスの評価方法を明確かつ正確に示すことは基本的なことですが、このステップも見落とされがちです。

次に行うのは、新入社員が自分の強みを活かして自身や組織のために大きな成果をあげるにはどうすればよいか、そして、その仕事が組織のミッションや目的にどうつながるのかを考えることです。強みを活かして役割を果たすことができれば、パフォーマンスや定着率が高まります。

大事なことは、新入社員が「自分の役割をこなせる」という自信を早く持てるようにすることです。彼らが入社後の半年間を振り返ったときに、成功体験を挙げられるようにしましょう。

4 「私のパートナーは誰か」

新入社員が、自分も組織の一員だと感じられるようにしましょう。上司や同僚が自分を受け入れてくれているとわかることは大切です。また、自分の役割を学ぶ際には試行錯誤することもあるので、「誰がサポートしてくれるのか」を知っておく必要もあります。

新入社員が組織内でパートナーシップを構築していくために、「関係者マップ」を作成するのもよいでしょう。社会ネットワーク分析では、1次、2次、3次のつながりに基づいて組織内での影響力が決定されることを学術的に明らかにしています。

1次のつながりは、あなたが個人的に知っていて信頼している人たち、つまり、あなたの友人です。2次の人脈は、あなたの友人の友人です。2次と3次の人脈は、その人の評判やパワーに大きな影響を与えます。他の人を介して影響力を増幅させるからです。

つまり、職場での人間関係が、どれだけ仕事をこなせるかを左右し、その組織の一員であるという意識を強めるのです。

5 「ここでの自分の未来はどうなるのか」

すべての人に、「学び、成長したい」というニーズがあります。特に若い従業員は、新しい仕事は学びと成長の機会であると考えています。年齢を問わず、すべての従業員が、組織内での自分のキャリアの将来性を確信できるようにすることが大切です。

10人中9人近くが「前回、仕事を変えたときに転職もした（会社も替えた）」と答えています。つまり、ほとんどの組織で、従業員を雇い入れ、訓練するための投資がなされたが、ふさわしいキャリアパスを提供することはできなかったということです。これとは対照的に、職場で学び、成長する機会を得た従業員は、そうでない従業員と比べて「離職せずにいまの会社でキャリアを過ごす確率」が2倍になります。

注意しなければならないのは、「オンボーディング」と「実際の組織文化」が合致していることです。入社して半年も経てばハネムーン気分も薄れ、理想に燃えていた新入社員はベテラン社員から「会社の現実」を教わっているでしょう。入社した初日にリーダーが説いた価値観が、組織の制度や福利厚生、評価方法、さらにはリーダーの行動などと一致しなければ、新入社員は長きにわたって苦しむことになるでしょう。約束されたはずのものが違うのですから。

第14章 能力開発への近道――「強みに基づく会話」を行う
Shortcut to Development —— Strengths-Based Conversations

もしあなたがマネジャーなら、こう自問してみてください。

「私は、部下の弱みの専門家なのか、それとも強みの専門家なのか」

私たちの脳は、他人を批判するようにできています。同僚からプレゼンテーションの確認を頼まれると、まず、間違いや改善すべき箇所を探してしまいます。また、新入社員の教育を任されると、手順の見落としや誤った認識に注目してしまいます。

従来のパフォーマンス・マネジメントは、こうした性質が反映されたものでした。社員をランク付けして評価し、弱点を「矯正」する仕組みです。しかし、この方法では、パフォーマンスを向上させられないことのほうが多いのです。「自分のパフォーマンスは、優れた仕事をしたいと動機づけられるような方法でマネジメントされている」という項目に「強く同意する」と答えた従業員は21％しかいませんでした。

しかし、私たちは、他人を批判するようにできている一方で、批判を受け止めるようにはできていません。機会があればいつでも褒められたいと思っています。

では、マネジャーは、従業員を褒めることと批判することのバランスをどう把握すればよいでしょうか。

卓越したキャリア開発の基本は、強みと弱みをきちんと知ることです。ときには批判的なフィードバックも必要ですし、誰もが自分の弱点を認識し、責任を負わなければなりません。しかし、優れたパフォーマンスを引き出すためには、マネジャーが、その人の最も得意とすることに基づいた、深い気づきをもたらすフィードバックを行うことが大事なのです。さらにはそれを継続的に行いましょう。これが、信頼関係構築の出発点です。信頼関係があれば、批判的なフィードバックを行っても、成長や能力開発につなげることができます。

部下とのコミュニケーションの頻度を増やすように会社から求められたとき、マネジャーは、部下との継続的な会話が「継続的な批判」とならないように気をつけましょう。絶え間ない批判にさらされると信頼関係は崩れ、従業員はどんな批判も素直に受け入れなくなります。さらには、仕事に対してエンゲージできなくなるでしょう。

「エンゲージしている従業員」の典型的な1日は、不平や怒りを撒き散らし、まわりの人の足を引っ張る「まったくエンゲージしていない従業員」の1日とまったく違います。エンゲージしている従業員は1日にたくさんのポジティブな経験をしています。

エンゲージしている従業員であっても、ネガティブな感情や仕事のストレスとは無縁ではありません。調査では「仕事にエンゲージしていようがしていまいが、週末より平日のほうがストレスを感じる」という結果が出ています。これは驚くことではありません。誰もが、予期せぬ仕事の依頼や職場で起こるさまざまな悲喜劇に対応しなければならないからです。しかし、エンゲージしている従業員は、1日の流れや、上司や同僚とのやりとりのなかで、自分が最も得意とすることに時間を割くことができます。

では、従業員がより高いエンゲージメントとパフォーマンスを発揮するために、マネジャーは、どのようにして「理想的な1日」を組み立てればよいのでしょうか。

8115人の従業員を対象にしたギャラップの調査では、回答者に直近の勤務日（前日）を思い出してもらい、さまざまな活動に費やした時間を報告してもらいました。明らかになったのは、「エンゲージしている従業員」と「まったくエンゲージしていない従業員」の違いです。エンゲージしている従業員は、自分の強みに集中して仕事に没頭し、時間が経つのを早く感じているだけでなく、苦手なことに集中する時間は少ない傾向にありました。エンゲージしている従業員については、1日のうち自分の得意なことに集中する時間が、苦手なことに集中する時間の4倍もありました。一方、まったくエンゲージしていない従業員は、両方の時間がほぼ同じでした。

強みに基づくアプローチは、弱点をごまかすものでも、好きな仕事やプロジェクトしかやらせないというものでもありません。どんな役割にも、やっていてあまり楽しくない仕事があります。

従業員がよりうまく仕事をこなせるように、マネジャーが建設的なフィードバックをしなければならない場合もあるでしょう。しかしマネジャーは、バランスのとれたフィードバックをしようとしてはいけません。批判と称賛を同じ量だけ行うのではなく、従業員が最も得意とすることに対するフィードバックに天秤を大きく傾けるべきなのです。

ギャラップのデータによると、従業員たちは、マネジャーが自分の強みに基づいてコーチングしてくれることを期待しています。そして、高いパフォーマンスが求められている職場では、チームリーダーにも「コーチとしての役割」が期待されています。そのほうが、はるかによい結果が生まれます。

第15章 クリフトン・ストレングスの歴史

The History of CliftonStrengths

「人のよいところを研究したらどうなるのだろう？」

いまから60年前、ドン・クリフトン博士（1924－2003年）が問いかけたこのシンプルな疑問が、世界中に「強みのムーブメント」を引き起こしました。

この疑問は、クリフトンの個人的な経験から生まれたものです。

第二次世界大戦中、米陸軍航空軍の航法士として大型爆撃機B－24に搭乗していたとき、クリフトンにとって、自身の数学的能力を試されるようなことが起こりました。悪天候のなか、アゾレス諸島上空を飛行中にコースを外れてしまっていたのです。クリフトンは咄嗟にコースを修正する方法を思いつきましたが、計算するとその直感が間違っていたことがわかりました。このときに彼は、自分の直感よりも科学を信じることを学んだのです。

クリフトンは、25回の爆撃を成功させた英雄的行為により、殊勲十字章を授与されました。しかし、第二次世界大戦から帰国したとき、彼は「もう二度と戦争や破壊を経験したくない」と思っていました。「残りの人生は、人類のためになる、よいことに尽くしたい」。これをきっかけに、これまでとは違う方法で、人間の成長について研究したいと強く思うようになったのです。

そして、たどり着いたのが、人のよいところに関する研究でした。

「大学院で心理学を専攻して、わかったことがあります。心理学者はこれまで、人のよいところではなく、人の悪いところを研究してきたのです」とクリフトンは述べています。「そのとき、人は才能ではなく、問題点や弱点によって特徴づけられていることがあまりに多いことに気づかされました。だから、成功した人たちについて研究する必要があると感じたのです。どんな職種であれ、人の違いを特定するには、すばらしいパフォーマンスを出している人たちを研究する必要があります」

１９４９年、クリフトンは同僚たちとネブラスカ大学で、the Nebraska Human Resources Research Foundation（ネブラスカ人材研究財団）を設立しました。この財団は、学生のためのボランティア組織であると同時に、大学院生が「強みの心理学」を実践するための実験室の役割も果たしていました。ここで、クリフトンと彼の同僚、学生たちは発見したのです。成功した学生（卒業まで頑張った学生）には、それができなかった学生とは明らかに異なる性格特性がありました。

こうした成功者に関する初期の発見により、別の仮説も生まれました。彼らは、最も成功しているスクールカウンセラー、教師、販売担当者、マネジャーについての研究を始めました。その結果、成功した人たちには、共通するいくつかの特徴があることがわかったのです。彼らはその傾向を、「生産的に適用できる、自然に繰り返される思考、感情、行動のパターン」と定義しました。

クリフトンは、「高いパフォーマンスを予測する、普遍的で実際に役に立つ特性を特定したい。そして、個々人に固有なものでありながらも、訓練することで強みに発展させることができる傾向を明らかにしたい」と考えていました。その研究の目的は、自分がどのような人間であるかだけでなく、どのような人間になれるかをよりよく理解するために「会話」に焦点を当てることでした。

彼は、それぞれ独自の組織文化のなかで、特定の仕事において高いパフォーマンスを出すと予測される候補者を特定するために、何百もの予測手段を開発しました。科学的に検証されたこれらの手法は、特定の企業の特定の役割に最適な人材を見つけ出します。

しかし、何かが欠けていました。

組織にとっての優れた人材を特定する方法は、必ずしも、個人にとって役に立つものではなかったのです。そこでクリフトンは１９９０年代半ばに、具体的な特性を特定するアセスメントとその特性を個人の能力開発に活かすフレームワークを開発しました。そして、その特性を「ストレングス（強み）」と名づけたのです。

彼の名前を冠して〈クリフトン・ストレングス〉と呼ばれるようになるアセスメントを開発する旅の途中で、クリフトンは多くの学者や研究者仲間と出会いました。そのなかでも最も重要なのは、ハーバード大学の心理学教授フィル・ストーンとの出会いでしょう。ストーン博士は神童と呼ばれ、15歳でシカゴ大学に入学し、23歳までに2つの博士号を取得しました。ハーバード大学で39年間、心理学を教えています。社会科学への情熱にあふれるストーン博士は、「インターネット」という新しい技術の推奨者でもありました。

彼はクリフトンに2つのことを提案しました。まず、来るべきデジタル時代に対応するアセスメントを設計すること。そして、リッカート尺度（1〜5）や多肢選択法のような慣習的なスコアリングではなく、修正した「強制選択計測」のアルゴリズムを使用することでした。強制選択計測とは、回答者に2つの社会的に望ましい結果を選択するよう求めるものです。これは、現実の場面では複数の肯定的な選択肢（たとえば、整理する、分析するなど）が提示されることが多いという仮定に基づいています。強制選択計測は、個人内特性を特定するのに有効で、多くの標準測定方法で起こりうる「社会的望ましさのバイアス」すなわち「ゲーム性」を軽減します。

こうして開発されたアセスメント（後のクリフトン・ストレングス）を初めて受けたのは、ハーバード大学の心理学専攻の学生たちです。アセスメントを受けた彼らは、資質や資質記述子についてフィードバックしました。

1997年、クリフトンとストーンは「Corner of the Sky」というワークブックを作成し、ストーンはハーバード大学の心理学の授業でそれを使いました。ここから、大学キャンパスに「強み思考」が広がりはじめます。ポジティブ心理学のムーブメントの幕開けでもありました。

西海岸では、UCLAの社会学者であるエドワード・アンダーソン博士がクリフトンの活動に関心を寄せていました。1998年、クリフトンとアンダーソンは、UCLAの学生向けに「Soaring with Your Strengths」という教材をつくります。この初期の草稿は後に画期的な書籍『ストレングス・クエスト』（日本語版未刊）となりました。

図表4　クリフトン・ストレングスの34資質

アレンジ	公平性	慎重さ	適応性
運命思考	個別化	信念	内省
回復志向	コミュニケーション	親密性	分析思考
学習欲	最上志向	成長促進	包含
活発性	自我	責任感	ポジティブ
共感性	自己確信	戦略性	未来志向
競争性	社交性	達成欲	目標志向
規律性	収集心	着想	
原点思考	指令性	調和性	(以上50音順)

クリフトンの研究開発チームの重要なメンバーのひとりだった、ギャラップのＩＴ専門家、ジョン・コンラッドも忘れてはなりません。２人は綿密な打ち合わせを重ね、アセスメントのデジタル・プラットフォームとアルゴリズムによるスコアリングを開発しました。オリジナルコードのほとんどは、今日の〈クリフトン・ストレングス〉の技術のバックボーンとして残っています。

クリフトンは、これらの研究結果から34の資質の原型を抽出し、〈ストレングス・ファインダー〉（後のクリフトン・ストレングス）をつくりました（図表４）。

ポーラ・ネルソンやマーカス・バッキンガムとの共著の他にも、トム・ラスらの著書『さあ、才能《じぶん》に目覚めよう』や『ストレングス・リーダーシップ』『心のなかの幸福のバケツ』（いずれも日本経済新聞出版）としてクリフトンの仕事は書籍化されており、世界中の人々に読まれています。

晩年には、米国心理学会（ＡＰＡ）から「強みの心理学の父」として会長表彰を授与されました。

第二次世界大戦から帰国したときに決意したドン・クリフトンのミッション。それは、人々の成長や人類の発展に多大な貢献をすることでした。本書を出版する時点で2700万人以上の人々が〈クリフトン・ストレングス〉を通じて自分の才能に目覚めています。ドンは、世界を変えたのです。

自分の強みを知るには、本書の巻末に記載されているアクセスコードを使って〈クリフトン・ストレングス〉を受けるとよいでしょう。

第16章 「強みに基づく組織文化」を築くための5ステップ

Five Steps to Building a Strengths-Based Culture

1 CEOから始める。そうしないと、うまくいきません
2 すべての従業員に、自分の「才能」に目覚めてもらう
3 社内にストレングス・コーチのネットワークをつくる
4 パフォーマンス・マネジメントに「強み」を組み入れる
5 学習プログラムを変革する

「自分たちの組織文化は、強みに基づいている」と心から言える組織は、世界中を見渡してもほとんどないでしょう。これは大きな機会損失です。強みに基づく文化を持つ組織やチームは、常に競合他社やライバルを凌駕しています。

強みに基づく文化を土台からしっかりつくり上げ、積み上げるのは大変な仕事です。各メンバーの強みを知っているだけでは、変化を起こせません。継続的に会話を行い、振り返り、実践する。それを繰り返すことで、強みを組織の日常業務に組み込んでいきます。効率的に根づかせたいなら、ギャラップが認定するストレングス・コーチを活用するのも一案です。

強みを基盤とする組織には、強いリーダーシップだけでなく、選考や能力開発プログラムによ

って長い時間をかけて育成されてきた優れたマネジャーがいます。「人材開発がビジネスに価値をもたらす」という強い信念を持ったリーダーたちの存在は、組織のパフォーマンスに影響を与えます。

強みを基盤とする組織では、「強みに基づくチーム」が組織文化の初期設定値であり、仕事の達成方法の規範となっています。エンゲージメントや最優秀成績者の定着率、顧客サービス、収益性のすべてにおいて、強みに基づくチームは、そうでないチームよりも高い結果を出しています。

「強みに基づく組織文化」を持つことで、実際に測定可能な利益が得られるのです。では、「強みに基づく組織文化」を根づかせ、組織基盤の大切な一部にするには、どうすればよいのでしょうか。

1　CEOから始める。そうしないと、うまくいきません　強みに基づく文化をつくりたければ、「組織内のひとりひとりの強みを活かすことが、会社の目的や事業目標を達成するためにどう役立つのか」を経営陣がきちんと説明することが大切です。役員自身も、自分の「強み」を皆と共有し、どうそれを活用しているかを伝えましょう。トム・ラスとバリー・コンチーの共著書『ストレングス・リーダーシップ』（日本経済新聞出版）では、まったく異なる才能や強みを持つリーダーたちが、それぞれ違ったやり方で、すばらしい成果をあげた例を紹介しています。

2　すべての従業員に、自分の「才能」に目覚めてもらう　〈クリフトン・ストレングス〉は、どのように協力し合えば効果的なパフォーマンスを出せるかをチームで話し合うための「共通言語」となります。自分の才能を知ることは、始まりにすぎないのです。強みを測定するのは、主に前向きで生産的なコミュニケーションを増やし、能力開発を改善するためです。

3　社内にストレングス・コーチのネットワークをつくる　社内にストレングス・コーチがいれば、マネジャーに、実践的な強みの洞察（インサイト）やツールを提供することができます。また、社内コンサルタントとしてマネジャーにアドバイスをしたり、継続的なサポートをしたりすることができます。

4　パフォーマンス・マネジメントに「強み」を組み入れる　マネジャーは、強みに基づくパフォーマンス・コーチになってください。そのためには、まず、マネジャーが自分の強みを理解し、それをどう活かすかについて考えなければなりません。次に、部下の強みを理解しましょう。それによって、彼らのパフォーマンス向上やコンピテンシー開発を促す、継続的な会話を行うことができるようになります。「役割を果たすために自分の強みをどう活用するか」をひとりひとりが学ぶことで、強みは一時的な研修プログラムではなく、進行中のビジネスの重要な一部となります。

5　学習プログラムを変革する　人材募集や採用、オンボーディングなど、従業員のライフサイクル全体を対象にした既存のプログラムや実践を徹底的に見直します。強みを活かす文化に反し、従業員をすり減らすようなプログラムや慣行、方針があれば、変更しましょう。また、弱点を特定することも大事です。組織内の誰もが、自分の強みとは完全に一致しない仕事や責任を抱えています。コンピテンシーを効果的に開発するには、まず、ひとりひとりがどのような人物で、どのような傾向を持っているかを理解しましょう。そして、コンピテンシーを向上させるために、強みを発揮する時間を最大限に確保できるように配置するのです。

第17章

7つの期待値——コンピテンシー2・0

The Right Expectations——Competencies 2.0

どんな役割にも共通する、成功するために必要な7つの期待値

- **人間関係を築く** パートナーシップを育み、信頼を築き、アイデアを共有し、仕事を成し遂げる
- **人を育てる** 強み、期待、コーチングを通じて、人がさらに成果を出すのを助ける
- **変化を導く** 変化を前向きに受け入れて推進し、組織のビジョンに沿った目標を設定する
- **人に意欲を吹き込む** ポジティブな発言やビジョン、自信、挑戦、承認により、人を勇気づける
- **批判的に考える** 優れた意思決定につながる情報を集め、精査する
- **明確なコミュニケーションをとる** 定期的かつ簡潔に情報を共有する
- **アカウンタビリティを生み出す** 自分自身とチームにパフォーマンスの責任を担わせる

強みに基づくアプローチを成功させるためには、ひとりひとりが自分にとって、そして組織に

とって重要なことのために自分の強みを活かす必要があります。

あなたは、従業員ひとりひとりにどのような行動を期待していますか？

この質問に簡潔に答えられるなら、あなたはすでに自分が望む組織文化の核を特定できています。しかし、答えが長すぎて覚えられない、またはその内容が多くの人の心に響かないなら、その組織文化はあなたが望むものと一致していません。

大企業では、従業員に習得することを期待する「コンピテンシー」（訳注、特定の職務や役割で優秀な成果をあげるとされる行動特性）を策定しています。その内容は、「建設的なフィードバックを行う」から「決断力をつける」まで多岐にわたり、なかには「目的意識を持つ」「変化を嫌う思考をやめる」などのように、漠然としていてわかりにくいものもあります。

コンピテンシー・モデルは非常に普及していますが、一般的に確立されている定義や方法論がなく、組織の有効性（訳注、企業がどれだけ効率的にビジネスの目標を達成したかを測定し、認識するための尺度）との明確な関連性もありません。

また、コンピテンシー・モデルには通常、さまざまな特性やスキル、能力、知識、行動、責任などが含まれるため、コンピテンシーが何を表しているのか、どのように活用すればよいのかがわかりにくくなっています。

これまで、仕事や組織を超えて活用できる普遍的なコンピテンシーを規定しようとはあまりされてきませんでした。

そのため、ギャラップのチームは30年分の研究をレビューし、18業界の559の職務における

360のユニークな行動的職務要求（訳注、職務を遂行するために求められる行動）の内容分析を行いました。データは、以前よりギャラップの専門家が独自に行っていた職務分析調査（さまざまな職務のトップパフォーマーが対象）です。また、他の組織で独自に策定したコンピテンシー・モデルも使用しました。何百ものコンピテンシーに関する記述がありますが、私たちは可能な限り、すべて集めました。

そして、調査対象となるすべての役割から集めた独自の要求とコンピテンシーを解析したところ、かなりの部分が重複していることがわかりました。同じコンピテンシーを表すのに、さまざまなラベルが使われていたのです。そして、徹底的なコーディングを行った結果、どんな役割にも共通する、成功するために必要な7つの高次カテゴリーを発見しました。

この7つのカテゴリーには、これまで概念化されてきたすべてのコンピテンシーが含まれているわけではありません。しかし、高いパフォーマンスを予測するものであるなら、あなたの組織で策定されたコンピテンシーのほとんど、あるいはすべてが、この7つの普遍的なカテゴリーのいずれかに当てはまるでしょう。

このリストは、あらゆる組織のすべての従業員が優れたパフォーマンスを達成するために必要な仕事上の要求を、ギャラップが最も簡潔かつ包括的に説明したものです。

本当に誰にでも当てはまるのか

さて、あなたは疑問を抱いているかもしれません。この7つのコンピテンシーは、現場の第一線で働く人から執行役員まで「すべての役割」に期待されるものなのか、と。製造現場で働く人やバスの運転手は、人を育て、変化を導き、人に意欲を吹き込むことを期待されるべきでしょうか。最適に運営されている組織であれば、そうです。誰もがこの役割を果たして、同僚の成長のために有意義なフィードバックやコーチングを行うべきです。

リーダーは、こうした要求を実行する最初のロールモデルになりましょう。なぜなら、社員たちは、リーダーの行動を見て、これが実際に期待されていることなのだと理解するからです。

しかし、〈成長促進〉や〈個性化〉の資質が高くない人は、どうやって人を育てればよいのでしょうか。〈分析思考〉や〈戦略性〉といった思考力の資質が高くない人は、どうやって批判的に考えればよいのでしょうか。また、〈コミュニケーション〉の資質が高くない人は、どうやって明確なコミュニケーションをとることができるのでしょうか（それぞれの資質の定義については「巻末資料1」を参照）。

大切なことは、誰もが同じやり方でそうした期待に応えなくてよい、ということです。それぞれの強みによって、他の人よりも達成しやすいコンピテンシーがあれば、そうでないコンピテンシーもあるはずです。しかし、誰もが自分の強みを使って、これらの要求に応えることができます。

たとえば、競争心の強い人は、「勝利」をはっきりと定義できる明確な進歩の基準をつくることで、人を育てることができます。また、調和性の高い人は、対立を解消するために人の共通点を見出して主張する際に、批判的に考えることができます。

これらの7つのコンピテンシーは、エンゲージメントを高め、高いパフォーマンスを生み出すのに効果的なパフォーマンス・マネジメントの手法にも合致しています。では、これらの要求にどれだけ応えられているかを知るにはどうしたらよいのでしょうか。それは、同僚や直属の部下、上司、その他のパートナーなど、あなたのまわりの人たちに聞いてみることです。7つのコンピテンシーは「360度評価」にも活用できます。

これからの職場では、これら7つのコンピテンシーを向上させることがますます求められるようになるでしょう。人間関係を築き、他者の育成に貢献し、自らの役割をもって変化を導き、他者に意欲を吹き込み、批判的に考え、明確なコミュニケーションをとり、お互いに責任を持つことができれば、誰もがよりよい結果を手にすることができます。

自分の強みを活かして、この7つの期待値に応えるにはどうすればよいか、考えてみましょう。

第18章

後継者の育成を適切に行う

Getting Succession Planning Right

- 客観的なパフォーマンス評価から始める
- カギとなる成功体験を分析する
- 生来の傾向を活かす
- 個別にリーダーシップ開発を設計する

効果的な「サクセッションプラン（後継者育成計画）」は、グローバル人材を確保するために不可欠です。後継者育成は、経営層だけでなく、組織のあらゆる階層で行われるべきです。サクセッションプランについて多くの企業で見られる問題は、プロセスが主観的であることです。バイアスがあると、「誰が組織内で昇進すべきか」という判断に誤りが生じやすくなります。そして、不適切な後継者の決定は、能力不足の人を昇進させ、組織全体を蝕みます。サクセッションプラン自体がなく、後継者を必要に応じて決めている企業も多々あります。しかし、秩序化された仕組みがないと、外部からの採用にかかるコストは非常に高いものになるでしょう。

適切に行われれば、外部採用よりも社内人材の昇進のほうがうまくいく確率が高いのです。現場での仕事ぶりを注意深く観察し、判断材料として役立てることができるからです。

しかし、サクセッションプランの導入はステップのひとつにすぎません。バイアスを大幅に減らす仕組みも必要です。

バイアスは、マネジメントの意思決定にどのような影響を及ぼすのでしょうか。私たちは645人のリーダーに尋ねました。「次の2つのポジションのうち、優れたマネジャーをどちらに配置しますか。ひとつは赤字を出している地域、もうひとつはすでに収益があがっている地域です」。すると、3分の2のリーダーが、「赤字の地域に優秀なマネジャーを配置して、損失を取り戻そうとする」と答えました。この判断には、損を避けようとする「損失回避バイアス」が反映されています。

一方、パフォーマンスの高いリーダーには、優秀な人を収益性の高い地域に配置する傾向がありました。彼らは、ある程度成功している地域に、高いスキルを持つマネジャーを配置すれば、すぐに大きな投資効果を得られることをわかっているのです。そして、研究結果もその判断を裏付けています。パフォーマンスの高いリーダーたちは、損失回避バイアスを補正するデータに基づいた判断を選択しました。

同様に「確証バイアス」も、後継者の決定に影響を与えます。リーダーは、自分と似たような人を選んだり、候補者に対する先入観や直感に従って新しいリーダーを選んだりします。また、長期的な実績を考慮せずに、直近の成功例が多いリーダーを昇進させてしまうこともあります。これは「ホットハンドの誤謬」または「再帰性バイアス」として知られています。

私たちが提唱する、サクセッションプランをより科学的に行うための4つのステップは以下のとおりです。

1 客観的なパフォーマンス評価から始める マネジャーから役員（またはマネジャーをマネジメントする人）へ昇進させる場合は、かなりの期間（できれば数年間）にわたる客観的なパフォーマンス評価を確認します。売上高や利益、従業員の離職率、顧客からのサービス評価、欠勤率、安全性、従業員のエンゲージメントなど、候補者が率いたチームの成功を監査しましょう。

2 カギとなる成功体験を分析する 新しい役割に対する期待値を精査します。新たに求められる期待値は何でしょうか。トップパフォーマーのこれまでの重要な経験と、役割の変化に伴って必要となる経験を調べます。カギとなるのは、「個人の専門性を超える課題に挑戦した」「逆境のなかでチームを率いた」「事業分野を超えて質の高いパートナーシップを構築した」「国際的な経験を積んだ」「顧客が製品の使い方やその価値について深い学びを得るのを助けた」などの経験です。こうした経験を定量化して、昇進の決定に客観性を保ちましょう。

3 生来の傾向を活かす 採用プロセスの章で述べたように、有効性がしっかり検証されたアセスメントは、その人が自然に行う傾向や仕事の進め方、他の人との協働の仕方についての貴重な指針を提供します。たとえば、「モチベーション」「ワークスタイル」「イニシエーション」「コラボレーション」「思考プロセス」の5つ（これらは役職に合わせてさらに調整されます）において、先来の傾向が豊富な候補者は成功する確率が高くなります。候補者を採用する前にこのような指標があれば、昇進の局面で十分な情報に基づいた後継者の決定を行うことができます。ただし、この指標を、前述した2つの基準（パフォーマンス評価、成功体験）の代わりに使わないでください。

4　個別にリーダーシップ開発を設計する　リーダーシップ開発プログラムは、役割に対する具体的な期待値に照準を合わせて高い自己認識を生み出すことを最終目標とした、強みに基づくものであるべきです。成功するリーダーを育成することは、継続的なプロセスです。マネジャー、エグゼクティブ、あるいは評価の高い個人貢献者のいずれの場合も同じです。

第19章

退職を成功させる

The Exit

労働者の35%が「過去3年間に転職したことがある」と答えています。また、半数以上の従業員が「積極的に新しい仕事を探しているか、募集をチェックしている」と答えています。

この本では、スター社員の離職率を大幅に下げるための実践的な方法を紹介しています。しかし、誰もがいつかは組織を去ります。「退職」は、従業員のライフサイクルを正しいものにするために最も重要な瞬間のひとつです。

どんな会社にも、よい離職と悪い離職があります。たとえば、長期にわたって組織に大きく貢献してくれた従業員が定年退職したり、あるいは新しいキャリアパスを求めて転職したりするのは、よい離職でしょう。理想的な離職は、従業員にとっても組織にとってもプラスの経験となります。よい条件で退職した従業員は、あなたの会社のことをポジティブに話してくれます。しかし、そう簡単なことではありません。

反対に、最も残念な離職は、退職する従業員が何らかのかたちで「軽視された」と感じる場合です。これについては別の章で説明します。

悪い離職には、あなたの職場で成果をあげられなかった、あるいは成長できなかったという理由で会社を去るスター社員の退職もあります。彼らは競合他社に入り、あなたの会社を批判します。あなたの会社の評判は下がり、スター人材を集めるのが難しくなるでしょう。

文献調査によると、職務の複雑さによりますが、離職に伴うコストは、従業員の年収の2分の1から2倍、あるいはそれ以上になると見積もられています。この試算に含まれるのは、後任者の採用やトレーニングにかかる費用、生産性が低下したことによる損失などで、高騰する訴訟費用は入っていません。従業員の定着率がわずかに上がるだけで、数千万ドルのコスト削減になります。

しかし、離職に伴う長期的なコストとしては、うまく対処できなかった場合に発生する組織の評判についてのリスクのほうが大きいかもしれません。

従業員の退職プロセスに目的を持って取り組みましょう。組織文化に関する今後の意思決定に必要な分析ができるだけでなく、採用ブランドを高める「親善大使」を生み出すこともできます。

では、成功する退職とはどのようなものでしょうか。

1　従業員は「自分の話を聞いてもらえた」と感じている　退社時の面談ですべての情報を得ることはできません。しかし、その情報が、同じ間違いを繰り返さないための洞察につながることもあります。また、競合他社が彼らにどのような申し出をしたのか、わかるかもしれません。

最も重要なことは、従業員にとっては退社時の面談が、自分の声を聞いてもらえる機会であり、なぜ自分がここを去るのかを話せる機会だということです。

いまやインターネット上には、元社員や現役社員が不満を書き込めるクチコミサイトがたくさんあります。ですから、従業員がまずあなたと一緒に不満を解消できるプロセスを設けましょう。ギャラップでは、退職者インタビューのための質問集を用意しています。

また、在籍時からスター社員と継続的に面談を行い、彼らの定着度の予測分析を行うことも推奨します。

2　従業員は自分の貢献を誇りに感じて退職する　ほとんどの人が、自分にとっても他人にとっても意味がある何らかの貢献を組織に対して行っています。非倫理的な問題行動で解雇される場合を除き、組織を去る人には、その人が何に貢献し、感謝されているのかを伝えるようにしましょう。

3　退職者をブランド大使にする　ひどいマネジャーやその他のネガティブな状況が原因で組織を去る人も少なくありません。不満を抱えた従業員全員の気持ちを立て直すのは不可能です。しかし、彼らに言いたいことを言ってもらい、その貢献をきちんと評価することで、退職者があなたの組織の「親善大使」になる可能性を高めることができます。

ロイヤルティの高い元社員のネットワークほど、組織の評判を高めるものはありません。組織が拡大したときや、元社員が社外で仕事を続けているときなど、機会があれば彼らにも情報を伝えられるようにつながっておきましょう。

従業員のライフサイクルで起こる経験や交流が、スター社員の定着、ひいては採用ブランドを決定づけます。これらはすべて、マネジャーが、採用者ひとりひとりをいかにうまくコーチングできるかにかかっています。

Ⅳ

ボスからコーチへ

BOSS TO COACH

「従業員の能力開発に力を注ぐ組織文化」を構築すれば、企業と従業員の双方にとって最も生産的な環境が実現します。

第20章 コーチングの3つの条件

Three Requirements of Coaching

1 期待値を設定する
2 継続的なコーチングを行う
3 アカウンタビリティを生み出す

従業員をどうマネジメントするか。これまでのやり方に対して、変革を迫られています。私たちの推計によると、不適切なマネジメントやエンゲージしていない従業員がもたらす生産性の低下によって、米国では年間9600億~1兆2000億ドルのコストが発生しています。同コストは世界全体では7兆ドルで、GDPの9~10%に相当します。

パフォーマンス・マネジメントについては、次のような潮流が見られます。あなたの組織でも、このような変化のいずれか、または両方が起きているのではないでしょうか。

- **パフォーマンス・マネジメント・システムが期待した成果をあげていないことに、企業が気づいた** 「自社のパフォーマンス・マネジメント・システムが、自分のモチベーションを高めてくれる」という項目に「強く同意する」と答えた従業員は、わずか5人に1人しかいません。大企業では、効果がないばかりか、スター社員やマネジャーの離職につながるシステムに何万時間も何千万ドルも費やしているのです。

●テクノロジーの著しい進化やグローバル化、情報量の爆発的な増加が「これからの働き方」をかたちづくる　今日の労働者、特にミレニアル世代が求めているものは、これまでとは違います。彼らは「ボス」ではなく「コーチ」を求めています。明確な期待値やアカウンタビリティ、意義深い目的を、そして継続的なフィードバックとコーチングを求めているのです。

世界中の組織がこうしたマネジメント上の問題に取り組むのを助けようと、私たちは、パフォーマンス・マネジメントの現状についてあらゆる情報を収集することにしました。6000万人以上の従業員の回答を持つギャラップのデータベースを検証、評価しました。そして、目標設定やフィードバック、エンゲージメント、個人差、コンピテンシーなどに関する何百もの研究を含めた、他の研究者たちの大規模なメタ分析も深く掘り下げて調べました。また、一流の研究者やリーダー、マネジャー、従業員にインタビューを行いました。

私たちは、最高の科学が提供すべきアドバイスは何か、そして、経営陣から現場の第一線にいるすべての人たちにとって、最も有益で行動に落とし込みやすい洞察は何なのかを知りたかったのです。

その結果、マネジメントと生産性を劇的に向上させる新しい方法――従来の「パフォーマンス・マネジメント」を「パフォーマンス・ディベロップメント（開発）」に変える方法があることがわかりました。しかし、企業が、科学的に実証された方法の導入を検討していない、もしくは見落としたままになっていることもわかりました。長年にわたるパフォーマンス・マネジメントを惰性で続けているのです。

従来のパフォーマンス・マネジメント・システムを採用している組織は、従業員のやる気を引き出し、成長させることに苦労しています。なぜなら、これまでのやり方では、何を期待されているかが不明確でわかりにくく、不定期になされるフィードバックが効果的に行われておらず、不公平あるいは不十分な評価方法が実践されていたからです。

システムやプロセスのせいで仕事をスムーズに進めるのが難しくなると、経営陣に対する信頼性は損なわれます。しかし、あなたが要求したことを従業員が達成できるようになれば、あなたが望んでいる文化が実現しはじめます。

従業員や組織文化を成功に導くためには、次の3つの要件を満たすように働きかけることで、マネジャーを「コーチ」に生まれ変わらせる必要があります。

1　期待値を設定する

2　継続的なコーチングを行う

3　アカウンタビリティを生み出す

なぜこれらが重要かというと、パフォーマンス開発における次のような洞察が調査から得られたからです。

- **上司が目標設定に関与している従業員は、そうでない従業員に比べて約4倍もエンゲージメントが高い**　しかし、こうした基本的なことを経験している従業員は、わずか30％しかいませんでした。
- **上司から日常的にフィードバックを受けている従業員は、年に1回以下のフィードバックしか受けていない従業員に比べて約3倍もエンゲージメントが高い**　とはいえ、フィードバックは意味のあるものでなければなりません。マネジャーは、個々人の強みを理解したうえで行われてこそ、フィードバックは活きてきます。マネジャーは、少なくとも週に1回、意味のあるフィードバックを従業員に行うべきです。こうしたコーチングの会話は、日々の「クイックコネクト」や定期的な「チェックイン」「育成型コーチング」などさまざまです（第21章参照）。
- **多くの組織が年次評価システムを変更しているが、アカウンタビリティは依然として重要である**　マネジャーは、少なくとも年に2回は進捗状況のレビューを行いましょう。従業員の目的や目標、評価基準、能力開発、戦略、チーム、私生活などについて話します。進捗レビューでの会話は、成果志向で、公正かつ正確で、能力開発を中心としたものでなければなりません。

●**パフォーマンス測定は、個々人の能力開発と一緒に行う**　個人的な能力開発とパフォーマンス測定を組み合わせましょう。そうしないと従業員はパフォーマンス測定を「脅威」と感じ、能力開発は、ビジネス目標から切り離されたものになってしまいます。

第21章

コーチングの5つの会話

The Five Coaching Conversations

約半数(47%)の従業員が、過去1年間に上司からフィードバックを受けた回数は「数回、またはそれ以下である」と答えています。「フィードバックが自分の仕事の改善に役立っている」という項目に「強く同意する」と回答した従業員は26%しかいませんでした。

パフォーマンス・マネジメントに対する批判の多くは、年次評価に対するものです。これには、もっともな理由があります。従業員にフィードバックする方法が、年に一度しかない年次評価に頼りすぎているからです。上司からフィードバックを受ける機会をもっと増やしましょう。

マネジャーの多くは、自分のチームと定期的にコミュニケーションをとることを望んでいます。しかし、約半数(47%)の従業員が、過去1年間に上司からフィードバックを受けた回数は「数回、またはそれ以下である」と答えています。また、「自分がどのようなプロジェクトやタスクに取り組んでいるかを上司が把握している」という項目に「強く同意する」と回答した従業員は34%しかいませんでした。

さらに、「フィードバックが自分の仕事の改善に役立っている」という項目に「強く同意する」

と回答した従業員は26％しかいませんでした。

いくつかの大規模な学術研究によって、継続的なコーチングがパフォーマンスに大きな影響を与えることがわかっています。また、目標設定は、進捗状況についてのフィードバックを伴うことで、パフォーマンスに強いプラスの効果をもたらします。

反対に、マネジャーと従業員のあいだに効果的で継続的な会話がないと、目標やパフォーマンス指標の達成は、行き当たりばったりになってしまいます。市場ニーズの変化に応じて年度の途中で目標が変更され、それが従業員にとって不安や混乱の原因となることもあります。しかし、継続的なコーチングがなされていれば、従業員はビジネス全体に沿った明確な期待値を持ち、自信を持って変化に対応できるようになります。

直属の部下に対して頻繁に継続的なパフォーマンス・コーチングを行うようにマネジャーに義務づけている企業は、ほとんどありません。それどころか、予算編成や戦略立案、管理業務などの多くの責務を与え、部下との話し合いの優先順位を上げるのを難しくしています。

パフォーマンス・マネジメントのやり方を劇的に変えるには、そのために必要なリソースと訓練をマネジャーに提供し、彼らが従業員の能力開発とパフォーマンス向上という新しい要件に応えられるようにする必要があります。

もし経営陣が優先すべき行動をひとつ選ぶとしたら、マネジャーにコーチとしての能力を身につけさせることをお勧めします。

ただし、コーチングを行うように指示するだけでは不十分です。経営陣は次のことをする必要があります。

- マネジャーの役割と期待値を再定義する
- その期待値に応えるために必要なツールやリソース、能力開発の機会をマネジャーに提供する
- マネジャーがパフォーマンスを正確に測定し、部下にアカウンタビリティを持たせ、将来を見据えたコーチングを行うための評価手法を策定する

年次評価の代わりに、またはそれに加えてより頻繁に会話するだけでは不十分です。コーチングの話し合いには明確な内容や目的が求められます。また、「細かく管理されている」と従業員が感じるようなことはあってはなりません。

状況が異なれば、必要とされるアプローチも異なります。複雑な仕事をしている従業員には、成功にあたる成果を定義し、その成果を達成するための自主性や支援に焦点を当てたコーチングが必要です。そうした仕事では、マイクロマネジメント（訳注、細かな管理）は機能しません。対照的に、それほど複雑ではない仕事をしている従業員には、具体的な目標や仕事の進め方の手順を示しましょう。そうすることで、より効果的に仕事をこなせるようになります。この場合は、多少のマイクロマネジメントは問題ないでしょう。

私たちは、以下に挙げる「5つの会話（カンバセーション）」を用いながら、いつ、どのよう

に期待値を設定し、継続的にコーチングを行い、アカウンタビリティを生み出すのかについての実践的なフレームワークをつくりました。

パフォーマンスを向上させる5つの会話

1　職務の明確化と人間関係の構築　コーチングは初めが肝心です。最初の会話の主な目的は、部下ひとりひとりと彼らの強みを知り、その人の強みと組織全体の目標に合致した期待値を設定することです。

この会話は、通常は年1回、あるいは職務や役割が替わったときに1～3時間程度行います。マネジャーは、「その役割における成功とはどのようなものか」「その仕事は同僚の期待値とどう連携しているのか」を明確にしましょう。この会話は、年2回行われる「進捗レビュー」（第5の会話）の出発点となります。従業員の目的や目標、評価基準、能力開発、戦略、チーム、ウェルビーイングについて話し合います。

2　クイックコネクト　従業員が「当事者意識」を持って自分の仕事を進めるには「自由裁量」が不可欠ですが、それでも彼らと毎日、毎週、継続的な会話をすることには多くの意味があります。そのひとつは、「自分が無視されている」と感じさせないためです。どんなかたちであれ、注目しないより注目したほうがよいのです。さらにそれが個人の強みに根ざした継続的な会話なら、部下のエンゲージメントは最大限に高まるでしょう。

また、ビジネス上の問題が発生したとき、マネジャーが迅速に判断し、従業員を正しい方向に導くには、その時点で話し合うのが効果的です。マネジャーが効果的なコーチングを行うには、「クイックコネクト」の習慣を身につける必要があります。メールや電話、廊下での立ち話など、さまざまな手段で短時間（1～10分）のやりとりをします。少なくとも週1回は行いましょう。

マネジャーが「クイックコネクト」の会話術を身につければ、従業員は、自分が軌道を外れていないかどうかを常に確認し、不要な障壁にぶつかることなく仕事を進めることができるようになります。また、マネジャーは、従業員の成功をタイムリーに承認したり、進捗を妨げているものを確認したり、単に連絡をとり合ったりすることができます。クイックコネクトの会話は、「頻度が多すぎる」と従業員が負担を感じるようなものであってはなりません。その頻度は、従業員やその従業員の強み、職務内容によってさまざまです。

3　チェックイン　「チェックイン」の会話では、これまでの成功と障害を振り返り、業務の優先順位を再設定します。マネジャーは月に1～2回、10～30分程度、従業員のニーズや職務内容に応じて、チェックインの会話を行うとよいでしょう。チェックインは、クイックコネクトよりもやや計画的に行われます。チェックインの会話では、期待値や仕事量、目標、ニーズについて話し合います。

4　育成型コーチング

「育成型コーチング」は、武術などと同じように真の技術が要求され、体得するのが難しい会話のひとつです。10～30分程度の短時間のものですが、内容は従業員のキャリア全体に及びます。

育成型コーチングの会話は、マネジャーが従業員のことをよく知り、その人にしかない個性を理解していると、より効果的なものになります。マネジャーは、プロジェクトの任命やキャリア開発の機会にこのような会話をすべきです。従業員がキャリアや自分のやりたいこと、成長の機会を模索しているときに、マネジャーが方向性を示したり、支援したり、アドバイスをしたりするのが、この会話の目的です。

育成型コーチングの会話は、その後のスキルトレーニングや行動計画の策定につながります。マネジャーはこれらの会話のなかで、従業員の弱みに固執するのではなく、その人の強みや成果に焦点を当てることを忘れてはなりません。

5　進捗レビュー

パフォーマンス・マネジメントがうまくいかない原因は「年次評価」にあるとされますが、実際には、マネジャーが右記の4つの会話を行ってこなかったことが主な原因です。

年次評価はいまや、給与や昇進に多大な影響を与える、脅迫的で恐ろしい面接となりました。もちろん、効果的なコーチングが継続的に行われていれば、きちんとしたアカウンタビリティが生まれるはずです。マネジャーはパフォーマンスの進捗状況を評価し、ニーズが変化したときには期待値を再設定しましょう。

「進捗レビュー」の会話は、成功を祝い、今後の達成に向けて準備し、能力開発と成長の機会を計画するときに威力を発揮するコーチング・ツールです。マネジャーは少なくとも年2回、1～3時間の進捗レビューを行うのがよいでしょう。その際の会話の内容は、マネジャーが毎日、毎週、毎月行っているコーチングの会話と一貫している必要があります。

望ましいのは、進捗レビューの会話を単なるパフォーマンスの確認にしないことです。以下は、進捗レビューにおけるマネジャーのためのコーチングガイドの一部です。参考にしていただければと思います。

- **私の目的**　従業員に「なぜそれをしているのか」「何をしているのか」聞いてみましょう。
- **私の目標**　従業員に「何を成し遂げたいのか」を尋ね、それが組織の目標と一致するように支援しましょう。
- **私の評価基準**　個人の達成度や、チームメンバーとの連携、顧客価値の向上など、従業員の進歩状況を測るための測定値やスコアを策定しましょう。
- **私の能力開発**　従業員の将来の成長や能力開発について、また「将来どうなりたいのか」について話し合いましょう。
- **私の戦略**　従業員と一緒に、彼らの目的や目標、評価基準、能力開発について批判的に検討しましょう。「そうした目標に対して自分の強みをどう活かしていくか」を考えてもらい、行動計画にまとめましょう。

- **私のチーム**　従業員のベストパートナーを特定しましょう。
- **私のウェルビーイング**　従業員が望むなら、経済状態や地域社会への参加、人間関係、健康など、生活全般について話し合う機会を設けましょう。

一見すると、この5つの会話は、忙しいマネジャーにとって新たな負担でしかないように感じるかもしれません。誰にそのようなことをする時間があるのかと。しかし、実際には、これら5つの会話は、従業員のマネジメントをより効率的なものにします。継続的なコーチングがうまくいけば、従業員たちは誤った取り組みや非生産的な社内政治に労力を注がずに済むからです。

コーチングは、どんなマネジャーでも身につけることができる、最も重要なスキルです。従業員が組織での自分の価値をどう理解しているか、さらには給与についてどう理解しているかは、どのようなコーチングを受けているかが直接反映されます。

コーチングの5つの会話を体得すれば、マネジャーは最も重要なコーチングに、より多くの時間と労力を集中させることができます。

第22章 給与と昇進
Pay and Promotion

給与や昇進を正しく行うには、そのための土台が必要です。

- 能力開発計画
- 公正なパフォーマンス評価

もうお気づきかもしれませんが、コーチングの5つの会話（カンバセーション）で、あえて触れていないものがあります。給与と昇進です。これらは、ステータスや価値を示す、感情的に熱くなりがちな指標なので、人材開発と同じくらい慎重に扱う必要があります。

まず、給料や昇進については、そのための独自の会話が必要です。

想像してみてください。年末の人事考課ではマネジャーが、部下たちの目的や目標、評価基準、能力開発、戦略、チーム、ウェルビーイング、そして給与や昇進について話し合おうとします。そのとき、部下たちが一番に考えるのは何でしょうか。

答えは明白です。そして給与の議論が白熱すると、他の大事な問題が脇に追いやられてしまいます。これが、給与や昇進については別の時間に話し合うことを強く勧めている理由です。

とはいえ、能力開発の優先順位を、給与や昇進よりも下げてはいけません。給与や昇進の議論は、能力開発やキャリアアップと一貫したものであるべきです。リーダーやマネジャーは、人間の本質を反映した原始的な心理的特性を理解しましょう。そして、公平性や公正性、貢献、社会的比較、自律性、ウェルビーイングに関するニーズが、給与に対する認識に潜んでいることを理解する必要があります。

従業員の給与に対する意識は、彼らの仕事経験に深く染み込んでいます。コーチングの5つの会話が行われていない、能力開発の意識が低い職場では、給与や昇進は、ビジネスやキャリアと明確に紐づいていません。そのため、より高い給料や地位を求めて政治的な駆け引きを行うなど、彼らを機能不全に向かって走らせる「ニンジン」になってしまいます。

派閥争いや社内の駆け引きで昇進しようとする人がいると、組織には非効率な負担がのしかかります。社内政治に時間を費やせば、生産性が低下するからです。従業員の時間とエネルギーが浪費され、彼らがこなせる仕事量が大幅に減るため、組織が同じ量の仕事をこなすには、より多くの人を雇わなければならなくなります。そして、人が増えた分、全員の給料は下がります。

能力開発の意識が高い職場の従業員は、そうした意識が低い職場の従業員に比べて、自分の給与をずっと好意的に受け止めます。これは、給与額に関係なく見られる傾向です。

能力開発の意識が高い環境が給与に関して有利に働くのは、「誰もが進歩を実感したい」という人間の本質的なニーズを満たしているからです。加えて、自分の成長をコーチングしてくれる上司のもとでは、従業員はより自分の進歩を実感しやすくなります。

一方、自分の能力開発について継続的なコーチングを受けられず、「成長しているのかどうかわからない」と感じた従業員は、自分の価値や進歩を表す最も定量的な尺度に目が向くようになります。それが、給与です。

注目すべき点は、競合他社が、仕事と組織に熱意を持って取り組んでいる従業員を引き抜こうとしたときには、給与を20％以上多く支払う必要があるということです。反対にエンゲージしていない従業員なら、いくら給与を上げても引き止められません。

適切な報酬を提供することは、従業員が自分のパフォーマンスを自覚し、組織の成果に対する当事者意識を高めるのにも役立ちます。科学的根拠に基づいた以下の指針を、あなたの組織と従業員の双方にとって最適な給与と昇進のアプローチを決めるのに役立ててください。

1　給与は個人的な問題だが、昇給や昇進の基準には透明性が不可欠　相場と同等の給与をもらっているにもかかわらず、自分の給与は相場以下だと思い込んでいる人の割合が高いことが、調査でわかっています。自分の給与が他社で得られる給与と比較してどうなのか、従業員に明確に伝えましょう。あなたのほうから伝えることに意味があります。でなければ、従業員の頭のなかはネガティブな物語でいっぱいになってしまうでしょう。多くの場合、彼らは、現実を反映していない話や逸話によって、そうした物語をつくり上げてしまいます。

また、明確にすべきことは、給与だけではありません。与えられた仕事で昇給する基準についても伝えましょう。どのような機会があるのか、その機会が市場と比べてどうなのか、どのような経験や成功が昇給や昇進に必要なのかを説明しましょう。

2 少人数のグループの給与や昇進を決める際には「強制的ランク付け」を用いない 給与や昇進を決める手段として強制的ランク付けを用いる場合、チーム内に「パフォーマンスの高い人」「平均的な人」「低い人」がいることが前提となります。しかし、ハイパフォーマーばかりのチームもあるはずです。その場合、強制的ランク付けでは、一部の従業員が不当に評価されることになります。また、パフォーマンスの低い人ばかりで構成されているチームも同様です。この場合は、強制的ランク付けで一部の人が得をします。

公正さや公平さを求めるのは、人間の基本的なニーズです。パフォーマンス・システムでは、その人の職種や目標に応じて、ひとりひとりの「卓越した」パフォーマンスを明確に定義する必要があります。そのための最善の方法は、各従業員のパフォーマンスに関する所定の情報を複数集め、その人のキャリア目標に合った重要な経験と組み合わせることです。また、パフォーマンスをどう測定するか、各職務の基準である「平均以下」「平均」「平均以上」「卓越」「特別」とは何かについても説明できるようにしておきましょう。

3 ほとんどの従業員が、出来高制や報奨金といった「インセンティブでの支払い」を望んでいる インセンティブでの支払いを望むのは、自身の給与に対して力を持っていたいと思うからでしょう。調査によると、従業員の3分の2が「何らかのインセンティブや変動報酬が欲しい」と答えています。パフォーマンスの高い人なら、組織に利益をもたらし、自身を際立たせるような成果をあげることで、相応のボーナスを得ることができます。

しかし、リーダーは、基本給に対する出来高や変動給の総額と変動給が「好ましくない行動」を生み出すことにも留意しておきましょう。個人へのインセンティブが高いと、個人主義的な行動が多くなります。しかし、金銭的なインセンティブのために顧客や同僚を犠牲にするようなことがあってはなりません。インセンティブは、チームや組織の目標に沿ったものである必要があります。そして、個々人の成果やコラボレーション、顧客価値に根ざしたパフォーマンスを維持するものでなければなりません。

4　経済的ウェルビーイングは組織の責任である　従業員のウェルビーイングが高ければ、パフォーマンスも向上します。たとえば、従業員たちがファイナンシャル・プランナーや投資アドバイザーからアドバイスを受けられる仕組みを導入するのもいいでしょう。従業員向けの財務の専門家を社内に配置するのです。財務の専門家は、従業員の短期的な金銭ストレスを減らし、長期的な資産の安定性を高めるとともに、従業員が基本的なニーズを満たし、友人や家族と充実した時間を持てるように財源を最大限に活用するアドバイスを行います。他社より魅力的な福利厚生も含め、総合的な報酬制度を充実させて、従業員のウェルビーイングを大いに向上させましょう。

第23章

レーティングで生まれる「バイアスの罠」

Performance Ratings: The Bias

レーティングによる人事評価は、従業員よりも上司のことをさらけ出します。

あなたの組織は、従業員を「ランク付け」すべきでしょうか。それとも、レーティングによる人事評価は完全に廃止すべきでしょうか。

多くの企業が、後者を選択しはじめています。そして、それには理由があります。レーティングの廃止は、パフォーマンス・マネジメント・システムの不備を考えれば当然の流れなのです。これまでの人事評価では、普段の「継続的な会話」をせず、期末ぎりぎりになって短時間で誰がボーナスや昇進を受けるかを決めていました。こうしたやり方は、高い評価を得るための政治的駆け引きを助長します。

問題はランク付けではありません。人事評価とそれにまつわるシステムはもともと、アカウンタビリティを果たし、高いパフォーマンスをあげた人に報いるために開発されてきました。問題は「ランク付けがシステム内にあるバイアスと結びついてしまった」ことです。

レーティングを廃止したとしても、システム全体を替える必要はありません。パフォーマンス・マネジメント・システムを成功させるのは、「期待値の設定」「継続的なコーチング」「アカウンタビリティ」の3要素で、説明責任を果たすためには、レーティングの有無にかかわらず、評価が必要です。

ちょっとシミュレーションしてみましょう。年1回の人事評価を廃止し、より継続的な会話を取り入れたシステムに変更したとします。その場合、昇進や引き継ぎ、給与に関する公正な決定はどのように行われるのでしょうか。そのためには、やはり、どのように仕事をしているかを把握し、貢献度や進歩を比較できるシステムが必要です。

これまでは、年次評価がそうしたニーズを満たしてきました。

年次評価は、よりよいとされる成果を生むために構築されてきたのです。しかし、パフォーマンス・マネジメント・システムと同じように、年次評価とそこから生み出されたランク付けは、「欠陥のある前提」に基づいて実行されてきました。

最大の欠陥は、「従業員のパフォーマンスは、ひとりのマネジャーによる観察だけで適切に評価することができる」と考えられていることです。結果、レーティングによる人事評価は、従業員よりもむしろ上司のことをさらけ出します。

ランク付けの基準やパフォーマンスに関する質問をどう調整したとしても、評価者個人にバイアスがあります。たとえ新しいパフォーマンス尺度に替えたとしても、このバイアスが、そのわずかなメリットを打ち消してしまいます。次章で、私たちが見つけた最も効果的な尺度を紹介しますが、それ以外にも、個々の評価者たちが独自に行っている、バイアスを補正するための工夫が必要です。

どのようなバイアスがあるか――パフォーマンス評価で見られる種類

●**個人的なバイアス**　マネジャーには、自分が気に入っている従業員や、自分と同じやり方をしている従業員を好意的に見てしまう傾向があります。

●**ハロー効果**　マネジャーが重視している分野で普段から優れたパフォーマンスを出している従業員がいると、マネジャーは、その人のパフォーマンスが標準以下の分野でも好意的に評価してしまいがちです。

●**中心化傾向**　従業員間のパフォーマンスに優劣をつけるのが難しいため、マネジャーには、ほとんどの人を「平均」と評価する傾向があります。他の従業員より優れている、または劣っている理由を正当化するのは簡単なことではありません。

●**寛大化傾向と厳格化傾向**　マネジャーには、ほとんどの人を少なくとも「平均」であると評価する傾向がありますが、なかには正反対の人もいます。寛大化傾向バイアスとは、改善する余地があるにもかかわらず、好意的に評価することです。厳格化傾向バイアスとは、ほとんどの従業員に対して「完璧ではない」と過度に批判的に評価することです。

●**スピルオーバー効果**　ハロー効果と同様に、マネジャーは、過去に優れた業績を残した従業員を、その後も好意的に評価する傾向があります。ある従業員に対して「この人はできる人だ」と思い込むと、その決めつけを変えるにはよほどの理由が必要です。

これまでリーダーたちは、強制的ランク付けで、こうしたバイアスを補正しようとしてきました。しかし、強制的ランク付けは、すべてのチームにパフォーマンスの高い人、平均的な人、低い人がいることを前提とするため、データを歪めてしまうのです。実際には、そうではありません（第22章参照）。

パフォーマンスが高い人ばかりのチームもあれば、低い人がほとんどのチームもあります。たとえば、パフォーマンスの高いチームで最も評価の低い人が、パフォーマンスの低いチームで最も評価の高い人よりも生産性が高いこともあります。パフォーマンスの高い人を不当に評価したり、低い人に過剰な評価を与えたりしたくないはずです。

パフォーマンス指標の信頼性を高めるには、2つのポイントがあります。

1　同僚や顧客、できるだけ多くのパフォーマンス関連データなど、複数からの情報を含める

2　従業員と普段からもっと頻繁に話し合う

コーチングによる継続的な会話なしに、「従業員に日々何が起こっているのか」を把握することはできません。継続的な会話がないと、「狭義の評価基準」は「狭義の行動」につながってしまいます。組織全体の目標に貢献するよりも、評価基準の数値を改善するためなら何でもするようになってしまいます。

第24章 バイアスを補正する
Performance Ratings: The Fix

パフォーマンスを規定する3つの次元

1 私の仕事＝個人の成果
2 私のチーム＝チームメンバーとの協力
3 私のお客様＝顧客価値

あらゆるタイプの個人貢献者の仕事において、最も重要な責任は何でしょうか。それを突き止めるために、私たちは500以上の異なる職務における「行動的職務要求」を調査しました。たくさんの異なる尺度、200以上のパフォーマンス項目を評価してきました。

その結果、パフォーマンスを規定する3つの次元が明らかになりました。これは、「従業員がその役割で成功するかどうか」を統計的に予測する最もシンプルで包括的なパフォーマンスの定義です。

1 個人の成果 従業員が自分で達成すべき責任

2 チームメンバーとの協力 チームメンバーといかに協働し、成功につなげるか

3　顧客価値　従業員の仕事が顧客に与える影響（ギャラップが考える顧客は、社外にも社内にもいます）

思い当たると思いますが、優れた個人貢献者であっても、他のメンバーの足を引っ張ったり、顧客に提供する自分たちの価値をまったく考えずに仕事をしたりする人がいます。しかし、エンゲージメントや生産性が高い職場を実現するために、リーダーやマネジャーは、3つの次元すべてで卓越したパフォーマンスを発揮する従業員の育成を優先しましょう。

3475人のマネジャーと2813人の同僚を対象に、さまざまな種類の質問と尺度を試した結果、右記の3つの職務要求（個人の成果、チームメンバーとの協力、顧客価値）と組み合わせた5段階尺度が、次の質問に対して最も信頼性と有効性が高いことがわかりました。

「以下の主要な職務に基づいて、この人の過去6カ月間のパフォーマンスを評価してください」

尺度は次のとおりです。平均以下ー平均ー平均以上ー傑出ー特別。

お気づきかもしれませんが、最も有効性が高かったこの尺度は、バランスの悪いものです。「平均」が回答選択肢の真ん中でないからです。しかし、バランスの悪い尺度は、より多くの分散につながり、ハロー効果や寛大化傾向を減少させることが、ギャラップの分析でわかっています（第23章参照）。また、この尺度は、部下に「特別」なパフォーマンスを促すよう、マネジャーを意識づけるために、上に行くほど「平均以上」「傑出」「特別」と細かく分かれています。

重要なのは、「特別」なパフォーマンスと「傑出」「平均以上」のパフォーマンスを区別する評価基準や観察事項についてマネジャーが考える必要があるということです。この訓練だけでも、マネジャーの能力開発に大いに役に立つでしょう。ギャラップは目安として、一般的な従業員のなかで「傑出」したパフォーマーを10人に1人、「特別」なパフォーマーを100人に1人と定義することを推奨しています。「傑出」したパフォーマーと「特別」なパフォーマーの数を、客観的な基準のもと、長期にわたって増やしていくことを目標にしましょう。

パフォーマンスレベルをどう伝えるか、パフォーマンス評価の尺度を明示しているかは組織によって異なりますが、それぞれの役割における「特別な個人の成果」や「特別なチームメンバーとの協力」「特別な顧客価値」がどのようなものであるかは定めておくべきです。「傑出」したパフォーマンスや「特別」なパフォーマンスを目指すためには、どのような行動をとればいいのか、どのような訓練をすればいいのかを、半期ごとの面談や継続的な会話のなかで従業員と一緒に確認するのです。

特異性のバイアスを可能な限り取り除くには、次の3種類のデータを用いたパフォーマンス測定を確立させるとよいでしょう。

- **パフォーマンス指標**　生産性や収益性、正確性、安全性、効率性など、従業員自身のコントロールが可能で、主要な成果を反映する指標。同僚や顧客からのフィードバックが含まれているものが理想。
- **主観的な観察**　それぞれの役割に設定された期待値に基づいてパフォーマンスを定性的に

評価するためにマネジャーが行う主観的な観察。

●個別の目標　メンバー特有の専門性や経験、業務責任、職務の一般的な責任を考慮した、チームメンバーごとの個別目標。

マネジャーがパフォーマンスを総合的に判断するためには、自らの定性的な観察と、パフォーマンス指標からわかる定量的な客観性の両方を利用する必要があります。マネジャーが複数の測定源を判断材料にすれば、結果はより信頼性の高い正確なものになります。マネジャーから好意的な主観的観察を受け、複数の主要な評価指標でも優れたパフォーマンスを示していたなら、その従業員はよいパフォーマンスを発揮している可能性が高いといえます。しかし、主観的な観察とパフォーマンス指標が一致しない場合、マネジャーはその従業員のパフォーマンスをもう一度見直す必要があります。

一般的なパフォーマンス指標をそれぞれの従業員にとって適切なものにするためには、マネジャーが期待値と能力開発をひとりひとり個別化する必要があります。個別化された目標には、各メンバーの能力や責任、専門知識、経験、願望を組み込みましょう。

どんなに技術的に洗練された、善意のシステムであっても、人がそれを公平だと思わなければ失敗します。アカウンタビリティ・システムが公平だと思われるためには、達成志向かつ正確で、能力開発を伴うものでなければなりません。また、企業の共通利益に貢献し、戦略的な目標や目的に沿った、長期的な思考や行動を促すものでなければなりません。

最終的に、パフォーマンスの測定と管理には「実践」が必要です。マネジャーは、他のマネジャーがとったメモを見比べながら、それぞれが考える「特別」なパフォーマンス、「傑出」したパフォーマンス、「平均以上」のパフォーマンス、「平均」的なパフォーマンス、「平均以下」のパフォーマンスについてお互いに話し合う必要があります。「特別なパフォーマンスとは何か」を定義する際には、トップパフォーマーも含めて話し合いましょう。彼らはマネジャーよりも高いレベルでの定義を提案してくれるはずです。

第25章 能力開発で従業員の定着率を高める

Make "My Development" the Reason Employees Stay

キャリアアップの3要素
1 変化をもたらす機会
2 成功
3 希望するキャリアとの適合性

ギャラップの調査によると、今日、人々が転職する理由の第1位は「キャリアアップの機会」です。この理由は年々増加する傾向にあります。

特にミレニアル世代では59％の人が、仕事に応募する際に「学ぶ機会、成長する機会があること」を非常に重視していることがわかりました。X世代は44％、ベビーブーム世代では41％が同じ回答をしています。また、ミレニアル世代の87％が、仕事をするうえで重要なのは「専門分野またはキャリア上で成長や能力開発の機会があること」と回答しており、同じように回答した非ミレニアル世代の69％を大きく上回っています。

また、すべての世代に「前職を辞めた理由」を尋ねたところ、最も多く出てきたのは「成長」や「機会」という言葉でした。米国の労働者の91％が、「前回、仕事を変えたときに転職もした

（会社を替えた）」と答えています。

「社内のはしご」から「マトリクス」へ

伝統的なキャリアアップのパターンは「社内のはしごを登る」ことでした。管理職になると肩書と給料が与えられ、部下の数も増えていきます。

しかし、組織のマトリクス化が進んだことで、このパターンは変わりつつあります。マトリクス型組織の増加により、従業員のキャリアパスが増えたのです。「チームやプロジェクト、マネジャーを替える」という選択肢も出てきました。

今日の労働者は、個人の生活状況に合わせて調整できる仕事を求めています。これは、多くの人にとって魅力的な選択肢であるものの、伝統的な企業の「はしごモデル」からは外れます。

これに対して組織のリーダーは、「従業員にとって、キャリアアップの機会とは何か」という発想を広げていく必要があります。調査や文献レビューから、従業員の成長実感には次の3つの要素が関連していることがわかりました。それは、「変化をもたらす機会」「成功」「希望するキャリアとの適合性」です。

マネジャーは、これら3つの要素を参考にしながら、従業員の進歩や可能性について実りある会話をすることができます。たとえば、次の8つの質問を参考にしてください。

1 最近うまくいったことは何ですか?
2 あなたが最も満足していることは何ですか?
3 どのような報酬や承認が、あなたにとって最も大事ですか?
4 あなたの役割は、まわりにどのような変化をもたらしますか?
5 どのように、より大きな変化を起こしたいですか?
6 仕事で、現在自分の強みをどのように活かしていますか?
7 今後、自分の強みをどのように活かしていきたいですか?
8 どのような知識やスキルを体得したら、次のステージに進めるでしょうか?

従業員が成長するのは、仕事をしているとき、あるいはコーチングを受けている最中に「気づき」があったときです。マネジャーは、どう後押しすれば部下の気づきが増えるのか、自らに問いかけてください。

忘れてはならないのは、「成長や能力開発に対する考え方は従業員によって異なる」ということです。社内で賞をとることをキャリアの成長と考える人もいれば、さらに上の学位を取得することに価値を見出す人もいます。また、出張や大口顧客へのプレゼンテーションを重視している人もいれば、メンターになることをステップアップととらえている人もいます。

残念ながら、多くの組織ではまだ、「上」への道はひとつしか用意されていません。それは、自分の得意なことがマネジャーの仕事でなくても、マネジャーになることです。マネジャーになることから逃れられない人のなかには、仕事を無難にこなせても、気持ちがしっくりこない人もいるでしょう。このことは、本人のウェルビーイングにも、部下たちのウェルビーイングにも影響を及ぼします。

仕事熱心で生産性の高い従業員のために、マネジャーになる以外にも、次のような新しい昇進の道を用意しましょう。

- **個人の成果**　才能ある人は、「マネジャー」ではなく「パフォーマンスの高い個人貢献者」として組織のなかで昇進してもよいはずです。個人貢献者とマネジャー、それぞれ別々の肩書と給与のキャリアパスを設けましょう。

- **個人的な能力開発**　マネジャーは、部下の将来の希望を知るべきです。キャリア開発についての会話は、評価面談の際にすればよいというものではありません。定期的に行うだけでなく、非公式にも実施しましょう。キャリアパスは、その人の強みと一致し、経験や成功に基づいたものでなければなりません。

- **柔軟なキャリアパス**　スター社員は、自分に合ったキャリアを設計するための共同作業に参加すべきです。ライフステージや仕事以外の環境、関心、個性に応じて、さまざまな選択肢を用意しましょう。たとえば、あなたの組織のキャリアパスは、一定のスピードで進むのでしょうか、それとも人生の変化に合わせてスピードを落としたり速めたりすることができるのでしょうか。子どもの誕生や介護、学位取得などのライフイベントによって、従業員がキャリアにかけられる時間や労力は変化します。適切なキャリアパスは、組織の目標を達成すると同時に、従業員個人の強みや生活環境の変化に合わせて柔軟に対応できるものであることが大切です。

第26章 職場のための「マネーボール」

Moneyball for Workplaces

チームを成功に導く12の質問

Q1　私は仕事のうえで、自分が何を期待されているかがわかっている

Q2　私は自分がきちんと仕事をするために必要なリソースや設備を持っている

Q3　私は仕事をするうえで、自分の最も得意なことをする機会が毎日ある

Q4　この1週間のあいだに、よい仕事をしていると褒められたり、認められたりした

Q5　上司あるいは職場の誰かが、自分をひとりの人間として気づかってくれていると感じる

Q6　仕事上で、自分の成長を後押ししてくれる人がいる

Q7　仕事上で、自分の意見が取り入れられているように思われる

Q8　会社が掲げているミッションや目的は、自分の仕事が重要なものであると感じさせてくれる

Q9　私の同僚は、質の高い仕事をするよう真剣に取り組んでいる

Q10　仕事上で最高の友人と呼べる人がいる

Q11　この半年のあいだに、職場の誰かが私の仕事の成長度合いについて話してくれたことがある

Q12　私はこの1年のあいだに、仕事上で学び、成長する機会を持った

野球にしても、ビジネスにしても、プレーヤーに対する決断は骨の折れる仕事です。だからこそ、野球界の「セイバーメトリクス（訳注、野球をデータ分析し、選手の起用法などを考える手法）」担当者は、選手の統計データをまとめることに明け暮れるのです。目的は、試合で活躍する選手を、映画「マネーボール」のように見抜くことです。収集するデータは、打率や打撃位置、守備率、過去の成績に関するものなど多岐にわたります。そして、すべてのデータを統合して、個人やチームの成功を予測するのです。

こうした方法をコーチや選手に教えて、成果を出しているチームもあります。２０１７年のワールドシリーズ・チャンピオン、ヒューストン・アストロズや、２０１６年の同チャンピオンのシカゴ・カブス、ボストン・レッドソックス、低年俸のオークランド・アスレチックスなどは、選手の育成や採用、トレード、試合中の戦略においても統計学的にも厳密な「マネーボール」アプローチを用いて大成功を収めました。

そして、さまざまなチームや事業部門がどれだけの業績や利益を生み出すのかを予測しなければならない企業も、同様の課題に直面しています。これまで多くの企業が、チームごとの特性から生まれるばらつきを抑えて利益を最大化するシステムを開発してきました。彼らは、ビジネスユニットの規模や場所、マーケティング、製品在庫など、あらゆるものを利用し、質の高いパフ

ォーマンスを保つためにスタッフのトレーニングを徹底して行っています。

では、ビジネスの世界でも、メジャーリーグのヒューストンやシカゴ、ボストン、オークランドのような「マネーボール」方式で企業は利益を得ることができるのでしょうか。

答えはイエスです。私たちはこれまで50年にわたり、世界中の企業でチームに関するデータを収集してきました。そのなかには、ギャラップが「従業員エンゲージメント」と呼ぶ、職場文化の重要な要素に関する、従業員の視点からの測定も含まれています。従業員エンゲージメントは、明確な期待値や、自分の得意なことをする機会があること、成長の機会、仕事における最高の友人の存在、共通のミッションや目的などの要素によって決まります。重要なのは、これらの要素はすべて、マネジャーが直接影響を与えることができるものだということです。

また、同じチームからパフォーマンス指標も収集しており、その内容は、欠勤率や離職率、サービスに対する顧客の評価、生産性や利益の指標など多岐にわたります。問題は、研究者がそれぞれの企業で調査することができるチームや事業単位数には必ず限りがあることです。1回の調査では、測定が不完全だったり、サンプル数が限られていたりするなどの理由で、結果を予測する際に誤差が生じる恐れがあります。

一方、複数の組織のさまざまなチームを対象に収集した従業員エンゲージメントとパフォーマンスのデータを統合することで、「メタ分析（多くの研究の研究）」が可能となります。メタ分析では、ひとつの研究で把握するよりも正確に「チームのエンゲージメントがパフォーマンスに与える影響」を推定できます。

私たちは、こうして過去20年にわたり、チームのエンゲージメントとパフォーマンスの関係について10回のメタ分析を実施してきました。最新の調査では、54業種、96カ国にわたる276組織で11万2312の事業・作業単位（270万人の従業員を含む）を対象に分析しています（巻末資料3を参照）。

私たちがチームのエンゲージメントを測る際に用いるのは、この章の冒頭で紹介した12の質問です。これら12の質問は、パフォーマンスとの関連性が証明されている職場の重要な要素を測定するものです。同じ組織内でもパフォーマンスに差があるように、チームのエンゲージメントも大きく異なります。

このメタ分析による主要な発見のひとつは、「チームのエンゲージメントとパフォーマンスの関連性が、時間や組織を超えて一貫している」ことです。調査対象とした業界や国籍は多様で、経済的な時代が異なるだけでなく、この数十年間で技術が大きく進展したにもかかわらず、その関連性は一貫しているのです。

そして、エンゲージメント指標で各社の上位4分の1に位置するチームと下位4分の1に位置するチームのパフォーマンスを比較したときの差の中央値がわかりました（図表5）。

エンゲージメントが主要なビジネスの成果に与える影響

エンゲージメントが高い事業単位とエンゲージメントが低い事業単位のパフォーマンスを比較

図表5　パフォーマンスの差の中央値

エンゲージメント値が上位4分の1に位置するチームと
下位4分の1に位置するチームを比べた場合

ネガティブな成果

- 欠勤率　**81%**
- 高離職率組織の離職率　**18%**
- 低離職率組織の離職率　**43%**
- シュリンケージ（窃盗）　**28%**
- 安全上の事故　**64%**
- 患者の安全性に関する事故　**58%**
- 品質（欠陥）　**41%**

ポジティブな成果

- 顧客ロイヤルティ／エンゲージメント　**10%**
- 売上高における生産性　**18%**
- 生産記録と評価の生産性　**14%**

組織的な成功

- 収益性　**23%**
- 従業員のウェルビーイング　**66%**
- 組織市民権　**13%**

（注）高離職率組織は離職率が年率40%を上回る組織、低離職率職場は離職率が年率40%以下の組織。

したところ、エンゲージメント値が上位4分の1に位置するチームは、下位4分の1に位置するチームを大きく上回る成果をあげていることがわかりました（図表5）。

これらの指標を「複合パフォーマンス指標」に統合したところ、99パーセンタイルのチームは（訳注、データ全体を100等分し、小さいほうから数えてその数値が何番目かを表した順位。100位に近づくほどよい）、1パーセンタイルのチームと比べて、成功する（あるいは平均以上のパフォーマンスを発揮する）確率が約5倍であることがわかりました。

もちろん、チームのパフォーマンスを完璧に予測することはできません。しかし、この結果は、チームの文化的要素を測定することでそのチームのパフォーマンスを予測できるという強い証拠となります。

「マネーボール」アプローチでデータを活用する野球チームが、よりよい意思決定を行うように、エンゲージメントの12要素を測定し、マネジメントする企業は、パフォーマンスを向上させることができるのです。そして何より、成功の可能性を広げることができます。

第27章 チームリーダーの突破口
The Team Leader Breakthrough

チームのエンゲージメントのばらつきの70%は、マネジャーやチームリーダーが原因です。これは、ギャラップによる最大の発見のひとつです。

成功するチームをつくるために欠かせない、唯一無二の要素。それは「マネジャーの質」です。マネジャー自身の強みやエンゲージメント、日々のチームとのかかわり方を通じて、マネジャーは、チームのエンゲージメントがばらつく要因の70%を占めています。

優れたマネジャーはチームメンバーひとりひとりの強みを理解したうえで、彼らを育成し、配置し、チームの進化や成長に合わせて「誰がそれぞれの役割を最もうまくこなせるか」という難しい決断を下します。その結果、優秀なマネジャーは、優秀な人材を惹きつけ、長く定着させることができるのです。そして、自身のネットワークや、チーム内のインフルエンサーが持つネットワークを通じて、組織内の他部署ともつながります。

最高のマネジャーやチームリーダーは、チームの成功につながる12の要素を用いて、チームのパフォーマンスを生み出しています（第26章参照）。チームのパフォーマンスは、エンゲージメントの他にも、「他部署とのつながり」や「チームにおける強みの構成」「一緒に働いた経験」「チームの大きさ」などの影響を受けます。

他部署とのつながり

チームにおいて人間関係のつながりが重要であることは明らかです。メンバーたちが互いに深く尊敬し合い、友情があるチームは、よりエンゲージし、よりよいパフォーマンスを発揮しています。メンバー間の「バトンの受け渡し」がスムーズに行われるため、優れたサービスを顧客に提供することができます。

組織内の他部署や他チームとのつながりも同様です。そうしたつながりが強いチームほど、そうでないチームよりもエンゲージメントが高く、パフォーマンスも高いことが、複数の調査で明らかになっています。チーム内のインフルエンサーは、単に個人的な人脈を持っているだけでなく、組織内の他のインフルエンサーともつながっている人たちです。こうしたつながりによってチームは、自分たちの仕事を支援し、補完してくれる人たちを探すことができます。これが、チーム全体をより働きやすい状態にする「評判」の源なのです。

とはいえ、メンバー全員が高度な人脈を持つ必要はありません。ある研究により、カスタマーサービスチームが接客を成功させるためには、少なくともひとりのメンバーが組織内の他部署と強いつながりを持っていればよいことがわかりました。

チームにおける強みの構成

〈クリフトン・ストレングス〉の34の資質（第15章および巻末資料1を参照）は、人間の行動に関連する4つの領域に属しています。それは、「実行力」「影響力」「人間関係構築力」「戦略的思考力」です。私たちは近年、6業界の1万1441チームを対象に調査を実施しました。「チームにおける強みの構成（メンバーの資質がこの4領域にバランスよく配置されているか否か）でそのチームの成功を予測することができるかどうか」を解明しようとしたのです。

ある領域だけに資質が偏っているチームは稀でした。そして、そうしたチームにおける強みの構成よりも、メンバーによる「強みに対する認識」のほうが、チームのエンゲージメントやパフォーマンスをはるかに予測可能にさせるものであることがわかりました。メンバーが自分の強みと他のメンバーの強みを知っているチームは、より迅速に、しかも効率的に、それぞれが得意なことをすることができます。彼らはチームメイトの特質を理解し、感謝しているのです。

一緒に働いた経験

学術的な研究によると、チームの集合知は、チームメンバーの個々の能力を単に寄せ集めた以上の力を発揮するものです。

勤続年数が長い従業員は、自分の得意なことを任される機会が増えていくでしょう。経験は大事です。長く一緒に仕事をしていれば、相手の役割や長所を知る機会が増え、自分の行動に対してチームメイトがどう反応するのかも予測できるようになります。結果的に、効率的に働けるようになり、高い成果をもたらします。

どのくらいのコラボレーション経験を必要とするかは、仕事の複雑さやチーム内のタスクの相互依存性によって異なります。調査から、「自分が何を期待されているかがわかっている」「自分の得意なことをする機会がある」と答える従業員が、一般的には3年目の時点で大幅に増えることがわかりました。そして、勤続10年以上になると、自分の役割を明確に理解している人がさらに増えます。

では、チーム内での役割を理解し、完璧にこなすためには3～10年の勤続年数が必要なのかというと、そうではありません。優れたマネジャーがいれば、ひとりひとりに合ったアプローチで、より早くコラボレーションができるようになります。そして、今日のように転職が増えている世の中では、そうした時間をより短くすることが求められています。

チームの安定は重要ですが、新しいメンバーを定期的に入れて、集団思考に陥らないようにすることも大切です。100以上の企業向けカスタマーサービスチームを対象に行った調査では、メンバーの定着率が100%のチームは、75～99%のチームよりもパフォーマンスが低いことがわかっています。新しいメンバーがもたらすポジティブな摩擦は、チームにとって大きな利益となります。

チームの大きさ

私たちは、これまで300万チームのエンゲージメントを調査してきましたが、それぞれのチームに所属する従業員の数にはかなりの差がありました。10人以下のチームには、エンゲージメントの最高値も最低値もありました。つまり、メンバーの数が少ないチームは、どちらかに傾く傾向にあります。こうした小さなチームでは、よくも悪くもマネジャーがより多くの影響を与えます。

チームの規模が大きくなるにつれて、ほとんどのエンゲージメント要素は値が小さくなる傾向にありますが、例外が3項目あります。「自分が何を期待されているかがわかっている」「自分の得意なことをする機会が毎日ある」という要素は、チームの規模が大きくなるほど強くなります。「最高の友人と呼べる人がいる」という要素は、チームの規模と関係なく似たような傾向です。もちろん業界によって違いはあります。チームが大きくなればなるほど、役割が明確化し、専門化が進み、よりたくさんの同僚と出会う機会が増えます。

チームの大きさなどのダイナミクスがエンゲージメントに影響を与えますが、最も重要な要素はマネジャーやチームリーダーの質です。

第28章

なぜ、従業員エンゲージメント・プログラムが機能しないのか

Why Employee Engagement Programs Haven't Worked?

世界的に見ると、仕事に対して「エンゲージしていない」または「まったくエンゲージしていない」従業員が80%を占めています。

世界中の企業やリーダーが、従業員がエンゲージしていること、すなわち、従業員が仕事と組織に熱意と愛着を持って自発的に取り組むことがもたらすメリットをよく理解しています。そのため、エンゲージメント測定の調査を実施している企業がほとんどです。しかし、従業員エンゲージメントの値は過去20年間、ほとんど変化していません。

ギャラップは2000年以降、米国における従業員エンゲージメントの追跡調査を行っています。若干の変動はあるものの、この間ずっと、米国の従業員の3分の2が、仕事や職場に対して「エンゲージしていない」または「まったくエンゲージしていない」状態であることがわかりました。

2020年には、米国で36%の従業員がエンゲージしている、すなわち、チームや組織に主体的にかかわり、熱意を持ってコミットしていることがわかっています。世界全体で見ると、このような従業員はわずか20%しかいません（図表6）。

図表6　従業員エンゲージメントの推移

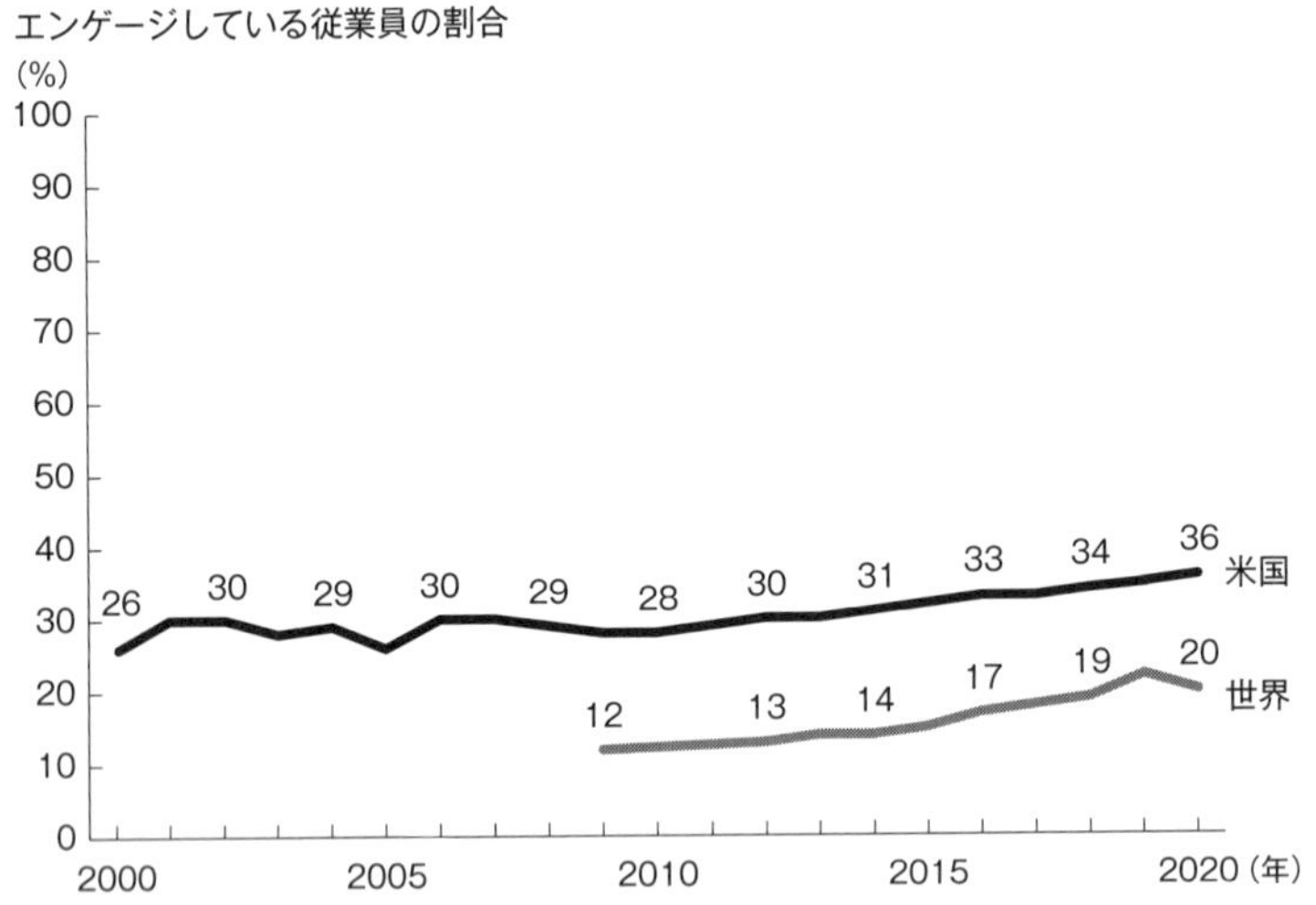

ギャラップによる労働人口のランダム・サンプルの年次データを用いて算出。

そうしたなかでも、よい兆候といえば、米国でも世界でも数値が緩やかな上昇傾向にあることです。２０１０年に米国で28％、世界で12％だったこの数字が2倍になれば、世界は変わるでしょう。

なぜ数値の変化が鈍いのか

多くの企業が従業員のエンゲージメントに注力しているにもかかわらず、なぜ、世界のエンゲージメントレベルは急激に増加しないのでしょうか。

エンゲージメントの値の停滞には、多くの要因が絡んでいます。そのひとつは、企業が従業員エンゲージメントを測定し、報告している「方法」にあります。

たとえば、「従業員の60～80％がエンゲージしている」と報告された後、数年間、その値が変化していない組織を見るのは珍しいことではありません。その結果をくわしく調べてみると、これらの企業が使用している指標（エンゲージメントの割合）は、決して高い水準のものではなかったのです。彼らは、組織への支持や、自己申告でのコミットメント、会社にとどまる意思などを測る質問について、5段階評価で得た回答の「4」と「5」を足し合わせているだけなのです。

ギャラップの調査によると、「4」と答えた人がとる行動は、「5」あるいは「強く同意する」と答えた人がとる行動と大きく異なることがわかっています。あなたは、多くの従業員が「将来もこの会社で働く可能性はまあある」「組織にまあまあコミットしている」という事実を手放しで喜べるでしょうか。

「わが社の従業員のほとんどがエンゲージしている状態にある」と会社が宣伝したとしても、実際にそう感じている人はそれほど多くないのです。むしろ、単に満足しているだけか、あるいはもっとよい条件で転職する機会があれば、すぐにそちらへ行ってしまうでしょう。多くの従業員が積極的に別の仕事を探しているのです。

エンゲージメント調査は二分されつつあると考えられます。一方は、科学的、経験的に検証されたアプローチで、ビジネスのパフォーマンスに変化をもたらすものです。こうしたアプローチは、組織文化を変革する戦略的で施策的な能力開発とパフォーマンスへの介入によって裏付けられています。より多くの投資が必要となりますが、このアプローチを採用する企業では、従業員エンゲージメントとパフォーマンスを向上させる可能性が高くなります。

もう一方は、焦点が定まっていない年次調査や評価基準です。従来の従業員満足度調査のように、この種の調査では通常、ビジネスの目標とはあまり関係がなく、しかも行動に移すのが難しいものを測定しようとします。こうした調査では、エンゲージメントを高める「独自要因」を特定できるとされています。しかし、このアプローチは、「エンゲージメントの最も基本的な要素(明確な期待値、得意なことをする機会、承認、成長など)が、どの組織や仕事においても一貫して重要である」という科学的事実を無視しています(第26章参照)。

さらにはテクノロジーの進展が、従業員アンケートを作成して、それを「エンゲージメント・プログラム」と呼ぶことを容易にしています。残念なことに、こうした手法を用いて、調査を行ったとしてしまうこともできるのです。

また、企業は「パルスサーベイ(訳注、短時間に回答できるアンケートを週次や月次などの短期間に繰り返し行うこと)」を使って継続的に従業員調査を行うこともできます。ただし、収集したデータに基づいて明確な戦略を立てなかったり、さらにはそれを行動に移さなかったりすると、かえって悪い結果を生み出してしまう恐れがあります。「私の組織は、私が回答した調査結果に基づいて行動している」という質問に「強く同意する」と答えた場合、従業員のエンゲージメントは約3倍高くなります。

能力開発に注力している職場では、単にアンケートを実施しただけでは不十分です。測定だけで、変化を促し、パフォーマンスを高めることはできないのです。企業は従業員の意識を測定し、指標を提供することに多大な労力を費やしていますが、実際に職場を改善し、ビジネス上の成果を出すには至っていません。

こうしたアプローチが失敗する主な理由は、次のとおりです。

- マネジャーや従業員の能力開発よりも、調査データや報告書に意識が向いている。
- エンゲージメントを、「高いパフォーマンスを達成するための継続的で規律的なシステム」ではなく「単なる調査の実施」だととらえている。
- エンゲージメントは、「意欲的で、熱意を持って働く従業員の割合」ではなく「雇用主に満足している従業員の割合」だと解釈している。
- 従業員を、会社の将来を担う大切な利害関係者として扱っていない。「エンゲージメント」ではなく「満足度」を測り、ゲームルームや高級ラテマシン、ペット同伴の日、ボウリング大会など、彼らが欲しいものを提供しているだけである。

こうした問題のあるアプローチは、従業員の能力開発を改善し、組織文化を変革するための障壁となります。その結果、企業は、できない約束をしてしまうのです。集中的なコミュニケーション・キャンペーンを通じて変革を誓いながらも、実際になされることはほとんどないのです。

第29章

「能力開発を重視する組織文化」をつくる

Creating a Culture of High Development

「能力開発を重視する組織文化」をつくるには、次の4点が必要です。

1 CEOや取締役会が取り組みを開始している
2 マネジャーに新しいマネジメント方法を教えている
3 全社的なコミュニケーションが行われている
4 マネジャーにアカウンタビリティを持たせている

私たちは、優れた職場とそうでない職場を分ける要因について研究しています。能力開発を重視する組織文化は、企業と従業員の双方にとって最も生産的な環境をつくり出します。

常に能力開発を追求することが、決して特別なことではなく、規範となっている。そんな組織文化を醸成するには、どうすればよいのでしょうか。残念ながら組織文化は、スイッチを押せばすぐにできるというものではありません。意識的に、よく計画を練って戦略を立てるところから始める必要があります。

能力開発を重視する組織文化をつくるためには、年に1回、従業員アンケートを実施し、後はマネジャーに任せるだけでは不十分です。「きっとアンケート結果から何かを学びとって、マネジメント方法を変えてくれるだろう」と期待するだけでは何も変わりません。エンゲージメントの重要な要素が、自社のパフォーマンス・マネジメントや人材戦略と一致しているかどうかをきちんと吟味しましょう。

実際に、これまで多くの組織が、自分たちの組織文化を変えることに成功しています。私たちは、世界で最も高い成果をあげている39の組織のパートナーになっています。これらの組織では、「エンゲージしている従業員」の割合が約2倍になり、怒りや不満を撒き散らして周囲の足を引っ張る「まったくエンゲージしていない従業員」1人に対して「エンゲージしている従業員」が14人いるという比率を達成しました。その結果、厳しい競争や市場の変化、不利な規制条件、不況などの外部からの脅威にも耐えうる強靭な労働力を獲得することができました。

能力開発を重視している企業は、従業員のエンゲージメントを高める戦略の背後に明確な目的を持っています。彼らは、自分たちが達成しようとしている具体的な行動と、その行動がなぜ成功するために重要なのかを知っているのです。

ここでは、能力開発を重視する組織文化の構築に成功した組織に見られる4つのパターンを紹介します。

Ⅰ　CEOや取締役会が取り組みを開始している

「戦略的整合性」という言葉は、ほとんどの人にとって聞こえがよいものです。しかし、この言葉は、水増しされたコンサルティング用語になっています。本来の意味は何でしょうか。戦略的整合性とは、マネジャーや従業員が、自分たちに求められている仕事と組織が成し遂げようとしていることのあいだに、一貫したつながりを見出せるようになることです。

「従業員のエンゲージメント」と呼ばれるものはすべて、この基準を満たさない限り、何の価値もありません。優れた企業は次のような取り組みをしています。

- なぜ存在しているのか、どう認知されたいのかなど、組織の目的とブランドが明確に定義されています。加えて、「従業員エンゲージメントが、組織の目的とブランドを一致させるためのシステムである」ことを全従業員が理解しています。リーダーは、エンゲージメントの12項目とビジネス上の課題を明確に結びつけています。つまり、抽象的な概念ではなく、日常業務とエンゲージメントを関連づけているのです。
- 経営トップが、自分の態度や信念、行動が組織文化に多大な影響を与えることをよく理解しており、率先して取り組んでいます。優れた職場のリーダーは、マネジャーに対して何を望むかについて話すだけでなく、日々身をもって示しているのです。
- リーダーは、改善のための道筋を描きます。会社が現在どのような状況にあり、将来どのようにありたいかを明確にするのです。

2 マネジャーに新しいマネジメント方法を教えている

- 優れた組織には、トップダウンで命令するだけでなく、現場レベルでの問題解決をチームに促すリーダーがいます。また、研修や人材開発も、現場のマネジャーやチームが自ら問題を解決できるようになることに重点を置いています。
- エンゲージメント、パフォーマンス、トレーニングのすべてが連携しています。強みに基づくとともに、エンゲージメントの12要素に根づいた研修を行い、マネジャーは、チームメンバーの強みを引き出す方法や、強みを育てて活用する方法を学びます。これは、成果をあげるための方法として導入されています。
- トレーニングは、各マネジャーの能力に合わせて行われます。パフォーマンスやチームに対するエンゲージメントが高いマネジャーは、それが低いマネジャーよりも高度なカリキュラムを受けることができます。

3 全社的なコミュニケーションが行われている

- 優れた企業には、優れたCHROがいます。CHROは、部下の傾向に合わせて彼らを育成する方法をマネジャーに教えるための仕組みを構築しています。

- これらの組織には、「チャンピオン」と呼ばれる役割があります。チャンピオンは、現場からベストプラクティスを収集したり、質問に答えたりする役目を担っています。
- ベストプラクティスを継続的に集めることで、「エンゲージメントの高いチームとはどのようなものか」を皆が鮮明にイメージすることができるようになります。

4 マネジャーにアカウンタビリティを持たせている

- エンゲージメントレベルが最も高い企業は、従業員に対する承認を、「彼らの成長を促し、次の成功のステージへと引き上げるための手段」としてとらえています。目覚ましい仕事ぶりを見せたチームのリーダーを承認することは、その会社が何を大切にしているかを示す強いメッセージとなります。
- 平凡さを許容し、足踏みしているようでは、成長しません。成功する組織は、生産性や定着率、顧客サービス、従業員エンゲージメントなどの指標の組み合わせに基づいて、高いチームパフォーマンスを定義しています。マネジャーには、「チームのエンゲージメントを高めることが自分たちの仕事である」と明確に示しましょう。チームのエンゲージメントが下がり続けたときには、マネジャーを交代させることも必要です。
- 成功する組織は、全員がマネジャーになる必要はないと考えており、個人貢献者にも魅力的なキャリアパスを設定しています。マネジャーに昇進することが、すべての従業員にとって成長の証しとはならないのです。

- 成功する組織は、明確な期待値や、継続的な会話、アカウンタビリティなしに、意味のあるミッションや目的は存在しえないことをわかっています。

第30章 優れたマネジャーが持つ5つの特性

The Five Traits of Great Managers

1 **モチベーション** 成果を成し遂げるためにチームにやる気をもたらす
2 **ワークスタイル** 卓越した成果を出すチームになるための目標を設定し、リソースを配置する
3 **イニシエーション** 周囲に影響を与えて、逆境や抵抗を乗り越える
4 **コラボレーション** 深い絆で結ばれた、信頼できるチームをつくる
5 **思考プロセス** 戦略や意思決定のために分析的なアプローチをとる

あなたがこれまで出会ってきた、さまざまなマネジャーを思い出してみてください。

これまでに出会った10人のマネジャーのうち、「また一緒に働きたい」と思うのは、よくて2人か3人ではないでしょうか。しかし、それは幸運なほうかもしれません。また一緒に働きたいと思うマネジャーがまったくいない人もいます。

いずれにせよ、ほとんどの人が、自分の経験や他人の話から、「よいマネジャーとはどのようなものか」「どうあるべきか」を多少は知っているはずです。

これまで見聞きしてきたことや経験してきたことに、これまでに出会った最高のマネジャーを

重ねてみてください。いったい何が、その人を優れたマネジャーにしているのでしょうか。

あるいは、どうすれば優れたマネジャーになれるのか、自分自身に問うてみるのもよいでしょう。あなたが思い浮かべた特徴は、どのようにして身につけられるのでしょうか。あるいは、あなたが先ほど思い浮かべたすばらしいマネジャーたちは、どのようにしてその特徴を身につけたのでしょうか。生まれつきの才能があったのでしょうか、それとも学んだのでしょうか。

行動遺伝学の研究によると、人には、第11章で挙げたような特性があります。つまり、その人がどのような人か、その人のパーソナリティや思考プロセスを定義する「思考、感情、行動パターン」を持っているのです。遺伝子と幼少期の発達経験により、人は誰でもその人にしかない特徴を持っている。それはすばらしいことです。誰もがそれぞれ異なる能力や資質を、組織やチームにもたらすのですから。

これらの特性は「傾向」ととらえてください。それは、ほとんどの状況における、あなたの「デフォルト（訳注、誰かの意向による設定がなされていない、初期設定の状態）」です。たとえば、大勢の人がいる場で、あなたはどのような行動をとりますか。自分がよく知っている人のそばに行こうとするでしょうか、それとも、知らない人のところへ行って、自分を紹介したくてたまらなくなるでしょうか。

仕事では、ひとつのプロジェクトを完了させることに集中したいですか、それとも、多くのプロジェクトを同時進行させることができますか。

心が惹かれるのは、人の複雑さでしょうか、それともアイデアの複雑さでしょうか。

私たちはこれまで50年にわたり、「何が優れたマネジャーたらしめるのか」についての研究を続けてきました。そして、その人に固有な脳の回路の傾向と、マネジャーはどのようにして意図的に成長できるのかを検証してきました。

この研究からわかったことを非常に簡潔にいえば、優れたマネジメントの約半分は脳の回路の傾向に根ざしており、残りの半分は経験と継続的な能力開発からもたらされます。

その人の「傾向」は、マネジャーになる前に科学的な測定ツールを使って予測することができますが、それを行っている組織はほとんどありません。候補者がマネジャーとして成功するかどうかを見極めるには、彼らの5つの特性――モチベーション、ワークスタイル、イニシエーション、コラボレーション、思考プロセスを査定することです。

残念ながら現在のマネジメント方法は、誤った理由で従業員を昇進させています。何千人ものマネジャーに、どのようにしてマネジャーになったのかを尋ねたところ、最も多かった回答は「それまでの（非管理職の）仕事で成功したから」「終身雇用制度だから」の2つでした。

表面的には納得のいく理由かもしれません。高い業績をあげたり、長く勤めたりすれば、より高い地位が与えられるというご褒美があります。管理職に昇進すると給与や地位が上がるので、「なりたい」という思いが強くなります。

ギャラップの分析によると、人をマネジメントするために必要な傾向を持ち合わせているチームリーダーはほとんどいませんでした。このような場合、彼らは役割を担うのに苦労し、悲惨な状態に陥ってしまいます。特に、マネジャーになる前の役割で達成感ややりがいを得ていた場合は、落胆することになります。

しかし、懸念する必要はありません。必要としているマネジメント人材はすでに社内におり、適切なアセスメントがあれば、すぐにでも見出せるのです。

では、マネジャーになるべき人材を最も効果的に組織内で見出す仕組みや文化を構築するには、どうすればよいのでしょうか。

1　科学的に設計され、検証されたツールを用い、候補者を優れたマネジャーの5つの特性（モチベーション、ワークスタイル、イニシエーション、コラボレーション、思考プロセス）に基づいて評価します。

2　優秀な個人貢献者に、プロジェクトやチームを率いる機会を与えます。そのときの行動を見て、誰がうまくチームを率いることができるかを記録しましょう。

3　非管理職での成功や勤続年数だけで次のマネジャーを決めることはやめましょう。マネジャーは、自動的になるものではありません。

4　大きな成功を収めている個人貢献者にとって理想的な環境を整えましょう。すばらしい能力を発揮し続けることで地位を獲得できるようにするのです。そのうえで、最も成功した個人貢献者の経済的価値をよく見てみてください。マネジャーより多くの収入を得られるようにすべきです。

第31章 どのようにしてマネジャーを育てるか

How to Develop Your Managers

マネジャーの育成には、毎年数十億円が費やされています。しかし、私たちの調査によると、「この1年間のあいだに仕事上で学び、成長する機会を持った」ことに「強く同意する」と回答したマネジャーは3人に1人しかいませんでした。

ほとんどの人にとって、マネジメントは、すばらしい経験とはならないでしょう。なぜなら、マネジメントされるよりもマネジメントする側の人のほうが、負担が大きいからです。ストレスや燃え尽き症候群、ワークライフバランスの悪化、体調不良を訴えるのは、部下たちより管理職のほうが多いという報告があります。

マネジャーの仕事が非常に難しいのは、経営陣と現場のあいだに挟まれているためです。市場が混乱したり、逆にチャンスが来たりすると突然の組織変更を迫られ、それがマネジャーを直撃します。マネジメントされる側の部下たちよりもマネジャーのほうが、自分に何を期待されているのかがわからないこともあります。

マネジャーの仕事は、他の仕事に比べて自律性や地位が高い半面、優先順位の頻繁な変更や、チームメンバーひとりひとりの個性への対応が必要となります。

組織がマネジャーの能力を最大限に活かせないのも無理はありません。「仕事上で、自分の成長を後押ししてくれる人がいる」という項目に「強く同意する」と回答したマネジャーは30％未満しかいませんでした。管理職育成研修を受けた人たちによると、実施されているプログラムはあまり役に立っていないようです。

これまでの管理職育成手法のひとつに、マネジャーとして望ましい能力（コンピテンシー）を特定し、それを教えるという方法がありました。一見すると理にかなっているようですが、この方法はうまくいきません。というのも、人間の本質における重要な原則を見落としているからです。それは、「誰もが違う成長の仕方をする」ということです。人それぞれ強みは違うのです。

これからのマネジャーにとっては、部下ひとりひとりの強みを知り、それを伸ばすことが重要ですが、同時に自分自身の強みも知り、それを伸ばすことも必要です。どんな状況であれ、すべてに優れていることなど誰にも期待されていないのです。

「マネジャー」はその人が本来持っている「傾向」の延長線上にあるもので、ひとつのスタイルを強制的に押し付けることはできないのです。それぞれのマネジャーが持つ強みを認識した学習・能力開発プログラムは、他のどのプログラムよりも優れた成果をあげていることがわかっています。

そしてマネジャーやチームリーダーも、他の人たちと同じように「自分の上司と」コーチングの5つの会話（カンバセーション）をする必要があります（第21章参照）。

マネジャーの育て方を具体的に検討する際には、次の事項を参考にしてください。

1　組織内で行われているマネジャー用の学習・能力開発プログラムをすべて監査し、それらが「強みに基づく組織文化」（第16章参照）に合致しているかどうかを確認する。

2　ギャラップは、強みを活かしたリーダーシップの基礎学習プログラムを提供しています。これには、強みに関する学習（第14、15章参照）、エンゲージメント（第26章参照）、パフォーマンス・コーチング（第20章参照）が含まれています。

3　マネジャーが「ボス」から「コーチ」になるための研修を導入する。

4　右記を発展させた、継続的なeラーニングを展開する。

5　週に一度、自分の部下であるマネジャーと「強みに基づく会話」をすることを、経営幹部に義務づける（第21章参照）。

6　「強みに基づく研修」の成果として、チームリーダーやマネジャーが次の項目に「強く同意する」と答えるかどうか（5段階評価の5）を確かめる。

- このコースから刺激を受け、意欲が湧いた
- チームを率いる方法を変える何かを学んだ
- このコースで学んだことを毎日実践している
- このコースに参加して、自分のパフォーマンスを大幅に向上させることができた

V

これからの働き方

THE FUTURE OF WORK

多様な労働力のマネジメント、リモートワーク、AIの台頭、ギグワーク、ワークライフバランスなど、リーダーやマネジャーは多くの課題に直面しています。

第32章 職場の変化を振り返る

A Quick Review of What Has Changed in the Workplace

- 今日の労働力は、以前の世代よりも人種や文化、性別がはるかに多様です
- リモートワークは増加の一途をたどっています
- ほとんどの職場がマトリクス型組織になりつつあります
- デジタル化が、仕事の本質を激変させています
- モバイルテクノロジーが、仕事と生活の境界線を曖昧にしています
- 非正規雇用やギグワークが定着しました
- 最も望まれる手当は、職場の柔軟性です

職場はめまぐるしいスピードで変化しており、組織やマネジャーがそれについていくのは大変です。問題は、「もしもこうした変化が起きたら」ではなく「この変化にどう対応するか」になっています。

エンゲージメントについては、実現しやすくなった面がある一方で、はるかに難しくなった面もあります。たとえば、ギャラップのデータによると、高度にマトリクス化された組織環境では、非マトリクス環境よりも従業員間のコラボレーションが盛んです。しかし、期待値は、非マ

トリクス環境ほど明確ではありません。チームリーダーは定期的にメンバーと連絡をとり、顧客ニーズの変化に応じて彼らの仕事の優先順位を明らかにしておく必要があります。

一方、リモートワーク環境は、その反対です。企業はいま、リモートワーカーに適切な設備と期待値を、さらには彼らが最も得意なことをするための自律性を与えて、よりよい環境を整えようとしています。しかし、リモートワークでは、共同作業を行ったり、承認を受けたりする機会が失われる可能性があります。同僚や上司との接点がなくなると、従業員が離職するリスクは高まります。

また、今日のリーダーは、仕事と生活の境界線が曖昧な環境下でマネジメントを行っています。たとえば、米国のフルタイム従業員の3分の1以上が、「通常の勤務時間外も仕事のメールを頻繁にチェックする」と答えています。ほとんどの人がスマートフォンを持ち歩いており、業務時間外にもかかわらず、ついメールをチェックしてしまいます。フルタイム従業員の4分の3以上が、こうした機能の進化を「強く肯定的に」または「かなり肯定的に」「非常に肯定的に」受け止めています。

また、業務時間外に頻繁にメールをチェックする従業員の約半数（48%）が「前日に大きなストレスを感じた」と回答していますが、同じことをしてもストレスが大きくならない場合もあります。それは、マネジャーが部下の状況を理解し、期待値を明らかにするとともに、コーチングを行い、アカウンタビリティを生み出している場合です。

考えてみてください。エンゲージメントの高い従業員が社外でもプロジェクトに取り組みたいと考えているのに、会社が勤務時間外の活動を禁止していたら、どうでしょうか。たとえば、フランスの法律では就業時間外のメールを禁止しています。これは、「従来型の職場での週40時間を超える労働はウェルビーイングに悪い影響を与える」ことを前提としています。

しかし、ほとんどのフルタイム従業員は、仕事以外の場所でモバイルテクノロジーを利用できるという選択肢を「マイナス」ではなく「プラス」と考えています。柔軟な働き方を可能にしてくれるからです。優れたマネジャーの助けがあれば、エンゲージメントの高い社員は余計なストレスを感じることなく、こうした柔軟性をうまく活かすことができるのです。一律の方針を設定して、従業員は皆同じ考えだと決めつけている組織もありますが、まずは従業員のエンゲージメントを高めることを優先しましょう。方針は重要ですが、それがマネジャーの出発点であってはなりません。

第33章 ダイバーシティ&インクルージョンの3要件

Three Requirements for Diversity and Inclusion

- 「私に敬意を払って」
- 「私の強みを大事にして」
- 「リーダーは正しいことをする」

ダイバーシティのカテゴリーは急速に拡大しています。例を挙げてみましょう。人種や年齢、性別、宗教、性的指向、社会経済的地位、障がい、生活習慣、性格特性、身長や体重などの身体的特徴、家族構成、学歴、雇用形態、政治思想、世界観など。つまり、基本的に人間の違いのすべてを網羅しています。

リーダーとしてこれらすべてを理解し、対応するには、どうすればよいのでしょうか。解決策は、この章の冒頭に挙げた3つの要件について従業員がどう感じているかにあります。ダイバーシティ&インクルージョンが、ほとんどのリーダーの最優先事項に挙がっていることには理由があります。

私たちは皆、大学のキャンパスや地域社会での社会不安を目の当たりにしてきましたが、そうした事例はビジネスの現場でもたくさんあります。2017年には米国人の42%が人種関係について「とても心配だ」と回答し、米国で過去最高となりました。そのわずか3年前は17％でした。黒人に対する暴力や差別に反対する「ブラック・ライブズ・マター」が国民的な運動となっていますが、その一方で、政治的に公平・中立で差別や偏見のない言葉を使おうという「ポリティカル・コレクトネス」に対する反発もあります。

ハリウッドなどのエンターテインメント、政府、教育、スポーツ、ビジネスのリーダーたちに対するセクシャルハラスメントの告発は爆発的に増えています。「セクハラは大きな問題だ」と答える米国人は10人中約7人で、20年前の半数から増加しています。「#ＭｅＴｏｏ運動」も誕生しました。

しかし、いまや米国人が好む上司に男女の違いはなく、男性かどうかはあまり重視されていません。ほとんどの米国人は、ゲイやレズビアンであることは道徳的に受け入れられることであり、同性への指向は生まれつきのものだと考えています。これは、過去数十年と比較して、人々が信じていることが劇的に変化していることを示しています。

人口構成も変化しています。たとえば、ミレニアル世代の42％が白人以外の人種や民族ですが、この割合はベビーブーム世代の2倍です。

ダイバーシティ＆インクルージョンの文化を築こうとするなら、次の3つの文言に対して従業員がどう反応するかを考えてみてください。

- 「職場で私は敬意を持って扱われている」

- 「私の雇用主は、従業員ひとりひとりの強みを伸ばすことに真剣に取り組んでいる」
- 「もし私が倫理や誠実さについて懸念を伝えたら、雇用主は正しいことをすると確信している」

ギャラップの調べによりわかったことは、これら3つの要件に焦点を当てることで、あらゆる組織を正しい方向に導くことができるということです。本章に続く3つの章で、それぞれの要件について取り上げていきますが、その前に念頭に置いていただきたいことがあります。

それは、「ダイバーシティ研修についての注意点」です。センシティビティ研修やアンコンシャス・バイアス研修などを含むダイバーシティ研修の効果については、何百もの研究が行われていますが、その結果は一貫しておらず、結論は出ていません。ダイバーシティ研修は、「参加を強制されている」と感じたり、そもそも組織に尊敬や強みの文化の基盤がなかったり、経営陣が無関心だったりするとうまくいかないことが多いのです。ダイバーシティを浸透させるためには、1日限りの研修では終わらないはずです。

第34章 要件Ⅰ「私に敬意を払って」

Diversity and Inclusion: "Treat Me With Respect"

敬意がないことは有害です。

「軽蔑された」。それは、人が経験する最も強い感情のひとつかもしれません。誰もが人生のなかで、見下されたと感じたことがあるはずです。そうした経験はなかなか忘れられません。

反対に「敬意」は、最も基本的なレベルでいえば、その人が呼ばれたいと思っている名前を知ることから始まります。そして、その人がどんな人で、何を大切にしているかを知ることです。「職場で敬意を持って扱われているか」という質問に対して「同意しない」あるいは「まったく同意しない」と回答する従業員の存在は、組織内に深刻な問題があることを警告するサインです。彼らの90％が「職場で何らかの差別やハラスメントを経験したことがある」と答えています。

従業員エンゲージメントの要素のなかで、インクルージョン（訳注、互いの個性を認め合い、誰もがその組織に受け入れられていると感じられる状態）と最も強く結びついているのは、Q5「上司あるいは職場の誰かが、自分をひとりの人間として気づかってくれていると感じる」とQ7「仕事上で、自分の意見が取り入れられているように思われる」であることが調査によってわかりました。この2つの要素は、敬意についても物語っています。

従業員は、「一緒に働く人々にとって重要な存在でありたい」「自分のアイデアは大事にしてほしい」と願っています。人から避けられたり、自分のアイデアが否定されたと感じたりしたとき、彼らは、軽視され、見落とされ、拒絶されたと感じるでしょう。そして、そうした感情を抱く理由を探しはじめます。

無礼な態度が、明らかに差別による場合もあれば、そうでない場合もあります。しかし、従業員は、自分が軽視されている感覚を何か具体的なものに結びつけようとします。「それは、私の人種や性別、年齢、あるいは他の要因によるものなのか」と。意図的ではなかった無礼をすべて防ぐことはできないでしょう。しかし、人々がお互いを知り、思いやるようになれば、疑念を好意的に解釈できるようになります。

「ジャーナル・オブ・リーダーシップ・アンド・オーガニゼーション・スタディーズ」誌に掲載されたギャラップの研究では、マネジャーと従業員の人種の違いが、その従業員の残留や離職の意思に与える影響を分析しています。従業員とマネジャーの人種が違うと、従業員の離職の意思が高まります。従業員がまったくエンゲージしていない場合、その結果はさらに悪化しました。

しかし、従業員とマネジャーの人種が違っても、エンゲージしている職場で働いていれば、従業員の留任の意思は高まります。しかもそれは、従業員とマネジャーの人種が同じ場合よりも、さらに高い数値を示したのです。異なる人種の従業員とマネジャーが一緒に働くことと最も密接に関連するエンゲージメント要素は、「上司あるいは職場の誰かが、自分をひとりの人間として気づかってくれていると感じる」でした。

第35章 要件2「私の強みを大事にして」
Diversity and Inclusion: "Value Me for My Strengths"

「私の雇用主は、従業員ひとりひとりの強みを伸ばすことに真剣に取り組んでいる」という項目に「強く同意する」と回答した従業員は、わずか21%でした。

組織全体でインクルージョンを向上させるための最良の戦略は、強みに基づくアプローチを取り入れた人材開発を行い、強みに基づく組織文化を築き上げることです。

私たちは、強みに基づくアプローチで人材開発を行ったある企業のチームで、インクルージョンの受け入れられ方がその後どう変化したかを調べました。その結果、自分の強みを認識した従業員の割合が高いチームほど、インクルージョンが著しく向上していることがわかりました。彼らは、「自分の強みを知ることで、それまでなかった価値感（訳注、自分には価値があるという感覚）や帰属意識を感じることができた」と述べています。

「対人適合性」と呼ばれる学術研究があります。これは、自分のことを話し、共有することで、短時間にお互いをわかり合えるようになるというアプローチです。このアプローチは、多様な人々で構成され、それまで仕事で効果的な関係を築けていなかったチームのパフォーマンスを向上させることがわかっています。

強みに基づくアプローチは、人々がお互いを知り、前向きな対話を継続的に行うための近道です。さらに、強みに基づく文化を持つ組織は、常に競合他社よりも優れた業績をあげています(第16章参照)。

〈クリフトン・ストレングス〉は、その人にしかない才能を特定し、個人の才能と強みに関する生産的な会話を生み出すように設計されたアセスメントです。そうした生産的な会話のなかでマネジャーは、その従業員にしかない資質の組み合わせの特徴に意識を向けることができます。あるいは、彼らの文化や背景、学んだスキルや知識に焦点を当てることもできます。自分自身をどう表現したいかを部下ひとりひとりに定義させましょう。

あなたの部下も、他の人と同じように、自分が誰であるか、どこから来たかにかかわらず、自分の居場所や価値を感じたいと思っています。強みに基づく測定と人材開発を行うことで、部下がどう考え、感じ、状況に対応するのかということに関して、その人らしさの絶妙な色合いを深いレベルで知ることができるでしょう。

第36章 要件3「リーダーは正しいことをする」

Diversity and Inclusion: "Leaders Will Do What Is Right"

21%の従業員が、「私が倫理や誠実さについて懸念を伝えたら、雇用主は正しいことをすると確信している」という項目に対して「同意しない」または「まったく同意しない」と答えています。

こんな決まり文句を聞いたことがありませんか。「インクルージョンに気をつければ、ダイバーシティは自ずと実現する」。確かに、すばらしい組織文化を築けば、自然と多様な従業員が集まってくるかもしれません。しかし、それほど簡単な話ではありません。

組織には、多様な人材を採用し育成するための戦略と、組織文化がどのような行動を許容するのか（または許容しないのか）という基準が必要です。

リーダーはまず、ダイバーシティとインクルージョンは同じものではないことを知る必要があります。ダイバーシティは「組織で採用する人の分布」を、インクルージョンは「従業員をどのように包含し、どのように扱うか」を指します。

忘れないでほしいのは、組織文化は明確な目的とブランドから始まるということです。自社の評判がどうあってほしいのか、そして何を支持しているのかが出発点となります。リーダーは、攻撃的で差別的な行動を一切許さないこと（ゼロ・トレランス）を誓う必要があります。そして、その方針を公式・非公式に伝え、実行するのです。まずそれを始めるのは経営陣です。他のメンバーは、組織のリーダーの行動を見て何が許されるのかを知るからです。

また、倫理的な問題が起きた際に報告する仕組みと、その対処方法についての手順書も用意する必要があります。組織文化における要件としっかりした仕組みを整えるまで、他のことは重要ではありません。

組織の原則は、従業員の募集・採用方法からもわかります。職務上の成功を定義する明確な判断基準が、採用戦略のカギとなります。目的は、募集する仕事に見合った経験や、有効性が実証されたアセスメント、構造化された面接など、職務の要求に沿ったバイアスを減らす客観的な判断基準を用いて、適格な候補者を選ぶことにあります（第11章参照）。

調査によると、私たちが調べたすべての職種で、すべての人口層が生来の能力を持っていました。重要なのは、幅広くたくさんの応募者を集め、パフォーマンスを予測する有効な基準に基づいて採用することです。採用後のオンボーディング研修や昇進も、同様の原則に則って行います。

そして最後に、最も重要な決断はただひとつ、それは「誰をマネジャーにするか」「どのようにしてマネジャーを育成するか」です。

優れたマネジャーは、自然に人間関係を育み、チームメンバー同士をつなぎ、チーム内で何が起きているかを把握し、対立がひどくなる前に解決するなど、組織文化の原則が嘘偽りのないものであることを行動で示します。

ダイバーシティ&インクルージョンは複雑な問題です。このテーマに関するアドバイスは次のとおり。ダイバーシティ&インクルージョンは、ひとりひとりが敬意を持って扱われ、それぞれの強みが評価され、「リーダーは正しいことをする」と認識できている組織文化から始まります。

第37章

働く女性が直面する3つの課題

The Gender Gap

世界的に見て、組織は、職場に占める女性の割合をもっと高める必要があります。それは、女性のためだけでなく、ビジネスにとってもよいことだからです。

ジェンダー不平等。それは世界中の企業にとって、依然として大きな機会損失です。世界人口の半分を女性が占めていますが、国際労働機関（ＩＬＯ）の最近の報告によれば、男性の76％に対し、労働市場に参加している労働年齢の女性はわずか半分です。

すべての女性がフルタイムの仕事を求めているわけではありません。しかし、ジェンダーバランスのとれた事業単位（男性と女性がそれぞれ約半数の事業単位）は、そうでない事業単位よりも非常によい財務的な結果を出していることが、調査から明らかになりました。そして、ジェンダーバランスが、エンゲージメント重視の組織文化と結びついたとき、その結果はさらによいものとなっています。

なぜ、ジェンダーバランスがとれていると財務パフォーマンスが改善するのでしょうか。それには3つの理由があります。

図表7　米国人の多くが「上司の性別はどちらでもよい」と考えている

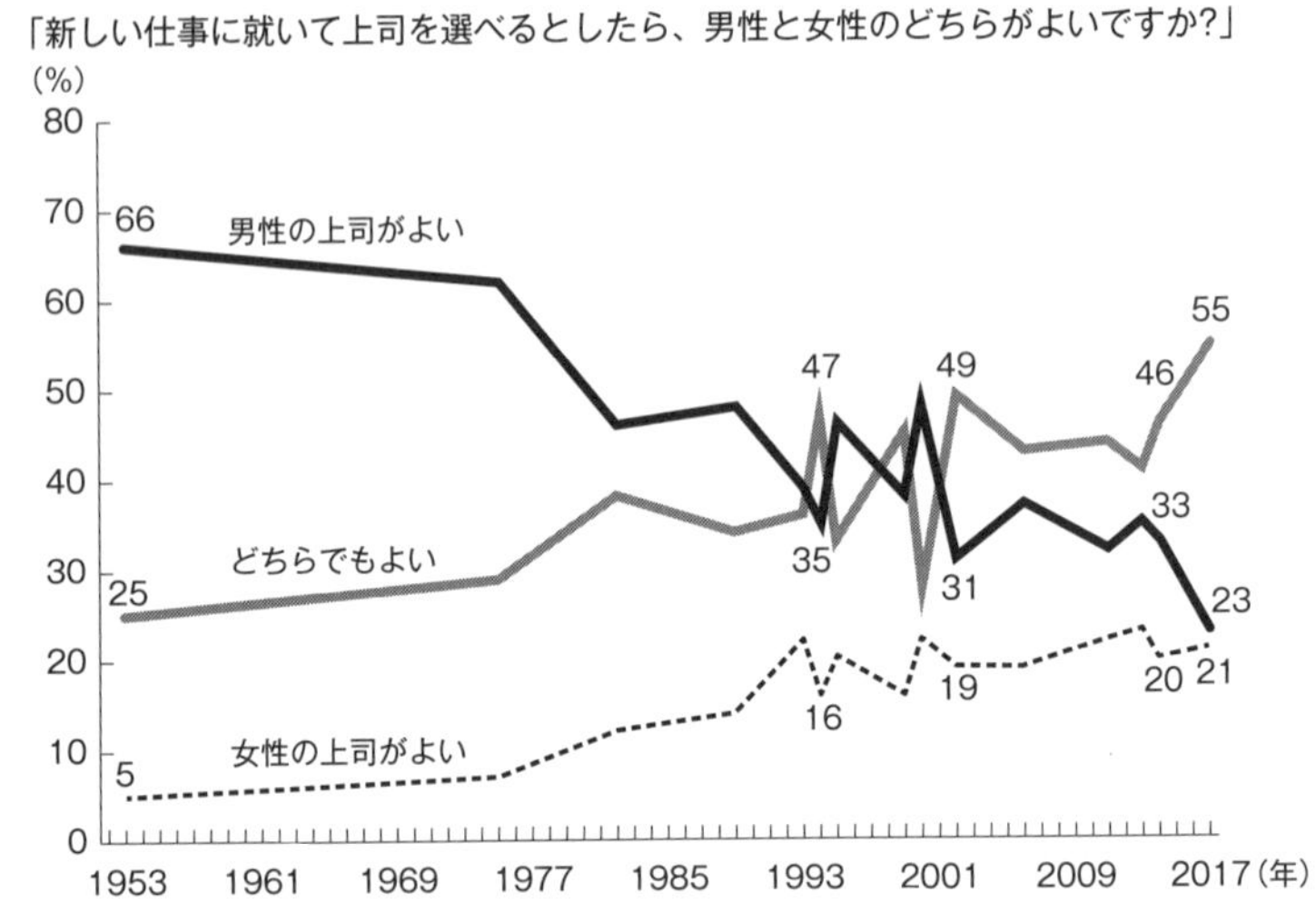

Among U.S. adults; (vol.) = volunteered response

- ジェンダーバランスがとれた職場のほうが、そうでない職場より、仕事を成し遂げ、顧客ニーズに応える能力が高い
- 平均すると女性のほうが、男性よりもエンゲージメントが高い
- 女性マネジャーの部下のほうが、男性マネジャーの部下よりもエンゲージメントが高い傾向にある

私たちは、米国での上司の性別に対する受け入れ度の変化を追跡調査しています。初めてデータを収集した1953年、米国人は女性上司よりも男性上司を好んでおり、その差は61ポイントもありました。しかし、いまでは大多数の米国人において、上司の性別に対する好みにほとんど差はないこ

とがわかっています（図表7）。

とはいえ、フォーチュン500社のCEOのうち、女性はわずか32人しかいないのが現状です。しかも45％の女性が「CEOになりたい」「上級管理職やリーダーシップを発揮するポジションに就きたい」と答えているのです。

ジェンダー平等を実現するにはどのような方法があるか

ひとつの答えは、経営層に女性を増やすことです。

昇進や賃金をパフォーマンスや正当な資格と結びつける方法について透明性を持たなければ、役員に占める女性の割合が少ないことや、第39章で述べる賃金格差は、今後も問題としてあり続けるでしょう。たとえば、勤務時間を週40時間と経営陣が定めているにもかかわらず、「昇進するためには週60時間、働かなければならない」という暗黙の了解があるようなら、混乱や不平等感が生まれます。

重要なのは、何が高いパフォーマンスに相当するのかをきちんと定義することです。第24章では、パフォーマンスを規定する3つの次元（個人の成果、チームメンバーとの協力、顧客価値）を考慮し、バイアスを減らすパフォーマンス評価システムの開発方法について説明しています。

また、制度や業界に関する従業員の知識についても評価する必要があります。

マネジャーやフルタイムで働く従業員の男女比が不均衡なのはなぜか。その根本原因を突き止めるのは簡単ではありません。すべての答えがわかっている人はいませんが、分析結果からいくつかの洞察が得られました。

ＩＬＯとのグローバルプロジェクトの一環として、ギャラップは、働く女性が直面している一番の課題を、男女それぞれの言葉で挙げてもらいました。その結果、ほとんどの課題が次の３つの分野に当てはまることがわかりました。

- 職場での不当な扱い
- 賃金格差
- ワーク・ライフの柔軟性

これらの課題について、次の３つの章で説明します。

第38章 課題Ⅰ　職場での不当な扱い

Women in the Workplace: The #MeToo Era

働いている米国人の27％が「セクシャルハラスメントの被害にあったことがある」と答えています。

職場での不当な扱いは、多くの発展途上国で頻繁に指摘されてきましたが、最近では米国もその最前線に立たされています。芸能界や政界、ビジネス界、教育界のリーダーたちがハラスメントで告発され、世界的な「#ＭｅＴｏｏ運動」に火がつきました。

現在、女性の63％、男性の54％が、「職場のハラスメント問題に関して人々は十分に注意を払っていない」と答えています。どちらも１９９８年から20ポイント以上、上昇しています。さらに、69％が「セクシャルハラスメントは大きな問題である」と答えています。米国では、女性の42％、男性の11％が、「セクシャルハラスメントの被害にあったことがある」と答えています。

ダイバーシティ＆インクルージョンに関する第36章で述べたように、組織の倫理観や誠実性に関して従業員が求めている要件があります。それは「リーダーは正しいことをする」ということです。

組織のリーダーは、「ハラスメントを絶対に許容しない」という約束をする必要があります。

リーダーは、ハラスメントを正当化したり、「男というものは、いつまで経っても少年のままだから仕方ない」といった言い訳を許したりしてはいけません。公式の発言だけでなく非公式の発言に対しても約束を守ってください。男性役員が他の同僚男性と非公式に話しているときに無礼な発言を耳にしたら、彼は「やめなさい」と言うでしょうか、それとも一緒に笑い飛ばしてしまうでしょうか。組織文化はそのような瞬間に築かれるのです。

どの組織でも、守秘義務が厳守される仕組みと、その対処方法に関する規約を整備する必要があります。それにより、職場でハラスメント問題が起きたときに安心して通報することができるからです。違反行為のなかには、意図的ではないが敬意を欠く発言をしてしまったという「教訓」となるようなものもあれば、即時解雇の理由となるものもあります。

組織がハラスメント問題を隠蔽したり、リーダーの違反行為をかばったり、言い訳をしたりすると、取り返しのつかないことになります。有名なスキャンダルのほとんどは、組織内で「誰もが知っている」ものなのです。にもかかわらず、黙ってその不当な扱いを許している。リスクの高い組織文化が持つ特徴のなかでも、これほど最悪なものはないでしょう。

第39章

課題2　なぜ賃金格差があるのか

Women in the Workplace: Why the Pay Gap?

男性の収入に対する女性の収入の割合は83％です。

不平等な賃金は、北米および多くの先進国の成人にとって最大の関心事です。これは、ギャップとＩＬＯが発表した「女性と仕事」に関する報告書における、注目すべき調査結果のひとつです。同じような職種で男女の賃金を比較すると、説明のつかない賃金格差が生じており、このギャップを「差別」ととらえる人もいます。

ハーバード大学の経済学者、クラウディア・ゴールディン教授は、この問題の第一人者で、米国のデータを広範囲に研究しています。彼女は、さまざまな生活状況における要因や、役割に就いていた期間、労働時間、職種などの要素を統制したうえで４６９の職業を比較しました。その結果、「男女間の賃金格差が差別のせいであることを示す証拠はない」ことがわかりました。

ゴールディン教授が明らかにしたのは、「時間的柔軟性」を適用するとキャリアを棒にふる確率が最も大きくなる仕事で、給与差が最も大きいことでした。たとえば、企業での仕事、金融業、法律、自営業が多い一部の医療専門職などです。つまり、男女間の賃金格差が最も大きいのは、成果をあげるために働く場所や時間に柔軟性を求めるのが難しい仕事や、伝統的に長時間オフィスで働かねばならない仕事だったのです。

一方、性別による給与差が少ないのは、テクノロジー関連や一部の医療系の専門職でした。これらの職種では、勤務時間や勤務地において柔軟な働き方が可能です。

大学を卒業して働きはじめたばかりのとき、男女の給与は同じくらいです。給与や役職の差が大きくなるのは10～15年後です。こうした変化は、女性社員が子どもを産んで1～2年後から起こりはじめます。

男女の役割は時代とともに近づきつつありますが、子どもの世話や介護を主に担っているのはいまも依然として女性です。基本的に、男性のほうがより多くの時間と労力を割ける分、キャリアアップのために長時間労働が必要となる仕事でより有利になります。これが、賃金格差の大きな要因です。なお、特筆すべきこととして、子育てや介護の義務がない女性の収入は、男性とほぼ同じでした。

また、ギャラップのデータは、最も影響力がある女性の離職要因が子どもであることも示しています。実際、18歳未満の子どもを持つ女性の54％が「可能なら専業主婦を希望する」と答えています（40％は「家の外で働きたい」と答えています）。一方、18歳未満の子どもを持たない女性では、70％が「家の外で働きたい」と答えています。

女性社員を惹きつける、魅力ある職場にするために大事なことは、家庭や生活の負担を考慮した「柔軟な職場文化」をつくることです。一方で、パフォーマンスや成果の達成度に応じて、公平な評価や報酬を与えることも忘れないようにしましょう。

第40章 課題3 ワーク・ライフの柔軟性

Women in the Workplace: Work-Life Flexibility

「雇用主は必要なときに在宅勤務を許可してくれる」という項目に対し、ワーキングマザーの3人に1人が「非常によく許可してくれる」と回答しています。一方で3人に1人が異議を唱えています。

どの国でも、しかも男女ともにほぼ共通して、働く女性が直面している課題の上位に「仕事と家庭の両立」を挙げています。

なかには、新しい時代の労働力のニーズ、特にワーキングマザーのニーズへの対応に苦慮している企業があるかもしれません。しかし、優秀な人材を獲得し、他社へ流出しないようにするためには、どの業界であってもニーズへの適応が必須です。今後、多くの企業が時間をかけて有機的に変化しながら、女性従業員が魅力を感じるウェルビーイングの側面を強化する、特に勤務体制の柔軟性を高めていくことになるでしょう。

柔軟に働ける仕組みを組織が提供しているかどうかと、実際に柔軟な働き方が実現しているかどうかは別の話です。明確な方針があっても、オフィスにいなければならないと感じる同調圧力があったり、家庭の用事で仕事を離れることに罪悪感を覚えたりするようなら意味がありません。

　いまや技術の進歩により、従業員はどこでも必要な場所で働けるようになりましたが、すべての仕事が、働く場所や時間を柔軟に変更することに適しているわけではありません。しかし、あらゆる組織において、自社の規則や福利厚生、パフォーマンス・マネジメント・システムを見直すときが来ています。高い生産性を維持しながら、より柔軟に対応できるように調整しましょう。

　たとえば、組織のリーダーは、オフィスにいる時間の長さと実際のパフォーマンスの高さが関係しているかどうかをよく検討してみてください。従業員たちは、これまでとは異なる、ひとりひとりのニーズに合わせたやり方で、これまでと同じような成果をあげることができないでしょうか。

　職場におけるワークライフバランスの課題にどう取り組むか、女性社員にとって魅力ある職場をつくり、定着させるにはどうすればよいかを考えるとき、成功している組織のやり方が参考になります。

- 女性のなかには「経営幹部になりたい」と思っている人もいます。しかし、子育てしながら成功するには、特に支援が必要です。成功している組織は、女性がキャリアをあきらめないように支援するだけでなく、人生のある時期には家庭に重点を置ける柔軟性を設けています（男性にも同様に認めています）。

- 女性のなかには「上級職やリーダーとしての責任を担いたい」と思っている人もいます。彼女たちにとって長時間労働は問題ではありません。成功している組織は、誰が昇進の機会を望んでいるのかに耳を傾け、能力開発を進めるために適切なステップを用意しています。
- 女性のなかには「一歩一歩着実に成長してキャリア開発を進めることと、仕事以外の自分の生活をうまく回すことを両立したい」人もいます。成功している組織は、働く時間や場所について、いくつかの選択肢を提供しています。
- 女性のなかには「部下を率いる立場に就きたくない」人もいます。成功している組織は、その人が自分の最も得意なことを見つけ、それができるように支援しています。パフォーマンス・マネジメント・システムは、従業員たちが夢中になって働き、管理職にならなくても成長し続けることができるように後押しできるものでなければなりません。

最も重要なポイントは、女性も男性も、従業員ひとりひとりが「自分にとってよい人生やキャリアとは何か」を説明できるようにすることです。優れたマネジャーは、ひとりひとりの希望を把握し、現実的な道筋を示すことができます。

第41章 年配社員はお荷物か

Are Boomers a Burden?

米国人の74％が65歳以降も働く予定です。

ミレニアル世代にとって、自身のキャリアアップはとても大事です。彼らは、別の場所で成長するために、あなたの会社から去っていくかもしれません。一方、ベビーブーム世代や高齢者は定年退職年齢に達するか、それを超えています。彼らの勤続年数や経験を考えると、会社にかなりの給与負担を強いる可能性があります。

多くの高齢者は、退職したいと思っていません。退職する余裕のない人もいるでしょう。また、退職されると組織にとって痛手となる人もいます。蓄積してきた知識や知恵を失うことになるからです。

現在、米国で働く5つの世代のなかで、最も仕事にエンゲージしているのは、ベビーブーム世代より、ひとつ上の世代です。70代以上の従業員は、自ら進んで働いているようです。彼らは、パートタイムであれフルタイムであれ、意味と目的を実感できる仕事を見つけたのです。また、彼らは自主性を持って働けることに喜びを感じています。

50～64歳の従業員の40％が、65歳以降に退職する予定です。このなかには2とおりの人がいます。仕事を続けたい人と、現在仕事にエンゲージしていないけれども、経済的な理由で仕事を続けている人です。

こうした状況のなかで、CHROは難しい問題に直面しています。年配社員に対して定年退職までの移行期間をどう設けるのか、あるいは、どのように彼らの役割を減らせばよいのか。また、後継者をどのようにマネジメントして、将来の世代に引き継ぐ準備をすればよいのか。

年配社員の多くは組織内で上級職に就いているため、キャリア転換や退職について話し合うのは容易ではありません。何年も前からサクセッションプランをつくり上げておくのがよいでしょう（第18章参照）。

ここでは、リーダーが考えるべき3つの戦略を紹介します。

1　年配社員を成功へ導く

年配社員を成功に導くには、まず、長期的な計画について尋ねることから始めます。彼らに自分の将来についての自主性を持たせ、「誰も強制的に辞めさせたりしない」と安心してもらうのです。また、自分の強みを活かす機会を、組織内外で見つけられるようにします。自分の強みを活かせる予定があると、ウェルビーイングの向上につながります。

勤続年数が長い従業員には、彼らが望む将来について事前に考えることができるプログラムに参加してもらい、その忠誠心を承認しましょう。たとえば、年齢と勤続年数を組み合わせてスコア化し、教育や財務、退職金などの給付を受ける資格を判定するプログラムを利用できるようにします。同時にこうしたプログラムは年配社員の功績を認め、人生の次のステージへの移行を支援することを伝える役目を果たすのです。

年配社員が将来のウェルビーイングも念頭に置きながら適切な決断を下せるようにすること、そして、ひとりひとりの将来を祝い、円満な退社を実現するための戦略をつくることを目標にしましょう。

2 年配社員の強みと可能性を知る

ベビーブーム世代は、他の世代よりも「同僚を育てたい」という気持ちが強く、事業を立ち上げる能力でも若い世代を凌駕することがよくあります。なかには、優れたメンターになる人もおり、パートタイムや名誉職として組織のなかで活躍し続ける人も少なくありません。また、新しい部門やユニットの立ち上げに際して、アドバイザー的な役割を果たしたいと考えている人もいます。

残念ながら、年配社員のなかには、いまの職務に合っていなかったり、仕事に対するエネルギーや熱意を失っていたりする人もいるかもしれません。しかし、キャリアを積んだから、ある年齢に達したからといって、成長したいというニーズがなくなるわけではありません。残念なことに、年配社員は、若い従業員に比べて自身の能力開発への関心が低いという報告があります。これは明らかにパフォーマンス・マネジメントの失敗です。

年配社員が持っている強みや、制度についての知識、潜在的な可能性を認識し、社内外で活躍の場を探しましょう。年齢や経験に関係なく、誰もが学び、成長したいと思っています。

3　高度な分析を用いて人材を補充する

年配社員が退職しても、社内の人材を維持し、若手社員にやりがいのあるキャリアパスを歩んでもらうために、「トップパフォーマーの研究」をしましょう。十分に検証されたアセスメントを用いて、過去に誰が成功したのか、なぜ成功したのかを記録します。そして、仕事や組織のあり方が変わりゆくなかで、将来どのような従業員が成功するのかを測定するのです。優秀な人材のプロファイルを構築し、改良を加えることで、それぞれの職務に適した生来の特性を持つ候補者を組織内で見つけ、昇進させることができます。

経験もまた成功するための重要な要素です。若手社員がどのような経験に投資すべきかを特定するために、年配社員（特に役員）を対象に「経験の評価」を行いましょう。履歴書には書かれていない経験について話し合ったり、記録したりしている組織はほとんどありません。しかし、トップパフォーマーを形成してきた経験を記録しておくことは重要です。

第42章

従業員が最も重視している福利厚生とは

Benefits, Perks and Flextime: What Do Employees Really Care About?

従業員が仕事や組織にエンゲージしていない場合、よりよい福利厚生を求めて転職する可能性が非常に高くなります。

新時代の職場で従業員が求めるもの。それは、娯楽室や無料の食事、洗練されたラテマシンなどのアメニティではありません。彼らが求めているのは、ウェルビーイングを向上させてくれる福利厚生や特典です。それは、柔軟性や自律性を提供し、よりよい生活を送れるように導いてくれます。

私たちは近年、さまざまな福利厚生や特典に関する調査を行い、「何が働き手にとって差異化要因になるのか」を探ろうとしました。

米国の従業員にとって転職の決め手となる可能性が最も高いのは、医療保険です。多くの人にとって保険費用は増える一方で、それが裁量所得を削りとっています。また、半数以上の人が、ボーナスや退職金制度、有給休暇、フレックスタイムなどを理由に転職すると答えています。

大多数の従業員が、自分の会社は、健康保険（91％）や有給休暇（92％）、確定拠出年金（68％）を提供していると答えています。また、半数以下の従業員が、ボーナスやフレックスタイム制があると答えました。

もっとも、福利厚生については、実態より意識の問題かもしれません。たとえば、「自分の会社は、確定拠出年金プランや従業員支援プラン、フレックスタイム制などを提供している」と回答した従業員の数は、同制度を提供していると回答した人事担当者の数よりも少ないのです。

私たちは、福利厚生の提供頻度や転職の意思、エンゲージメント、従業員のウェルビーイングとの関係を調査しました。そして、その結果をふまえて、一般的な福利厚生を次の4つのカテゴリーに分類しました。

- **基本的なこと**　会社払いの退職金制度、健康保険、有給休暇、その他の保険への加入
- **特定の人にとって重要なこと**　利益分配、勤務地の柔軟性、従業員が希望したプロジェクトに取り組むための有給休暇、金銭的なボーナス
- **差異化要因**　フレックスタイム制
- **付加価値**　専門会議や能力開発プログラム、地域組織やイベントのスポンサー、ボランティア活動、ハードウエアやソフトウエアの払い戻し、資金計画のアドバイスやコーチング

福利厚生は、従業員が入社や残留、離職を決める際の数多くの要因のひとつにすぎません。しかし、大事なのは、従業員がまったくエンゲージしていない場合、よりよい退職金制度や勤務地の柔軟性、利益分配を求めて転職する可能性が大幅に高くなるということです。

私たちは、組織の福利厚生や特典を調べたうえで、次の2つの質問に答えることをお勧めしています。

1　福利厚生や特典ごとの投資対効果（ROI）分析を知っていますか　ROIを測るには、組織全体の福利厚生の利用状況やウェルビーイングの向上について分析する必要があります。

2　従業員は福利厚生や特典の目的を理解していますか　組織の提供する福利厚生が、従業員のウェルビーイング（身体、人間関係、キャリア、コミュニティ、経済において生き生きしている状態）をどのように向上させるかをわかっている必要があります。

第43章

フレックスタイムとハイパフォーマンスを両立させる

How Flextime and High Performance Can Go Hand in Hand?

「フレックスタイム制が導入されている」と回答した従業員は半数以下でした。

従業員のエンゲージメントとウェルビーイングに関していえば、フレックスタイム制は彼らに最も重視されている特典です。しかし、「自分の組織では何らかのかたちでフレックスタイム制が導入されている」と回答した従業員は44％と半数以下でした。

私たちが行った調査結果は次のとおりです。

- 53％の従業員が、就職するかどうかを考える際に「ワークライフバランスと個人のウェルビーイングの状態がいまよりもよくなることを非常に重視する」と答えています。
- ミレニアル世代の63％と全従業員の半数強が「フレックスタイム制のために転職する」と回答しています。
- 「フレックスタイム制のために給与の一部を交換してもよい」と回答する従業員もいます。彼らは、「フレックスタイム制なしの昇給」より2％少ない給与額を提示されても「フレックスタイム制がある仕事」を受けるでしょう。

では、なぜ、すべての組織がフレックスタイム制を導入しないのでしょうか。何がそれを阻んでいるのでしょうか。

まず、フレックスタイム制が、なぜそんなに人気があるのかを考えてみましょう。フレックスタイム制がエンゲージメントとウェルビーイングの両方に影響を与える最大の理由は、人々が自由を求めているからです。人は自分の人生を自分でコントロールしたいのです。9時から5時までの伝統的な勤務時間のなかで従業員が片付けなければならない生活上の責任はたくさんあります。また、ライフスタイルや状況によって、仕事のやり方も異なります。

雇用主はしばしば、勤務時間外に仕事の問題に対応することを従業員たちに求めます。そのため、子どもの試合観戦や介護、エクササイズ、病院の予約などの個人的な用事を従来の勤務時間内に済ませられるようにすることは、ひとつの公正な交換条件になります。

しかし、実際のところ、フレックスタイム制を成功させるにはどうしたらよいのでしょうか。人が望むときに出入り可能な状態で、本当に仕事ができるのでしょうか。仕事をするために職場にいなければいけない職務の人たちにフレックスタイム制を適用することは可能なのでしょうか。

製造業や医療関連、顧客に直接対応するサービスを提供する仕事など、決められた時間と場所に従業員がいなければならない仕事では、フレックスタイム制は実現できません。また、フレックスタイム制が適している業種であっても、柔軟性を一律に適用する必要はありません。

ここでは、働く時間や場所だけでなく、さまざまなタイプの柔軟性の例を紹介します。

- **仕事の種類**　参加したいプロジェクトやチーム、役割の選択に従業員が関与するよう後押しします。
- **組織構造**　協調性の高い職場環境を整えて、ヒエラルキーを減らす方法を考えます。
- **組織文化と職場環境**　柔軟なオフィスエリアを持ったオープンなフロアプランをデザインします。カジュアルな服装を認め、昼食や休憩の時間などを従業員が自分で決められるようにします。
- **役割**　特定の時間に出勤する必要がある第一線の顧客サービス業務では、同僚とシフトを交換できるようにします。これを容易にするために、最新技術を使ったり、他の人のためにシフトを入れた人にリワード（報酬）を与えたりしている組織もあります。

フレックスタイム制の最終的な成果を念頭に置いてください。それは、アカウンタビリティのある自律性です。優れたマネジャーが、どのようにしてフレックスタイム制をパフォーマンス向上につなげているかを紹介します。

- 優れたマネジャーは、部下ひとりひとりについて、彼らの強みや弱み、人生で何が起きているかを把握しています。そして、継続的にコーチングを行っています。

・優れたマネジャーは、部下たちが責任を持つべき成果（個人の成果、チームメンバーとの協力、顧客価値）について彼らにアカウンタビリティを持たせます。

真に柔軟な職場環境を築く際の起点となるのは、リーダーです。彼らが組織の柔軟なオプションを利用する従業員にどう対応するか、そして従業員が仕事をやり遂げるために自分の生活のなかでどう柔軟性を利用するかが重要になってきます。

結局のところ、自律的で高いアカウンタビリティを持つフレックスタイム制を実現するカギは、マネジャーにあるのです。

第44章 これからのオフィスはどうあるべきか
The New Office

43％の従業員が、「少なくとも一部の時間は、同僚から離れた別の場所で仕事をしている」と回答しています。

今日の従業員は、働く場所だけでなく、オフィスのデザインやデスクの配置などにも自律性と柔軟性を求めています。

米国の労働者の半数以上が、より柔軟性のある仕事に転職したいと答えています。また、3分の1以上の人が、「少なくとも一部の時間に、好きな場所で働ける仕事に転職する」と答えています。

米国人材マネジメント協会（ＳＨＲＭ）による２０１６年の福利厚生調査によると、60％の企業が従業員に在宅勤務を認めています。その数字は１９９６年と比べて3倍になりました。また、私たちの調査によると、「少なくとも一部の時間は、同僚から離れた別の場所で仕事をしている」と回答する従業員の割合が増えていることがわかりました。常に別の場所で仕事をしている人の割合は、２０１２年の９％から２０１６年には13％に増えています。

在宅勤務が増えると同時に、多くの企業が、オフィスをより開放的で柔軟性のあるかたちに変えつつあります。国際ファシリティ・マネジメント協会の調査によると、米国企業の約70％が、何らかのかたちでオープン・ワークスペースを採用していることがわかりました。

元ニューヨーク市長、マイケル・ブルームバーグ氏が、市庁舎の一部を改装してオープン・ワークスペースにし、その中心に自分の仕事スペースを置いたのは有名な話です。2018年には、「私はいつも、開放的でコラボレーションの進んだ職場が違いを生み出すと信じてきました。企業でも市役所でもそれは同じです」とツイートしています。

この潮流は企業にとってよいのか悪いのか

100％リモートワークで働く人と0％リモートワークで働く人はどちらもエンゲージメントが低く、まったくエンゲージしていない傾向にあることが、私たちが行った調査からわかりました。最もエンゲージメントが高いのは、週5日のうち3〜4日をリモートワークで働く人たちです。その値は2012年よりも高くなっています。当時、最もエンゲージメントが高かったのは、週1日程度をリモートワークで働く人たちでした。

「コラボレーションとコミュニケーションを改善する必要がある」という理由でリモートワークを縮小した企業もありますが、これには一理あります。私たちの分析によると、リモートワークには「役割分担がより明確になる」などの利点がある一方で、自分の成長を後押ししてくれる同僚との強い関係性に欠けることがわかっています。

リモートワークの有効性は、役割によって変わります。専門知識を使ってタスクやプロジェクトをこなす従業員や、突発したニーズへの対応がメインの仕事ではない従業員にとっては効果的です。しかし、サービス業やサポート業に従事する従業員が40%以上の時間をリモートワークに費やすことになると、まったくエンゲージしていない人が増加します。

リモートワークの効果を最大化するには、コーチングの5つの会話（カンバセーション）（第21章参照）を実践する優秀なチームリーダーが必要です。マネジャーは、パフォーマンス開発のカギとなる3つの成果（明確な期待値、継続的なコーチング、アカウンタビリティ）にアプローチするための戦略を持ちましょう。そうした戦略もなく、それを実行する優れたコーチもいないなら、リモートワークはギャンブルになってしまいます。自分ひとりで効率的に仕事をすることができる人もいれば、そうでない人もたくさんいます。

自宅であれ、オフィスであれ、従業員は、仕事をするための空間に何を求めているのでしょうか。

ほとんどの従業員は、勤務時間の100%を同僚と同じ場所で過ごしています。だからこそ、彼らにとってはワークスペースが重要なのです。従業員が強く望んでいるオフィス機能は次の3つです。

- 必要なときにプライバシーを確保できる
- 個人用のワークスペースがある

・自分だけのオフィスを持つ

多くの企業が、無料の食事やカフェラテマシン、ロッククライミング用の壁などのアメニティを用意してオフィス環境を充実させようとしています。どれもすばらしい特典ですが、「優れたマネジャー兼コーチ」の代わりにも、「劣悪なマネジャー兼コーチ」の穴埋めにもなりません。ミレニアル世代に「企業に応募する際、何を最も重視するのか」を尋ねたところ、最も優先順位が低かったのがアメニティでした。「楽しい職場であることが非常に重要である」と答えたミレニアル世代はわずか18％しかいませんでした。一方で、最も重要なのは、学び成長する機会、そしてマネジャーの質でした。

ここでは、すべての従業員に対して配慮すべき7つのポイントを紹介します。

・ひとりひとりが、自分に何が期待されているかを知っていますか?
・ひとりひとりが、気を散らさずに仕事をすることができますか?
・いつ、どこで働くかについて、従業員に選択肢を与えていますか?
・誰もが「自分だけの空間」と呼べる場所を持っていますか?
・従業員にとって、同僚と交流しやすい環境になっているでしょうか?
・「5つの会話」で従業員ひとりひとりをコーチングし、成長させることができていますか?
・すべての従業員にアカウンタビリティを持たせることができていますか?

従業員のワークスペースがどこにあり、どうデザインされていようと、また従業員の職務が何であろうと必要なのは、「優れたマネジャー」が部下をエンゲージし、生産性を上げるために明確な期待値を設定し、継続的なコーチングを行い、アカウンタビリティを持たせることです。

第45章 いかにして創造性を育むか——イノベーションのマネジメント

Corporate Innovation: How to Manage and Nurture Creativity

30％の従業員が、「仕事で創造性を発揮したり、新しい方法を考えたりすることを期待されている」という項目に「強く同意する」と回答しています。

「創造性」は組織の根幹です。変化し続ける市場に適応し、有機的な成長を遂げようとしている企業にとっては特に不可欠です。本来は必要としない企業などないはずです。

競争相手が常にゲームのルールを書き換え、並外れた俊敏さが要求される世界では、イノベーションはもはや研究開発（R＆D）部門だけが担うものではありません。

多くの企業が「従業員には創造的であってほしい」と言いますが、「仕事で創造性を発揮したり、新しい方法を考えたりすることを期待されている」と感じている従業員はあまりいません。これは問題です。なぜなら、すべての組織が深刻な業界の混乱のなかにいるからです。

あなたはこう反論するかもしれません。「世の中の仕事のほとんどは、創造性なんていらないでしょう?」。確かに、顧客への挨拶や在庫管理、ゴミの運搬、集計表の作成、仕様書に沿ったコードの入力などの仕事は、一見そうかもしれません。しかし、特定の顧客ニーズに応える方法や仕事を効率化するためのプロセス改善など、どんな仕事にも創造性を発揮できる余地があります。実際にその仕事をしている人が、その仕事のことを一番よくわかっているのです。

しかし、創造性をパフォーマンス・マネジメント・システムにきちんと組み込んでいる組織はほとんどないようです。「仕事で創造性を発揮することを期待されている」という項目に「強く同意する」と回答していても、「毎日そのための時間を与えられ、創造性を発揮するために必要なリスクをとることができる」と考えている従業員は全体の半数程度にすぎません。

創造性とパフォーマンス・マネジメントは相容れないもののように思われるかもしれませんが、そうある必要はありません。創造的な職場をつくるためには、従業員に「期待値」「時間」「リスクをとる自由」を与える必要があります。

●**期待値**　創造性が会社のスローガンになっているかもしれません。しかし、マネジャーが創造性を期待値に込めることで初めて従業員はそれを優先するようになります。組織的な期待と日々の仕事の現実には大きな隔たりがあるのです。創造性を重視しているなら、定期的な会話や測定の一部に取り込み、部下が責任を持つ成果に焦点を当てましょう。従業員が創造性に対する期待値を明確に認識している場合、「新しい製品やサービス、ソリューションにつながるリスクをとることができる」と考える可能性が3倍高くなります。

●**時間**　組織が長期的な成功を遂げるために重要な要素は、しばしば、緊急性の高い短期的な目標と相反するものです。創造性を発揮するには、実験したり、ブレインストーミングしたり、新しいことを学んだりする時間や、失敗から学ぶことが欠かせません。従業員が創造性を発揮するために必要な時間を確保しましょう。

●リスクをとる自由　「雇用主が新しいアイデアや方法を聞いてくれない、実行してくれない」と感じると、従業員たちはすぐに心を閉ざしてしまいます。マネジャーには想定済みのリスクをとることが、そして、リスクをとれるように部下たちに権限を与え、支援することが求められます。

どんな組織でも創造性を発揮できる実践的な方法を紹介します。

●創造性を職務明細書に記載する　創造性を職務明細書に記載し、優れたイノベーションを公に認めます。創造性が価値あるもので組織において最優先事項であるなら、経営陣は日々必ずそれを促す行動や決断をするようにしましょう。毎日、創造性を生み出したりアイデアを共有したりするための時間を従業員に与えるのです。創造性を発揮することができるように、明確な職務上の期待に組み込み、根づかせましょう。また、チームや組織を向上させるイノベーションを公に認めることで、「継続的な改善も仕事の一部である」というメッセージを全従業員に送ることができます。

●手順ではなく、結果を明確にする　目標を達成するための手順を規定しすぎると、イノベーションの芽を摘んでしまいます。たとえば、顧客エンゲージメントを高めることが目的なのに、そのために必要な手順を規定しすぎると、従業員は顧客に合わせた個別のサービスを提供できなくなります。優れたチームリーダーは、明確な目標と期待値を設定したうえで、その目標に到達するための方法については部下たちに柔軟性を与えています。これにより、従業員は新しいやり方を試したり、自分の強みを活用したりすることができるのです。ただし、自由に創造性を発揮できるからといって、手を抜いてよいわけではありません。従業員には、イノベーションには組織の目標や基準に沿った境界があることを理解してもらいましょう。

●エンゲージメントを高めて、より多くのアイデアを生み出す　従業員が「期待以上のことをしたい」と思って出社すると、格段に多くのアイデアが生み出されます。エンゲージメントの高い従業員は、平均的な従業員よりも20％高い確率で「自分（または自分のチーム）にはアイデアがある」と回答しています。また、「そのアイデアが実行され、改善につながった」と答える確率は、平均的な従業員の2・4倍です。

●組織制度の柔軟性と自律性を強化する　高度にマトリクス化されたチームやリモートワークで働く従業員は、「創造性を発揮する時間が増えた」と述べています。他の多くの職場ニーズと同様、柔軟性と自律性を高めることでエンゲージメントとパフォーマンスが向上するのです。私たちの調査によると、勤務スケジュールのうちリモートワークの割合が20～60％のときに最も創造性が高まることがわかっています。

第46章

アジャイルの実現に欠かせないもの

You Can't Be "Agile" Without Great Managers

アジャイルではない、迅速に適応する能力を持たない組織は、競合他社に打ち負かされるか、事業撤退に追い込まれるでしょう。

「適応するか、死ぬか」。この言葉が今日ほど切実に響くことが、これまでにあったでしょうか。組織を脅かす、生死にかかわる3つの問題について考えてみましょう。

- 急進的で破壊的な技術革新
- 買収のみによる成長
- 優秀な人材を惹きつけられない旧態依然とした組織文化

アジャイルではない、迅速に適応する能力を持たない組織は、競合他社に打ち負かされるか、事業撤退に追い込まれるでしょう。今日の市場や職場における目まぐるしい急速な変化に、組織はどう対応すればよいのでしょうか。

そのためには、いまよりももっと「俊敏」になる必要があります。迅速に適応できる組織かどうかは、その組織の文化によって決まります。あなたの会社の文化は顧客志向で、なおかつ俊敏なものでしょうか。それとも内向きで、官僚主義やプロセスに縛られているものでしょうか。

組織図を描き直し、マトリクス型につくり替えるだけでは不十分です。私たちの分析によると、優れたマネジャーなしに卓越したアジリティを実現することは不可能です。

これは、単一指示系統の組織でもマトリクス構造の組織でも同じです。問題は、お粗末なマネジャーがアジリティの障害となっていることです。彼らは「変化」を効果的なものととらえていません。居心地の悪さを会社のせいにして、他部門と協力したり情報共有したりしないのです。

一方、優れたマネジャーは、従業員をエンゲージしてパフォーマンスをマネジメントし、効果的なコーチングや能力開発を行い、組織内の各部門とうまく連携してアジャイルなマインドセットを醸成します。彼らは、従業員のライフサイクルの各段階（誘致、採用、オンボーディング、エンゲージメント、実行、開発）にアジャイルを組み込んでいます。機会を逃すのではなく、つくり出しているのです。

しかし、マネジャーひとりでは実行できません。チームメンバーと同様、マネジャーにも組織の支援が必要です。たとえば、「人材管理（HCM）システム」（第51章参照）は、学習しやすいもの、使いやすいものでなければなりません。優れたパフォーマンスを発揮しているチームのリーダーは、技術と格闘するよりもむしろ、強みを伸ばすことに時間を割くべきです。

マネジャーに、適切な能力開発や、明確な期待値、継続的なコーチング、アカウンタビリティを提供しない限り、アジリティの文化が育まれることはありません。

第47章 ギグワーカーの台頭

Gig Work: The New Employer-Employee Relationship

フルタイムで働く人の約4人に1人、パートタイムで働く人の約2人に1人が「ギグワーク」に就いています。

リーマン・ショック以降、「ギグワーカー」と呼ばれる、伝統的な雇用主と従業員の関係にない独立した労働者の台頭が注目されています。

ギグワーカーはどのくらいいるのでしょうか。

私たちが調べたところ、米国の労働者の36％が、本業または副業（短期契約やフリーランスの仕事）でギグ・エコノミーに参加していることがわかりました。自営業のグラフィックデザイナーから、人手不足のときの契約看護師、非常勤の臨時教員、ウーバーのドライバーなどです。

インターネットを介したリモートワークが可能になったことで、働き方が激変しました。オンライン・プラットフォーム（ウーバーもこれに入るでしょう）を利用してフルタイムで働き、雇用主に雇われていない人の割合は、フルタイム労働者の6・8％（全労働者の7・3％）です。

この新しい自由な市場システムを「ウーバー・エコノミー」と呼ぶ人もいます。

呼称はともかく、これまでの雇用主と従業員の関係とは一線を画すものです。少し前まで、会社は従業員の面倒を見る責任を持ち、従業員は会社に忠誠を誓うものでした。労働者は長年会社に勤め、雇用主は十分な年金で彼らに報いました。従業員と雇用主は「社会的契約」で結ばれていると理解されていたのです。

この概念は、いま雇用主と非伝統的な関係を築いている労働者にとっては理解しがたいものでしょう。今日の従業員は、従来の仕事に加え、ひとつまたは複数の「副業」を持っていることも珍しくありません。複数のオンライン・プラットフォームで働いたり、契約社員として、あるいは派遣会社を通じて働いたりすることもあります。従業員と雇用主がお互いに求めるものは大きく変化しています。

すでに多くの企業が、契約雇用を活用して人的資本の最大化を図っています。しかし、ギグワークが労働者や組織にとって長期的に有益であるかどうかは不透明です。

第48章 ギグワーカーは満足しているのか

Gig Workers: Desperate or Satisfied?

ギグワーカーの3人に2人が、「自分の好きな種類の仕事をしている」と答えています。

ギグ・エコノミーをめぐっては、この潮流が今日の労働市場にどう影響するかが議論の争点となっています。ギグワーカーは、他に手段がないから、短期の仕事で生活費を稼いでいるのでしょうか。それとも、柔軟性や自律性を得るために、従来の9時から5時までの勤務形態から脱することを選択しているのでしょうか。

これまでの調査でわかっているのは、「実際にギグ・エコノミーで働いている人たちはそうしたいのだ」ということです。マッキンゼー・グローバル・インスティテュートの調査によると、独立系の労働者の30%が必要に迫られてギグワークを行っていますが、70%は「好んで行っている」と答えています。アップワーク・フリーランサーズ・ユニオンの調査でも、フリーランスの63%が、必要に迫られてではなく、ギグワークを好んで選択していることがわかっています。

ギャラップの分析によると、ギグワーカーの64%が「自分の好きな種類の仕事をしている」と答えているのに対し、組織で働く従業員の71%が同じことを答えています。ギグワーカーのなかでも請負で働く人たちは、「自分の好きな種類の仕事をしている」と答える傾向が高いのに対して、派遣社員や契約社員では低くなっています。

また、高齢層のギグワーカーは、若年層のギグワーカーよりも、「自分の好きな種類の仕事をしている」と答える傾向にあります。さらには、パートタイムのギグワークのみを希望する人もいます。週30時間未満しか働いていないギグワーカーの10人中6人が「それ以上の時間は働きたくない」と答えています。

労働経験はギグワークの種類によって異なる

ギグワーカーには、これまでの労働者と同じように、仕事へのエンゲージメントや雇用主への満足度が見られます。しかし、それはギグワークの種類によって異なります。たとえば、フリーランスやオンライン・プラットフォームを利用している労働者は、契約社員や派遣社員、臨時社員よりもエンゲージメントが高くなっています。

ギグワーカーに進捗レビューやコーチングの機会が発生するのは稀です。しかし、意外なことに、ギグワーカーのなかでも特に請負契約で働く人やオンライン・プラットフォームで働く労働者たちのあいだでは、同僚との交流や関係性が見られます。テクノロジーが社会的な距離を埋める役割を果たしています。

ギグワークの利点と課題が、ギグワーカーにとってジレンマとなることもあります。期日までに正確な額の報酬が支払われていることについてはあまり報告されていませんが、柔軟な仕事のスケジュールが自分のライフスタイルに合っていることは非常によく報告されています。

ギグワーカーになることを検討している人たちは、その両方を天秤にかけています。企業もまた、これまでにない働き方の契約や提案をまとめて労働者を惹きつけ、雇用し、維持しなくてはなりません。ある企業はギグワーカーのニーズを満たすために競争し、またある企業は優秀な人材を雇用するためにギグジョブと競争しています。

楽観的な見方をすれば、ギグ・エコノミーは、起業家精神と労働者のエンパワーメントを促進するムーブメントの象徴です。また、子育て専業の人や、高齢者や障がい者などの家族の介護をしている人など、他の方法では働けない人にも働く機会を提供することができます。新しいテクノロジーが新たな生産性の予備軍を開拓することで、長期的に経済に利益をもたらす可能性があります。

一方で、この傾向は、従業員と雇用主の社会的契約が衰退していることを示唆しているのかもしれません。人件費や間接費を削減するために臨時雇用の労働者を増やす組織もあります。

第49章 AIがやって来た。さてどうする？

Artificial Intelligence Has Arrived. Now What?

米国人の73％が「AIの導入により雇用が失われる」と考えています。

人工知能（AI）による自動化が現実のものになりつつあります。トラック運転手から家政婦まで、外科医から工場勤務者まで、いずれあらゆる産業、職種、分野の労働者に影響を及ぼすでしょう。すでに、コールセンターの従業員や銀行の窓口担当者、接客係などに自動化の影響が及びはじめています。

何十年にもわたりSFの世界で描かれてきたことが、今日の職場で起きているのです。米国では、全職種の半数近く（47％）が自動化の危機にさらされています。

米国人の4分の3（76％）が「今後10年間にAIが人々の働き方や暮らしを変える」という項目に「同意する」または「強く同意する」と答えており、77％が「その変化はほとんど、あるいは非常にポジティブなものになる」と回答しています。

しかし、米国人は将来を恐れてもいます。63％の米国人が、AIの導入により貧富の差は拡大すると考えています。

米国の労働者は、移民よりもAIに仕事を奪われることを心配しています。米国人の10人に6

人近くが「ＡＩは雇用に対する最大の脅威だ」と考えているのに対し、「移民が最大の脅威だ」と考えている人は10人に４人程度です。

今後５年以内に自動化によって現在の仕事がなくなる可能性が「やや高い」または「非常に高い」と答えた人はわずか13％です。その２倍の26％が、今後20年以内に自分の仕事がなくなる可能性が「やや高い」または「非常に高い」と答えています。

今後数十年のあいだに職を失う心配をしている米国人はほとんどいませんが、彼らは大きな変化が待ち受けていると見ており、不安に感じています。

どの産業で仕事がなくなるか

オックスフォード大学のカール・フレイとマイケル・オズボーンが発表したレポートによると、米国で最も一般的な仕事である小売業の販売員は、今後10年間で大幅に縮小する可能性が高い仕事です。ファストフード店の店員や作業員、レジ係、秘書、事務員などの仕事も縮小する可能性が高いでしょう。看護師や教師もすぐにその対象となるかもしれません。

また、修理・製造業や事務・オフィス、サービス・運輸業、金融・保険・不動産業に従事する米国人の大多数は、「ＡＩは、その業界が生み出すよりも多くの仕事を奪う」と考えています。

そうした脅威にさらされないのは、どのような仕事でしょうか。米国人は、法律や公共政策の分野が最も自動化されにくいと考えています。ＡＩによる仕事の削減がこれらの分野で最初に起こると答えた人はわずか9％でした。さらに、芸術や娯楽、スポーツの分野、社会奉仕や社会福祉の分野の仕事も安全だと考えています。これらの仕事が最初に淘汰されると答えた人はそれぞれ15％、16％でした。

こうした世間一般の認識と業界の専門家の意見はほぼ同じです。対人スキルや創造性、専門性を必要とする仕事は自動化される可能性が低く、カウンセラーやセラピスト、警察官などの仕事は当面、人間が担うことになるでしょう。

文化的な移行にも時間がかかります。たとえば、「ロボット・アドバイザー」が話題になっているいまでも、ほとんどの投資家は、投資判断をする際に人間のアドバイザーとのかかわり合いを求めています。また今後は、多くのサービスが人とAIを「融合」したかたちになり、顧客は、テクノロジー・ツールと個人的な関係の両方のよさを享受できるようになるでしょう。私たちの調査では、最もエンゲージしている顧客は、自動化された手段と人間による手段を使い分けてサービスを受けていることがわかりました。

どの産業で仕事が増えるか

自動化は、これまでの仕組みを壊す一方で、歴史的に見れば大きな雇用機会を創出してきました。交通や通信の技術的な進歩は、何百万もの雇用を生み出してきたのです。しかし、マサチューセッツ工科大学（MIT）のエリック・ブリニョルフソンとアンドリュー・マカフィーは、「生産性と収入が徐々に乖離し、テクノロジーの進歩は、低技能職を生み出す前に消滅させていくだろう」と警告しています。

一方で、電子商取引の需要が高まれば、ロボットと一緒に働く人が必要になる可能性があります。一例を挙げると、倉庫用ロボットは、人がやりたがらないこと、たとえば身体への負荷が大きい作業などを行っていますが、ロボットは予測不可能な作業をまだうまくこなせないため、監督する必要があります。米インク誌によれば、2014年以降、アマゾンは、世界25カ所の倉庫で10万台のロボットを使う一方、時間当たりの人間の労働力を約4万5000人から約12万5000人へと3倍近くに増やしました。

アクセンチュアが大企業1000社を対象に行ったグローバル調査では、AIが生み出す仕事を次の3つのカテゴリーに分類しています。

- **トレーナー（訓練者）**　AIシステムに、人間らしいふるまいや視点の解釈の仕方を教える人たち
- **エクスプレイナー（説明者）**　AIを解釈して、意思決定の際に役立てられるようにする人たち
- **サステイナー（維持者）**　AIの倫理的特性やパフォーマンスを監視する人たち

再教育も求められるでしょう。興味深いのは、ほとんどの米国人（61%）が、「テクノロジー

が招いた危機による再教育は、雇用主が責任を負うべきだ」と考えていることです。

２０１７年12月、グーグルは、ユーチューブ上の不適切なコンテンツを見分けるコンテンツ・モデレーターなどの審査担当者の総人員を1万人以上に増やしました。グーグルによると、人間のモデレーターからのデータを利用して、より強力な機械学習を行い、不適切なコンテンツを検出できるようにする予定です。これは、機械と人間の労働力の協演の一例にすぎません。

押し寄せる新たなテクノロジーの波。人間は、この歴史的な幕開けとともに、機械に仕事を奪われるのでしょうか。この波が仕事を生み出すよりも早く仕事を奪うことになるかどうかは、まだわかりません。専門家のあいだでも意見が分かれています。

ひとつだけ確かなことは、ＡＩは今後も仕事の進め方を大きく変え続けていくだろうということです。

第50章 職場はAIにどう備えるべきか

Artificial Intelligence: Preparing Your Workplace

自動化と人材育成の組み合わせは、自動化だけよりも確実に会社に成功をもたらします。

雇用主は、ＡＩに関するさまざまな評価とどう向き合えばよいのでしょうか。そこには、不安や疑念もあります。

確かなことは、ＡＩによる自動化が、社会のどの分野よりも「職場」に影響を及ぼすということです。それが、いつ、どのように起こるのかはまだわかりませんが、リーダーが10年先を見据えて、いま準備できることが２つあります。

1　人材に投資する　意外かもしれませんが、高度に自動化された世界では、人という存在がいま以上に重要になるでしょう。未来の最も重要な仕事は、対人スキルを必要とします。人間同士の交流は、顧客との関係を築く最も強力な手段であり続けるでしょう。あらゆるものが自動化されても、顧客は対面でのやりとりに非常に大きな期待を寄せるようになるでしょう。アップルストアのジーニアスバー（訳注、専門スタッフによるアップル製品のサポート窓口）がそうです。

また、これからの仕事には、創造性と迅速な学習能力も必要になってきます。組織は、これまで以上にうまく、そして素早く人を育てる必要があります。

私たちが調査したところ、「仕事上で、自分の成長を後押ししてくれる人がいる」という項目に「強く同意する」と回答した米国の労働者は10人中3人しかいませんでした。また、「この1年のあいだに、仕事上で学び、成長する機会を持った」ことに「強く同意する」と回答したのは10人中4人でした。この比率は、年齢が上がるにつれて徐々に悪くなっていきます。したがって、経営陣たちは、将来のニーズに応えるために、より効果的な能力開発を行う必要があります。自動化と人材育成の組み合わせは、自動化だけよりも確実に会社に成功をもたらします。

2　将来の機会を伝える

最も極端な予測が現実のものになるなら、数年後には役割の変更や大規模な解雇が行われるでしょう。こうした組織の混乱時には、明確で思いやりのあるコミュニケーションが必要です。リーダーは、自分たちの組織がどこに向かおうとしているのか、会社が将来も繁栄し続けるためにはどのようなスキルが必要なのかを明らかにし、それを従業員たちと共有する必要があります。人は、組織に変化が起きたとき、自分がどのような役割を担っているのかを知りたいと思うものです。従業員たちには将来に目を向けることが、リーダーには従業員の能力開発のための準備をすることが求められます。

第51章

テクノロジーを人間の本質と融合させる

Caught up in Technology ── HCM Systems and Other Solutions

目指すのは、テクノロジーを人間の本質とうまく融合させることです。その逆ではありません。

人材管理（ＨＣＭ）システムは、採用や応募者追跡、オンボーディング、時間使用、勤怠、離職、パフォーマンス、福利厚生、サクセッションプラン、キャリア開発、学習、従業員エンゲージメントなど、組織内のあらゆる活動に関する既存のデータを利用して最大限の洞察を得られるように設計されています。

しかし、システムや機械の性能が進化しても、それを使うのは人間です。テクノロジーは数カ月で変化しますが、人間の本質が変わるには何千年もかかります。

目指すのは、テクノロジーを人間の本質とうまく融合させることです。その逆ではありません。

大切なのは、機械を生んだ人間の頭脳を理解することです。人間の頭脳が自らの発明をうまく使うためには、いくつかの条件があります。そのいくつかを紹介しましょう。

●**進捗をわかりやすくする**　進捗があること、目標を達成することはとても大事です。しかし、テクノロジーによって提供される指標が限定されていたり、漠然としていたり、わかりにくかったりすると、組織全体の目標に反したり、ユーザーをいら立たせたりします。

●**信頼できる、予測できる、頼りになる**　人間が他の人間を信頼する必要があるように、人間の頭脳も一緒に働く機械を信頼する必要があります。予測可能性と信頼性が、システムへの信頼を決定づけます。「テクノロジーを使えば必ず恩恵が得られる」という安心感がなければなりません（予測可能性）。そして、システムに投入されるデータの質とその機能性によって、そのシステムを再び使いたいと思うかどうかが決まります（信頼性）。

●**使いやすい**　ダニエル・カーネマンは、脳内の２つのシステムについて説明しています。「システム１」は、高速でバイアスがかかりやすいシステム、「システム２」は、ゆっくりで慎重なシステムです。脳は怠けやすく、要求が多すぎると簡単に「システム１」に移行してしまいます。優れたテクノロジーは、「システム２」の要求の多くを代替することができます。募集や採用など非常に複雑な問題解決の役に立つと信頼されるテクノロジーでなければなりません。

●**使いたくなる**　意義のあることを達成する、心地よい親しみのある声を聞く、やる気が出るフィードバックを受けるなど、ポジティブなことを経験するとドーパミンが急増し、気分がよくなります。テクノロジーは、「使っていて楽しいから、また使いたい」と思わせるものでなければなりません。

●個別対応する　優れたシステムは、個人の強みや弱み、状況や経験を考慮し、自動化し、学習することで、ひとりひとりに合ったアドバイスを提供します。

ＨＣＭシステムがうまくいかないときは、いくつかの要因が考えられます。法律上の過失やセキュリティ上のミス、データの質の低さ、効果的でない計画やチェンジマネジメント、そして、エンゲージしていない経営者やマネジャー、従業員などです。

一例を紹介します。「褒めることが従業員エンゲージメントに重要な影響を与える」という研究結果を知ったある企業は、オンラインのチーム表彰ツールを導入しました。このツールを使えば、従業員が他の従業員をいつでも褒めることができます。ここまでは順調でした。

しかし、誰が表彰されるかについての基準が不明確でした。そのため、生産性の低い従業員も、生産性の高い従業員と同じように表彰される可能性があったのです。効果的な表彰の仕方についてのトレーニングも行われていなかったため、せっかくのよい試みが失敗に終わってしまいました。

また、企業はテクノロジーを使って、従業員がどのように時間を使っているかを把握することができます。どれだけの時間を顧客や同僚との会議やメールに費やしているか、わかるのです。アナリストは、さまざまな活動を行うための適切な時間配分を特定することができます。しかし、それぞれの活動に費やす時間を定めてしまうと、従業員の行動や自律性を制限し、かつ、より大きな目的であったはずの顧客や業績に好影響を及ぼせなくなってしまいます。

一方、新しいテクノロジーの優れた点のひとつは、HCMシステム上の機械学習によって有益な洞察を提供することです。この洞察は、経営陣向けに設計されたものもあれば、アドホックなレポートや分析を通じて中間管理職や現場のマネジャーが使えるものもあります。高度な機械学習により、ボタンをクリックすれば簡単に結果が手に入りますが、簡単すぎてじっくりと考えなくなってしまい、誤った適用をしてしまう恐れもあります。

テクノロジーやHCMシステムを評価する際には次の点を確認しましょう。

- あなたは何を実現しようとしていますか?
- ユーザーは自分に何が求められているか、知っていますか?
- あなたは投資対効果を把握していますか?
- 財務システムと同じブランドだからHCMシステムを選択したのですか、それとも、組織全体にとって最適なシステムだから選択したのですか?
- あなたが使用しているのは、派手なソフトウエアですか、それとも、最高のビジネスプロセスと科学的基盤に基づいたソフトウエアですか?
- そのソフトウエアは、将来の従業員のニーズを満たすものですか、それとも、現在の従業員のニーズを満たすものですか?
- そのシステムは個別化できるものですか、それとも一律ですか?
- 最も重要なことですが、そのシステムは、組織のマネジメントの質を高めてくれますか、マネジャーの仕事をより効率的にするための情報やアドバイスを提供してくれますか?

最高の科学を用いる限り、テクノロジーの力は、人の力と組み合わさったとき、「職場の変革」に多大な影響を及ぼすでしょう。そこに優れたマネジャーを配置すれば、テクノロジーを伴う測定システムは生産的なものになります。

第52章 予測分析を用いて、より優れた意思決定を行う

Better Decision-Making with Predictive Analytics: Moneyball for Managers

組織のなかで測定できるものは何百万とありますが、リーダーが本当に知りたいのは、大きな変化をもたらすために重要な、ほんの少しのことです。

私たちは80年以上にわたってビッグデータと予測分析の研究に取り組んでおり、それがグローバルな職場に関するあらゆる発見の基盤となっています。私たちが有する、世界70億人の人々の「意思」に関するデータは他に類を見ないでしょう。

保有するデータは、グローバルな規模での従業員エンゲージメントから、普遍的なマネジメント・コンピテンシー、34資質の分類法まで多岐にわたります。

インターナショナル・データ・コーポレーションの推計によると、世界のデータサイズは2年ごとに倍増し、2020年には44兆ギガバイト以上、つまり2013年の10倍になるといわれています。デジタル経済の発展とデータサイエンスの進歩は、ビッグデータの分析価値を飛躍的に高めています。

しかし、ビッグデータや予測分析は何のためにあるのでしょうか。そして、組織やリーダーはそこから何を得ることができるのでしょうか。

私たちの答えは「より優れた意思決定」です。

リーダーがビッグデータや予測分析の恩恵を受けるのは、パフォーマンスの高いチームをつくったり、新規顧客を生み出したりするのに役立つ「突破口」を見出したときです。

しかし、ギガバイトからインサイト（洞察）を見出すのは、「言うは易く行うは難し」です。ほとんどのリーダーは、これ以上多くのデータを必要としないでしょう。必要なのは、すでにあるデータを最大限に活用することです。KPMGのある調査によると、経営陣の半数以上（54％）が「成功への最大の障壁は、収集すべきデータを特定することだ」と答えています。また、85％が「収集したデータをどのように分析したらよいかわからない」と答えています。

「予測分析に基づく意思決定」の文化

ガートナーの試算によると、ビッグデータ・プロジェクトの60％は、組織文化の問題が原因で、試験運用や実験の域から脱することができないといわれています。適切な組織文化の起点となるのは、経営陣です。優れたリーダーは「データドリブンの組織文化」を構築し、浸透させるために、明確に定義された戦略に従って全面的に支援します。

「データドリブンの組織文化」を成功させるためには、リーダーがデータをどう扱うかについての高い信頼も必要です。ビッグデータのなかには、従業員のプライバシーを侵害する恐れがあるものもあります。たとえば、電子メールやカレンダーの使用状況を追跡していないか、従業員アンケートが本当に匿名かどうか、などを従業員たちは心配しています。
私たちの調査によって、「予測分析を文化的に根づかせるには、複雑な分析を、すぐに成功につながるシンプルで実用的な洞察に変えることが重要である」ことがわかっています。

予測分析監査を開始する

あるグローバルサービス企業が新しいデータと分析技術に投資してデータサイエンス事業部を新設した際、私たちはそこで「データ・エクスペリエンス監査」を実施しました。その結果、あることが判明しました。その企業の経営陣5人のうち3人が、「意思決定をするために必要な情報を、新しいデータ分析システムから得られていない」と答えたのです。

彼らは「自社のデータサイエンスは業界基準に比べて遅れている」と考えていました。しかし、データ・エクスペリエンス監査の結果、同社が解決しなければならない問題は、コミュニケーションとプロセス管理であることがわかりました。同社に欠けていたのは、分析を成功に導くために不可欠な、依頼から意思決定までのプロセス全体（アナリティクス・ライフサイクル）を管理する能力だったのです。

この問題を解決するために、同社は照準を合わせ直し、チェンジマネジメントの取り組みを開始しました。経営陣とデータサイエンスチームのあいだで、期待値、能力、意思決定プロトコル、アカウンタビリティ・システムをよりうまく連携できるようにしたのです。その結果、より質の高い意思決定ができるようになりました。
私たちが行っている予測分析が対応可能なビジネス上の課題は次のとおりです。

- **マネジャーの能力開発**　マネジャーの特性やパフォーマンス、経験を査定して、パフォーマンスを最大化し、成功するチームをつくる
- **優秀な人材の採用**　人材戦略の分析と改善を行う
- **サクセッションプラン**　潜在能力の高いリーダーを早期に発掘する
- **離職要因の特定**　従業員の離職、なかでも優秀な人材の離職の原因とコストを検証し、それを解決する方法を探る
- **パフォーマンス指標の改善**　組織のパフォーマンスや文化、ブランドに沿った適切なパフォーマンス指標を設計する
- **役職の自動化の予測**　デジタル化によって代替できる役割を特定し、クロストレーニングと将来の労働力を計画する
- **欠陥と安全性のリスク**　複数のデータソースを組み合わせてリスクの高いチームを特定する
- **報酬と福利厚生**　公平で、市場に適した報酬を設計し、エンゲージメントやウェルビーイング、パフォーマンス、離職率の改善につなげる
- **社内プログラムの評価**　施策や方針のＲＯＩを推定する
- **ダイバーシティ&インクルージョン**　募集や採用、組織文化を分析する

終章　ビジネスの成果に「人間の本質」が果たす役割

Human Nature's Role in Business Outcomes

私たちは、「人間の本質が組織で果たす役割をたどった一連のステップ」をまとめました。これを〈ギャラップ・パス〉と呼んでいます（図表8）。

世界中の30万の事業単位を含む、従業員と顧客の相互作用に関連するデータベースから、この一連の要素を特定し、有効性を検証しました。これは、行動経済学に基づいた、これまでで最も高度なメタ分析です。

その道筋をたどってみましょう。まず着目していただきたいのは、図表8の一番上です。

上場企業が「収益の増加」を目指すのは、それが「株価の上昇」の最大要因だからです。収益が増え、株価が上がれば、万々歳です。皆の仕事は安泰に、CEOは株主やマスコミのヒーローになります。ボーナスも支給されるでしょう。企業は、成長分野に投資し、研究開発を強化し、製品や社内ベンチャーを生み出し、世界各地に進出し、企業を買収します。さらには、退職金や年金基金への拠出金を増やしたり、地域社会のニーズに時間とお金を費やしたり、次世代リーダーを継続的に育成したりすることもできます。企業活動が奏功し、成功を手にします。

そのなかで、行動経済学はどのような役割を果たしているのでしょうか。収益の増加は約80％

図表8　ギャラップ・パス

有機的成長のための行動経済学モデル

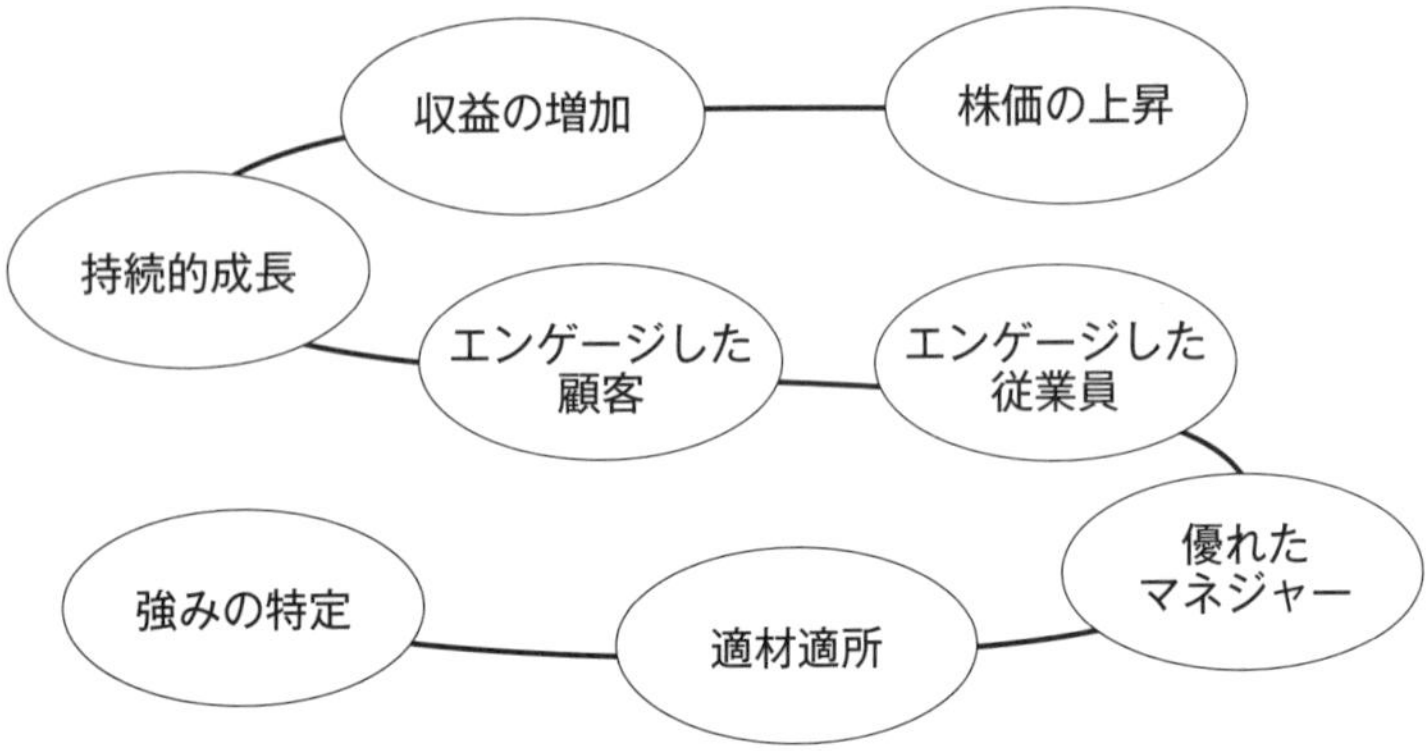

の確率で株価の上昇を、実質的な売上高の伸びは約80％の確率で収益が増加することを予測させます。

シックスシグマやリーン経営による大幅なコスト削減、償却や収益の再定義によるバランスシートの再構築、あるいは部門の売却など、組織が利益を拡大するためにはさまざまな方法があります。

これらの方法はいずれも収益を増やし、株価を上昇させせます。しかし、真の「持続的成長」は、売上増の結果として、そのなかでも特に「有機的」な売上増の結果として起こります。有機的な成長は、合併や買収による成長に勝ります。

予測統計が好きな方なら、きっとこう質問するでしょう。「どのようなリーダーの行動、あるいは行動経済的変数が、実際の売上増を最もうまく予測するのでしょうか」。その答えは

「エンゲージした顧客」です。私たちが「顧客満足」ではなく「顧客エンゲージメント」と呼ぶのは、満足感を得ているだけでは、より多く、より頻繁に購入することを確実に予測できないからです。エンゲージメントは、売上高の伸びを確実に予測します。

顧客エンゲージメントが高まると売上が増加するのは、大きな発見でした。もし顧客があなたの組織とのパートナーシップを5段階評価で5と評価したなら、彼らは、4以下の評価の顧客がとらない次の3つの行動をとるようになります（経営陣の多くは4がよい点数だと思っていますが、そうではありません）。

1　頻繁に購入する
2　一度の買い物でより多く消費する
3　より高いマージンを支払う

では、顧客がエンゲージする要因は何かでしょうか。これが次の質問です。シンプルな答えは、彼らがあなたの組織に高い信頼を寄せているからです。あなたは顧客に敬意を持って公平に接しているでしょう。問題が発生したときも、すぐに解決し、顧客はそれに満足しているはずです。顧客は、あなたの組織に感情的な愛着を持っています。一言でいえば、彼らはあなたの組織の製品やサービスのない世界など想像できないのです。

B2B企業の場合、エンゲージした顧客は、こう言ってくれるでしょう。「あなたは信頼できるアドバイザーだ。私たちのビジネスをとてもよく理解して、私たちのパフォーマンスに大きな影響を与えてくれた」と。

〈ギャラップ・パス〉の次のステップに進みましょう。「エンゲージした顧客」が売上高の増加や株価の上昇をもたらすように、「エンゲージした従業員」が「エンゲージした顧客」をもたらします。従業員と顧客のどちらか一方ではなく、両者が接するところに、あなたの会社を躍進させる最も強力なエネルギーがあるのです。

従業員エンゲージメントと顧客エンゲージメントの両方で中央値を上回るスコアを獲得した事業単位は、両指標で下位にランクされた事業単位よりも平均して3・4倍も高い財務的効果を発揮することがわかっています。

いまあなたの会社は、優れた製品を持ち、優れたマーケティングや広告を展開して経済活動全般が好調かもしれません。しかし、「エンゲージした従業員の数を増やす」ことこそが、最も強力な成長の梃子となるのです。エンゲージした従業員がいれば、予測可能なドミノ効果が生まれます。従業員エンゲージメントが高まれば、顧客エンゲージメントが生まれ、売上が伸び、収益が増え、最終的に株価が上昇するのです。こうして、誰にとってもよい結果が生まれます。

これらを完璧に機能させるためには、組織は、従業員ひとりひとりの強み、つまり、特定の活動で完璧に近いパフォーマンスを一貫して発揮できるように注力する必要があります（強みの特定、適材適所）。

さて、ひとつ、行動経済学的な要求が残っています。これが一番大切といってよいでしょう。

これがうまくいかないと、他のすべてが瓦解してしまいます。それは、個人の強みを慎重に見極め、その人が本来持っている能力を発揮できる仕事を与えたら、その人に必ず、世界レベルの「優れたマネジャー」をつけることです。

悪い上司がいると、〈ギャラップ・パス〉のすべての項目が停止してしまいます。

優れたマネジャー。それは「優れたコーチ」です。もし、あなたの会社のすべてのチームメンバーに優れたマネジャー、すなわち、彼らの能力開発と成長を大切にする優れたコーチを与えたなら、無限の可能性を持つ組織をつくることができます。

マネジャーこそが、成功のカギなのです。

巻末資料
APPENDIXES

資料Ⅰ

クリフトン・ストレングス　34の資質ガイド

A Guide to the 34 CliftonStrengths Themes

人間には大きな個人差があります。リーダーも例外ではありません。優れたリーダーとは、自分の強みと、その限界に気づいている人たちです。彼らは、自分の強みを最大限に発揮するためには、どこに時間を費やせばよいのかがわかっています。そして、自分には才能がなく、他人に手を差しのべてもらう必要がある分野も知っています。

本書は、自分や周囲の人たちの強みを活かすためのアセスメント〈クリフトン・ストレングス〉にアクセスできるようになっています。このアセスメントは、世界100カ国以上、2700万人以上の人々が自分の強みを発見し、それを言葉にするのに役立っています。巻末に記載されているアクセスコードを使って〈クリフトン・ストレングス〉を受けてみましょう。

このセクションでは、〈クリフトン・ストレングス〉の34の資質について、資質ごとの簡単な定義を紹介します。資質を活かすための戦略や行動アイデア、その資質を持つ人を導くためのヒントについては、『さあ、才能《じぶん》に目覚めよう』『ストレングス・リーダーシップ』（いずれも日本経済新聞出版）を参照してください。あなたのチームや周囲の人たちの強みを活かすのに役立つはずです。

34の資質（50音順）

アレンジ　〈アレンジ〉の資質が高い人は、組織化が得意で、その際に柔軟性を発揮します。生産性を最大限に高めるために、すべてのパーツやリソースをどう組み合わせるか、考えることを楽しみます。

運命思考　〈運命思考〉の資質が高い人は、あらゆるもののあいだにはつながりがある、という信条を持っています。偶然起こることはほとんどなく、すべての出来事には意味があると信じています。

回復志向　〈回復志向〉の資質が高い人は、問題におじけづくことなく対応できます。問題点を突き止め、解決することが得意です。

学習欲　〈学習欲〉の資質が高い人は、学びたいという強いニーズがあり、常に向上し続けたいと考えています。結果よりも、学ぶ過程（プロセス）に非常にわくわくします。

活発性　〈活発性〉の資質が高い人は、事を起こすことができます。思考を行動に移します。話しただけで終わらせたくはありません。すぐに実行したいと考えます。

共感性　〈共感性〉の資質が高い人は、「自分が相手の人生や境遇にあったらどうだろうか」と想像することで、他人の感情を感じ取ります。

競争性　〈競争性〉の資質が高い人は、他の人のパフォーマンスと比較して、自分の進歩や進捗状況を測ります。勝つために多大な努力をし、コンテストに挑むことを大いに楽しみます。

規律性　〈規律性〉の資質が高い人は、ルーティンや仕組みをつくったり、守ったりすることを楽しみます。彼らが生きる世界は、彼らがつくり出す秩序に従って機能しています。

原点思考　〈原点思考〉の資質が高い人は、過去について考えることを楽しみます。現在を理解するために時系列的にさかのぼって調べます。

公平性　〈公平性〉の資質が高い人は、人を同等に扱わなければならないとはっきり認識しています。そのために、誰もが守ることができる明確なルールや手順、そして安定したルーティンを必要とします。

個別化　〈個性化〉の資質が高い人は、ひとりひとりが持つ独自の個性に惹きつけられます。どうしたら異なる個性を持つ人々が一緒に、生産的に働けるかがわかる才能を持っています。

コミュニケーション 〈コミュニケーション〉の資質が高い人は、自分の考えを簡単に言語化できます。会話もプレゼンテーションもうまく進めることができます。

最上志向 〈最上志向〉の資質が高い人は、自然と人の強みに目が行きます。それが、人やグループを最高の状態にまで高める最善の方法だからです。「とてもよい」ものを「すばらしい」状態にしようとします。

自我 〈自我〉の資質が高い人は、大きな反響をもたらしたいと思っています。自立心が高く、自分の組織や周囲の人々にどのくらいの影響をもたらせるかを考えて、プロジェクトの優先順位を決めています。

自己確信 〈自己確信〉の資質が高い人は、リスクをとる能力と、人生の舵をとる能力に自信を持っています。自分のなかにある羅針盤が、自身の判断に確証を与えます。

社交性 〈社交性〉の資質が高い人は、新しい人と出会い、その人を味方につけることに挑戦するのが大好きです。誰かに心を開いてもらい、つながることから、充足感を得ます。

収集心　〈収集心〉の資質が高い人は、集めて保管したいというニーズを持っています。その対象は、情報をはじめ、アイデア、工芸品、さらには人間関係にまで及ぶかもしれません。

指令性　〈指令性〉の資質が高い人は、存在感があります。どんな状況でも主導権を握り、意思決定を下すことができます。

慎重さ　〈慎重さ〉の資質が高い人は、決断や選択をする際に、注意深く検討するのが特徴です。障害を事前に予測することに長けています。

信念　〈信念〉の資質が高い人には、変わることのない核となる明確な価値観があります。人生の目的は、そうした価値観のなかから浮かび上がります。

親密性　〈親密性〉の資質が高い人は、他の人と親しい間柄になることを楽しみます。目標を達成するために仲間と一生懸命働くことで、深く満たされます。

成長促進　〈成長促進〉の資質が高い人は、人の潜在的な可能性を見つけ、育みます。わずかな成長の兆しに気づき、進歩がわかる証しを得ると満ち足りた気持ちになります。

責任感　〈責任感〉の資質が高い人は、自分がやると言ったことに対して当事者意識を持ちます。また、正直さや忠誠心など、変わらない価値観を大切にしています。

戦略性　〈戦略性〉の資質が高い人は、ゴールにたどり着くための代替案を生み出します。どんな状況に直面しても、関連するパターンや問題点がすぐにわかります。

達成欲　〈達成欲〉の資質が高い人は、熱心によく働き、スタミナにあふれています。忙しくしていたり、生産的であったりするときに深い充実感を得ます。

着想　〈着想〉の資質が高い人は、アイデアを生み出すことに魅了されています。まったく異なるように見える現象のあいだにつながりを見出すことができます。

調和性　〈調和性〉の資質が高い人は、チームメンバーの意見を確認し、合意するために働きかけます。対立は好きではありません。それよりも、全員が一致できる部分を探します。

適応性　〈適応性〉の資質が高い人は、流れに身を任せることを選びます。「いま」を生き、起こったことをあるがままに受け入れて対応します。この人にとって未来は、一瞬を積み重ねた先に現れるものなのです。

内省　〈内省〉の資質が高い人は、知的な活動をするのが特徴です。自分の思考を内面で深く顧みることが多く、同時に知的な議論を楽しみます。

分析思考　〈分析思考〉の資質が高い人は、理由や原因を追求します。状況に影響を及ぼしうるすべての要因を考える能力があります。

包含　〈包含〉の資質が高い人は、他者を受け入れます。輪に入れていないと感じている人に気づき、仲間に入れようとします。

ポジティブ　〈ポジティブ〉の資質が高い人は、熱意を周囲に伝播させます。前向きで、自分がやろうとしていることに対して、周囲を乗り気にさせたり、心待ちにさせたりすることができます。

未来志向　〈未来志向〉の資質が高い人は、もし未来がこうなっていたら、と思いを馳せることで意欲やひらめきを得ます。未来へのビジョンを語ることで、周囲の人をわくわくさせます。

目標志向　〈目標志向〉の資質が高い人は、方向性を定め、そこに向かって一直線に走り抜けます。また、ゴールへの軌道から外れないように必要な調整を行うことができます。優先順位をつけてから行動します。

資料2

Q12――優れたマネジメントを実現する12要素

Q12: The 12 Elements of Great Management

私たちは何十年にもわたり、生産的な組織やチーム、個人を研究してきました。エンゲージした、生産性の高い職場文化を築くために必要なことは何か。12のエンゲージメント要素（Q1～12）は、このことを最も簡潔かつ包括的に説明しています。

Q1　私は仕事のうえで、自分が何を期待されているかがわかっている

世界では、従業員の2人に1人が「仕事のうえで何を期待されているかがわかっている」という項目に強く同意しています。組織はこの割合を10人に8人にすることで、離職率を22%、安全上の事故を29%減らし、生産性を10%向上させることができます。

期待値を明確にしてほしい。これは、最も基本的で根源的な従業員のニーズです。「職務明細書の内容が、実際の仕事と一致している」という項目に強く同意すると回答した従業員は、他の従業員よりも2・5倍もエンゲージメントが高い傾向にあります。ただ、この要素の最大の落と

し穴は、文章が平易であるために「解決策も簡単だ」とマネジャーが思い込んでしまうことです。「何を期待されているのかわからないなら、教えてあげればいい」と。

しかし、上司や組織が何を期待しているかを従業員に理解してもらうためには、単に伝えるだけでは不十分です。従業員は自分の仕事の基本を把握する必要がありますが、それは職務明細書に限定されるものではないからです。「自分には明確な職務明細書がある」という項目に強く同意する従業員は、残念ながら半数以下（43%）でした。「職務明細書の内容と自分に求められている仕事は一致している」という項目に強く同意する従業員は、さらに少数でした（41%）。また、マネジャーや従業員の期待値と一致する戦略を経営陣がはっきり伝えられていないと、このパフォーマンスについての要素をさらに複雑なものにしてしまいます。多くの場合、従業員は、自分の職務内容にはない仕事についても責任を負っています。こうした状態は、日々、仕事し、意思決定するたびに従業員を混乱させ、不満を募らせる原因になります。

最高のマネジャーは何をしているか　組織とマネジャーは、パフォーマンスを最適化するためにQ1を正しく実行する必要があります。優れたマネジャーは、従業員ひとりひとりの役割とチームに対する明白な期待値、そして文書化されていない期待値を定義し、彼らと話し合っています。そして、非常に高いパフォーマンスとはどういうことか、具体化しています。さらには、自分の仕事が同僚やビジネス、組織全体の成功にどう関連しているのか、従業員がわかるようにしています。また、部下への期待値を設定する際には、部下と一緒につくり上げるようにしています。正式なフィードバック、またはちょっとした合間にも頻繁にフィードバックを行うことで、従業員が期待に応えるだけでなく、それを超えられるように支援します。優れたマネジャーは、優先順位や役割、状況の変化に応じて、部下への期待値を常に見直しています。

Q2　私は自分がきちんと仕事をするために必要なリソースや設備を持っている

世界では、従業員の3人に1人が「きちんと仕事をするために必要なリソースや設備を持っている」という項目に強く同意しています。組織はこの割合を3人に2人にすることで、収益性を11%、品質を28%向上させ、安全上の事故を35%減らすことができます。

12の要素のうち、この「リソースと設備」についての要素が、最も強い職務ストレスの指標となっています。実用的な文章であるにもかかわらず、Q2は次の2つを測定しています。それは、「物理的なリソースのニーズ」と「雇用主と従業員のあいだにある隠れた障壁」です。従業員は、達成が難しい目標や期待値を設定する上司や組織に対して不満を抱きます。しかし、期待値についての要素であるQ1と同様に、Q2も、単なる従業員に配布する道具や備品のチェックリストではありません。従業員が仕事をするために必要な有形無形のリソースが含まれています。今日の仕事では、情報やエンパワーメントが、技術やオフィス用品と同じくらい必要となることもあるのです。

最高のマネジャーは何をしているか　Q2は、仕事におけるストレスと強い関連があります。マネジャーは次の勇気づけられる事実を心にとどめておきましょう。従業員は、よい仕事をしたい、生産的でありたいと思っているからこそ、ストレスがたまるのです。この要素を改善する秘訣は、マネジャーが関心を持ってチームにかかわり、判断し、行動することにあります。優れたマネジャーは、物事を決めつけません。従業員のニーズに耳を傾け、資金を必要とする場合はそれをサポートし、提供できるものとできないものを明確に伝えます。また、優れたマネジャーは、さまざまな方法でニーズに対処します。部下の要望を十分に満たせなくても、チームのアイデアや才能を最大限に活用して方法を見つけます。優秀なチームメンバーから専門知識や仕事のヒント、アドバイスを得たり、無料の教材で学ぶ時間を確保したりするなど、優れたマネジャーは従業員やリーダーと連携して、彼らが必要としているものを手に入れようとします。

Q3　私は仕事をするうえで、自分の最も得意なことをする機会が毎日ある

世界では、従業員の3人に1人が「自分の最も得意とすることをする機会が毎日ある」という項目に強く同意しています。組織はこの割合を3人に2人にすることで、顧客エンゲージメントのスコアを6%、収益性を11%向上させ、離職率を30%、安全上の事故を36%減らすことができます。

経営者や組織にとって最も強力な戦略のひとつは、スキルや知識だけでなく、自分らしさ（才能）を最大限に発揮する機会を従業員に与えることです。従業員が新しい仕事に求める一番の理由であり、仕事を辞める理由のひとつであることからもわかるように、従業員が毎日仕事で得意なことをする機会を持てているなら、その組織は彼らの持ち味やエンゲージメント、定着率を高めることができます。残念ながら、他の誰かが傷ついたり疎外感を感じたりするのを恐れて、企業が個人の能力や成果に重点を置かないことがあります。しかし、ひとりひとりの違いを活かすことは、ビジネス上の利益だけでなく、従業員のキャリアや生活を向上させる機会にもなります。こうした要素を人的資本戦略に組み入れると、従業員を惹きつけ、長期にわたって働いてくれる傾向が高くなります。

最高のマネジャーは何をしているか　適切な人材に、適切な仕事を任せるには多岐にわたる責任が伴います。優れたマネジャーはまず、仕事内容を理解し、部下をひとりの人間として知ることから始めます。そして、対話を続け、その人の才能を深く理解していくことで、パフォーマンスが開花する環境をつくり上げていきます。従業員ひとりひとりと彼らの付加価値について話し合い、その価値がどうチームに貢献しているかを学び、可能なら彼らが才能に見合った仕事ができるように調整を行います。実際には自分の得意なこと以外の仕事や責任もあることを、彼らは理解しています。しかし、主な仕事に関しては、従業員が才能や強みを最大限活かすことができるように役割分担を徹底しています。従業員たちは、自分の才能や強みを発揮できるキャリア機会を探しているのです。優れたマネジャーが従業員の得意分野を把握し、配置することで、彼らは、価値を提供する個人として組織に愛着を持って全力で働くようになるのです。

Q4　この1週間のあいだに、よい仕事をしていると褒められたり、認められたりした

世界では、従業員の4人に1人が「この1週間のあいだに、よい仕事をしていると認められた」という項目に強く同意しています。組織はこの割合を10人に6人にすることで、品質を28％改善させ、欠勤を31％、シュリンケージ（従業員による窃盗）を12％減らすことができます。

トップパフォーマーを見つけるのは至難の業です。そして、彼らを採用したなら、彼らが自分の仕事ぶりや貢献が評価されていると感じられるようにする必要があります。そうしないと離職してしまう恐れがあるからです。十分に評価されていないと感じている従業員の場合、「今後1年間で退職するだろう」と答える確率が2倍になります。このQ4に強く同意すると回答する従業員が少ないことを考えると、エンゲージメントとパフォーマンスに関するこの要素は、リーダーやマネジャーにとって最大の機会損失のひとつなのかもしれません。職場で承認されると従業員のモチベーションは上がります。達成感が得られ、自分のした仕事が価値あるものだと感じら

れます。また、承認は、他の従業員に「成功とはどのようなものか」を伝えるメッセージにもなります。リーダーやマネジャーは、ハイパフォーマーに謝意を伝え、業績に報い、モチベーションを高めるだけでなく、その他の従業員たちに「望ましい行動とは何か」を強く意識してもらうために承認を活用することもできるのです。

最高のマネジャーは何をしているか　Q4の難しさは、その具体性と即時性にあります。多くの企業が、同僚間の即時的なフィードバックを行うツールを導入して「承認」を増やそうとしています。こうしたツールは「承認に富んだ環境」を強化するのに役立ちますが、過度に依存することには注意が必要です。最良の承認は非常に個人的なものだからです。ある人にとって意義のあることが、別の人にはそれほどありがたくないこともあります。また、従業員にとっては公の場での表彰や受賞などの承認が最も印象に残り、次いで上司や同僚、顧客からの私的な承認であることが、私たちが行った調査からわかっています。優れたマネジャーは、ひとりひとりの従業員がどう承認されたいのかを知り、その仕事ぶりや目標達成を褒めることで、なぜそのパフォーマンスが重要なのかを強調しているのです。私たちの調査では、従業員にとって最も意義のある承認は、上司やリーダー、CEOからのものであることも明らかになりました。とはいえ、ツールや技術が、対面での承認に取って代わるようなことがあってはなりません。優れたリーダーやマネジャーは、複数のソースから複数のタイミングで称賛されるように、承認に富んだ環境づくりを促進しています。

Q5　上司あるいは職場の誰かが、私をひとりの人間として気づかってくれていると感じる

世界では、従業員の10人に4人が「上司や職場の誰かが、私をひとりの人間として気づかってくれていると感じる」という項目に強く同意しています。組織はこの割合を10人に8人にすることで、顧客エンゲージメントのスコアを8％向上させ、安全上の事故を46％、欠勤率を41％減らすことができます。

従業員は、自分が単なる数字として見なされているわけではないこと、数字以上の存在であることを知りたいと思っています。彼らは、誰かが自分を「ひとりの人間」として、そして「従業員」として関心を持ってくれていることを知りたいのです。エンゲージメントの5番目の要素であるQ5は、マネジメントにおける「ソフト」な側面のように見えますが、人々が安心できる環境で働いているからこそ、大きな成果につながるのです。新しいアイデアを試したり、情報を共有したり、仕事でもプライベートでも互いに支援し合うようになります。上司や組織に対して疑心暗鬼になることもなく、仕事と私生活のバランスをとることが認められていると感じるのです。その結果、彼らは雇用主の支持者となるでしょう。

最高のマネジャーは何をしているか　人への気づかいは「製造」できません。ですから、こう

した従業員のニーズを満たすために体系化された行動を起こしているマネジャーやチームがほとんどないのは、驚くことではありません。Q５は、エンゲージメントの結果を受けとった後に、マネジャーやチームが最も力を入れる可能性が低い要素のひとつです。しかし、非常に優れた組織やチーム、マネジャーは、意識的、時間的、意図的に従業員に投資し、こうした従業員のニーズと向き合っています。彼らは、部下をひとりの人間として理解し、成果を認め、パフォーマンスについて話し合い、公式な評価を行い、そして何よりも敬意を払っています。最高のマネジャーは、成長とキャリア開発の機会を提供すると同時に、チームの協力と団結を促す環境も整えます。そうすることで従業員は、心から大切にされ、尊重されていると感じることができるのです。

Q６　仕事上で、自分の成長を後押ししてくれる人がいる

世界では、従業員の10人に３人が「仕事上で、自分の成長を後押ししてくれる人がいる」という項目に強く同意しています。組織はこの割合を10人に６人にすることで、顧客エンゲージメントのスコアを６%、収益性を11%向上させ、欠勤率を28%減らすことができます。

ギャラップのデータによると、従業員が離職する理由の第１位は「成長とキャリア開発の機会がなかった」ことです。契約書に明記されていないかもしれませんが、成長は、労働者が就職時

に期待する社会的契約の一部です。しかし、何もしなければ、個人的あるいは職業的に成長することはありません。それには労力と配慮が必要です。従業員は、スポンサーシップやコーチング、擁護、人前に立つ機会、やりがいのある仕事など、キャリアを舵取りするための支援を必要としています。Q6に関してよくある誤解のひとつは、「成長」を「昇進」ととらえることです。この2つは同じではありません。昇進は1度限りの出来事です。それに対し、成長とは、ひとりひとりのユニークな才能や強みを理解し、それを活かせる役割やポジション、プロジェクトを見つけるための一連のプロセスです。

最高のマネジャーは何をしているか　成長は、目標を定めて、パフォーマンスを向上させ、進捗を評価するという、マネジャーと従業員の関係に帰結するものです。優れたマネジャーは、年に1回以上、従業員の専門的な成長や能力開発について本人と話し合います。継続的に話し合い、彼らが学び、成長し、新しいスキルを習得し、試行錯誤したり、心躍るような挑戦をしたりする機会をきちんと設けているのです。優れたマネジャーは、能力開発を「完成形がある」とは見なしていません。成功と失敗を見極め、限界を突破できるように動機づけし、メンターとなりそうな人を紹介し、パフォーマンスに対する責任を持たせるなど、コーチングを通じて部下たちを導くのです。

Q7　仕事上で、自分の意見が取り入れられているように思われる

世界では、従業員の4人に1人が「仕事上で、自分の意見が取り入れられているように思われる」という項目に強く同意しています。組織はこの割合を2人に1人にすることで、離職率を22％、安全上の事故を33％減らし、生産性を10％向上させることができます。

かつてないほどの変化や競争、有機的成長の鈍化にさらされているという事実を組織が受け入れるにつれ、「マネジャーやリーダーがすべてを知っていなければならない」という時代は急速に過去のものになりつつあります。リーダーやマネジャーはひとりでは生き残れないし、すべての答えを持っているわけでもありません。部下に意見や情報を求め、それを検討することで、より多くの情報に基づいた意思決定と、よりよい結果を手にすることができるのです。このエンゲージメント要素は、従業員の価値や貢献に対する認識を測る強力な指標です。つまり、従業員が自分の洞察力を感謝されていると感じているかどうか、職場に大きな貢献をする機会があると感じているかどうかがわかるのです。従業員は現場の最前線にいるため、変更が実施される際に、雇用主が自分たちの意見を取り入れてくれているかどうかを知りたいと考えています。また、罰せられることなく自分の意見を聞いてくれる人に発言する機会とルートがあることが、力になるのです。

最高のマネジャーは何をしているか　優れたリーダーやマネジャーは、頻繁に、そして誠実に、従業員の「知識」という資産を活用して、変化を推進し、問題を解決し、成長のために革新的な取り組みを行います。彼らは、現場で起きていることに耳を傾け、情報を求めます。従業員が自分の貢献を感謝されていると感じるかどうかは、マネジャーが彼らの意見やアイデアにどう耳を傾け、処理するかによって決まります。優れたマネジャーは、オープンな対話を促進し、ビジネスの結果に好影響を与える創造性や新しいアイデアを後押しします。また、従業員の意見やアイデアに対して率直なフィードバックを行い、よいものは支持し、実行不可能なものについてはきちんと伝えます。優れたマネジャーは、フィードバックループをつくり、従業員に意思決定プロセスに参加していると感じさせるとともに、意見や提案をするとどうなるか、なぜその提案が実現できないのかをわかってもらえるようにしています。

Q8　会社が掲げているミッションや目的は、自分の仕事が重要なものであると感じさせてくれる

世界では、従業員の3人に1人が「会社が掲げているミッションや目的は、自分の仕事が重要なものだと感じさせてくれる」という項目に強く同意しています。組織はこの割合を3人に2人にすることで、欠勤率を34％、患者の安全性に関する事故を41％減らし、品質を19％向上させることができます。

いくつかのエンゲージメント要素が十分満たされていないと、生産性に大きく影響します。たとえば、仕事内容の明確さや、適切な設備やリソース、才能と合致した仕事、一貫性のあるフィードバックなど、従業員が仕事をうまくこなすために、なぜこれらの要素が必要なのかは、すぐにわかるでしょう。しかし、Q8については、すぐに思い当たらないかもしれません。厳密には感情的なニーズであり、より高次のものだからです。大きな構想や枠組みのなかで自分の仕事がどう位置づけられているのかがわからないと、従業員は自分のできることをすべてやろうという気にはなれないのです。データによれば、いままさにそれが起きています。単なる仕事なら、どこで働いても同じでしょう。しかし、従業員たちは自分の仕事に意義を求めています。実際にミレニアル世代では、このQ8が、組織への定着率を高める最も強力な要因のひとつになっています。「生活費を稼ぐ」という現実的なニーズよりも崇高な目的への貢献を求めているのです。従業員は、自分の雇用主の行いを信じたいと思っています。会社だろうと、スポーツチームだろうと、教会だろうと、人は、コミュニティに属している感覚が好きなのです。「組織のミッションを壁に貼っておけば、従業員はつながりを感じるはずだ」と多くのリーダーやマネジャーが考えていますが、これは間違いです。

最高のマネジャーは何をしているか　マネジャーひとりでミッションと目的に責任を負うことはできませんが、その実現に対しては他のどの要素よりも大きな役割を担っています。マネジャーは、自分の役割が全体像のなかでどう位置づけられているのかを従業員が理解できるようにしなければなりません。優れたマネジャーは、従業員の目的意識を育みます。組織のミッションを明確にし、従業員の日々の業務と結びつけることで、彼らの役割がそのミッションの達成にどう貢献しているのかを気づいてもらうのです。また、優れたマネジャーは、部下がミッションに貢献した瞬間や、組織がどのように目的を達成しているのかについてのストーリーを共有する機会をつくります。しかし、ミッションと目的を言語化し、従業員の体験と合致させるためには、リーダーも大きな役割を担っているのです。ミッションが口先だけのものなら、従業員にもわかります。彼らは、組織文化のなかで本物のミッションを経験し、顧客ニーズに応える際にそれを実現したいと考えているのです。

Q9　私の同僚は、質の高い仕事をするよう真剣に取り組んでいる

世界では、従業員の3人に1人が「私の同僚は、質の高い仕事をするよう真剣に取り組んでいる」という項目に強く同意しています。組織はこの割合を3人に2人にすることで、離職率と欠勤率を31％減らし、収益性を12％、顧客エンゲージメントのスコアを7％向上させることができます。

優れたチームパフォーマンスを発揮するためには、品質へのコミットメントを共有する仲間へ

の信頼が不可欠です。部署間で相互関連、相互依存が進み、プロジェクトベースの仕事が増えているいま、この要素は重要度が増しています。チームの基準が、チーム内で最もパフォーマンスの低い人に合わせて設定されてしまうことがあります。従業員にとっては、お互いの努力や成果を信頼し、尊重し合える環境が必要です。これは、仕事の基準やチームの期待値について深く認識することから始まります。1対6の差で人は、努力はするが能力があまりない同僚よりも、能力はあるが努力しない同僚に腹を立てます。生産性の高い社員にとって、チームに配属されることと、実際にそのチームの一員になることには歴然とした違いがあります。従業員は、チーム全員が力を合わせていることを知りたいのです。

最高のマネジャーは何をしているか　従業員が非常に嫌がるのは、貢献していない同僚や、標準以下のパフォーマンスの責任をとらない同僚がいることです。優れたマネジャーは、そうした要因を黙って見過ごすようなことはしません。パフォーマンスとアカウンタビリティの基準を設定し、チームメンバー全員がそれに対して当事者意識を持つようにします。そして、部下が一貫して質の高い仕事を生み出せる環境を醸成します。新メンバーに品質の重要性を認識させたり、優秀な部下を評価したり、チームミーティングで各メンバーと質の高い仕事の期待値を共有したりするなど、タスクや職務ごとに品質基準の概要を示すのです。また、部門横断的なチームやマトリクス組織で働くマネジャーには、さらに別の義務があります。自分の部下でない社員をコーチングする権限はないかもしれませんが、期待する品質についてプロジェクトリーダーと話し合い、他部門での経験についてフィードバックを求め、ラインを越えて品質レベルを共有するように働きかけましょう。マトリクス組織で品質基準を適用するためには、部門を超えた連携が不可欠です。

Q10　仕事上で最高の友人と呼べる人がいる

世界では、従業員の10人に3人が「仕事上で最高の友人と呼べる人がいる」という項目に強く同意しています。組織はこの割合を10人に6人にすることで、安全上の事故を28％減らし、顧客エンゲージメントのスコアを5％、収益性を10％向上させることができます。

Q10は、12の要素のなかで最も議論を呼ぶものです。「仕事上で最高の友人と呼べる人がいる」という質問は、他の要素よりも疑問や懐疑的な見方を抱かれてしまいがちです。しかし、ひとつだけ確固たる事実があります。それは、Q10がパフォーマンスを予測する、ということです。従業員エンゲージメントとこの12要素についての初期の研究から、トップクラスのパフォーマンスをあげているチームの従業員には、ユニークな社会的傾向があることがわかっています。メンバー間で深いレベルの帰属感覚を抱いているとき、彼らは、他の人とでは考えもしないような、ビジネスのためになる積極的な行動をとるのです。

友情がどう影響するかは状況によって異なります。私たちの社会生活やパフォーマンスへの影響はQ10単独では測れません。同様に、Q12の各要素は、それぞれが独立しておらず、連携して従業員の経験をつくり上げているのです。自分に何が期待されているかを知り、仕事をするための設備やリソースが整っている場合、Q10は、定着率を予測するのに特に有効です。

そして、ビジネスの成果や科学的な妥当性を超える、非常にシンプルな前提があります。友情を無視することは、人間の本質を無視することなのです。しかし、多くの組織が、職場での人づきあいや友達になることを思いとどまらせるような方針をとり続けています。

最高のマネジャーは何をしているか　優れた雇用主は、人々が実りある友人関係を築きたいと望んでいること、そして会社への忠誠心はこうした関係の上に築かれることがわかっています。しかし、仕事上の友人関係は、適切な文脈でとらえる必要があります。マネジャーは、友情をつくり出そうとしたり、全員を友人関係にしようとしたりするべきではありません。むしろ、人々がお互いを知り合えるような状況をつくりましょう。優れたマネジャーは、チームメンバーが集まれるようにイベントを開催する機会を探し、自分についての話を共有しやすくするとともに、顧客サービスなどの成果の妨げにならない範囲で、職場で交流できる時間を設けようとします。

ほとんどのチームや組織にとって、最高の友人という項目は最優先課題ではありません。実際、組織が従業員の基本的なニーズ（明確な期待値、自分の得意なことをする機会、自分を気にかけてくれる上司や同僚、成長の機会など）を満たしていなければ、友情は不満を助長するでしょう。しかし、基本的なニーズが満たされていれば、非公式の会話が組織の成長方法に関する革新的な議論に発展するなど、友情は強い相互作用を生み出します。

Q11　この半年のあいだに、職場の誰かが私の仕事の成長度合いについて話してくれたことがある

世界では、従業員の3人に1人が「この半年のあいだに、職場の誰かが私の仕事の成長度合いについて話してくれたことがある」という項目に強く同意しています。組織はこの割合を3人に2人にすることで、安全上の事故を38％、欠勤率を28％減らし、収益性を11％向上させることができます。

バランススコアカードや360度評価、自己評価、無理やり作成した評価レポートなど、業績評価は複雑化していますが、「評価に対する認識」と「実際の従業員のパフォーマンス」の関係を最もよく表しているのは、驚くほどシンプルな質問です。「この半年のあいだに、職場の誰かが私の仕事の成長度合いについて話してくれたことがある」。このQ11では、その話し合いが正式な評価面談であるとは明記していません。従業員にとって重要なのは、自分の仕事ぶりはどうか、どう評価されているのか、将来はどうなるのかを理解することです。正式な評価面談が悪いわけではなく、それを推奨する理由もたくさんあります。しかし、エンゲージメントの11番目の要素を成功させるためには、評価面談と評価面談の「あいだ」に何が起こっているかが重要で

す。マネジャーが定期的に従業員の進捗を確認することで、従業員は自分が正当な報酬を得ていると考えるようになり、会社にとどまる可能性が高まり、事故を起こす可能性が低下します。さらには、自分の会社を「働きがいのある会社だ」と他人に勧める可能性が2倍以上になります。

最高のマネジャーは何をしているか　優れたマネジャーは、従業員が仕事で成長するためには、まず、自分の現在地を知る必要があることをわかっています。また、フィードバックなくして従業員のエンゲージメントとパフォーマンスは向上しないことも知っています。優れたマネジャーは、従業員が自身の仕事においてどのレベルにいるのかを把握できるようにし、彼らと一緒に成長目標を設定するのです。さらに、優れたマネジャーは、部下の性格や状況、可能性に合わせてフィードバックを調整します。定期的に「チェックイン」を行いますが、マイクロマネジメントはしません。期待される職務を明確化し、パフォーマンス指標を作成・追跡し、従業員の目標を把握し、既成概念にとらわれない目標達成の支援方法を見つけることで、彼らのパフォーマンス向上を支援します。そして何よりも、部下のやる気を引き出し、導き、指導するコーチの役割を果たします。

Q12　私はこの1年のあいだに、仕事上で学び、成長する機会を持った

世界では、従業員の3人に1人が「私はこの1年のあいだに、仕事上で学び、成長する機会を

持った」という項目に強く同意しています。組織はこの割合を3人に2人にすることで、欠勤率を39％、安全上の事故を36％減らし、生産性を14％向上させることができます。

学びたい、成長したいという気持ちは、人間の基本的なニーズであり、従業員の勢いや、やる気を維持するために必要なものです。この要素は、企業が有機的成長を目指しているときこそ重要です。人が成長すれば、企業も成長し、ビジネスが継続する可能性が高くなります。従業員は、自分が学び、成長していると感じると、より熱心に、より効率的に働くようになります。しかし、毎日同じことの繰り返しで、新しいことを学ぶ機会がないと、ほとんどの場合、仕事に対する熱意ややる気を失ってしまいます。多くのリーダーやマネジャーは、この要素について、トレーニングを追加すればよいと誤解しています。しかし、よりよい仕事のやり方を見つけたり、昇進したり、新しいスキルを身につけたりするなど、学習や成長には、さまざまなかたちがあるのです。優秀な従業員は、決して満足することはありません。彼らは、よりよい、より生産的な方法を見つけるために常に努力しています。こうして成長のあるところにイノベーションも生まれるのです。

最高のマネジャーは何をしているか　職務上の進歩があれば、単なる仕事がキャリアとなります。成功するマネジャーは、従業員を向上させ、成長させるために、彼らに挑みます。より大きな個人開発プランに結びつく学びの機会を設定し、従業員に何を学んでいるのか、学んだことをどれだけ自分の職務に適用しているのかを尋ね、その進捗を頻繁に確認します。また、優れたマネジャーは、学習と成長が終わりのないプロセスであることも理解しています。従業員の能力を見定め、その能力を長期的な目標や本人の望みと合致させる方法を模索し、ひとりひとりと短期的な目標を設定します。そして何より、従業員が新たな機会に価値を見出し、新たな責任や新たな役割でさえ進んで引き受けるように後押しして、才能を次のレベルに高めるのです。

資料3

従業員エンゲージメントと組織的成果の関係——Q12メタ分析

The Relationship Between Engagement at Work and Organizational Outcomes

ジェームズ・K・ハーター（PhD、ギャラップ）
フランク・L・シュミット（PhD、アイオワ大学）
サンギータ・アグラワル（MS、ギャラップ）
アンソニー・ブルー（MA、ギャラップ）
ステファニー・K・プローマン（MA、ギャラップ）
パトリック・ジョシュ（MA、ギャラップ）
ジム・アスプランド（MA、ギャラップ）

第10版　2020年10月

謝辞

このメタ分析（第10版）に新たな研究を提供してくれたMarie-Lou Almeida, Jeevika Galhotra, Rujuta Gandhi, Julie Griffiths, Ryan Gottfredson, Domonique Hodge, Diana Lu, Shane McFeely, Marco Nink, John Reimnitz, Chayanun Saransomrurtai, Puneet Singh, Ben Wigertに感謝する。

著作権基準

Q12は、ギャラップが所有する情報であり、法律によって保護されています。ギャラップの書面による同意なしにQ12を使用したアンケートを実施したり、複製したりすることはできません。

目次

付録B　従業員エンゲージメントのテスト・再テストの信頼性

概要

目的

同じ組織内でも、事業単位や作業単位によって、エンゲージメントとパフォーマンスのレベルは大きく異なる。この研究の目的は、以下の点を検証することである。

1　276組織における従業員エンゲージメントとパフォーマンスの真の関係性

2　複数の組織における従業員エンゲージメントとパフォーマンスの関係の一貫性または一般化可能性

3　調査で明らかになった、経営者やマネジャーにとっての実践的意味

方法

私たちが蓄積した456件の調査研究は、54業種、276組織、96カ国の従業員を対象としている。各研究では、組織が提供する従業員エンゲージメントとパフォーマンス成果との関係を、事業・作業単位で統計的に算出している。計270万8538人の従業員を含む11万2312の事業・作業単位を調査した。対象は次の11項目での成果である。顧客ロイヤルティ／エンゲージ

メント、収益性、生産性、離職率、安全上の事故、欠勤率、シュリンケージ（従業員による窃盗）、患者の安全性に関する事故、品質（欠陥）、従業員のウェルビーイング、組織市民権（訳注、従業員が与えられた職務以上の行動を自発的にとること）。

個々の研究では、サンプルサイズが小さい、または結果の解釈を歪めるような特異性があることが多い。メタ分析は、一見異なる結果が得られた研究の結果を結合し、サンプリングや測定誤差などの研究成果を補正して、真の関係性をより正確に理解するのに有効な統計手法である。私たちは456の研究にハンター・シュミット・メタ分析法を適用し、エンゲージメントと各パフォーマンス指標との真の関係を推定し、一般化可能性を検証した。メタ分析を行った後、効用分析を行うことで、関係性の実用的な意味を検討した。

結果

従業員エンゲージメントは、調査した11のパフォーマンス成果に関連していた。結果は高い一般化可能性を示しており、これは相関関係が異なる組織間で一貫していたことを意味する。従業員エンゲージメントと複合パフォーマンスの真のスコア相関は0・49である。企業全体で見ると、従業員エンゲージメントのスコアが上位に位置する事業・作業単位は、下位に位置する事業・作業単位に比べて、成功する確率が2倍以上になる。また、99パーセンタイルにある企業は、1パーセンタイルの企業の約5倍の成功率を示している。

上位4分の1と下位4分の1の事業・作業単位の差の中央値は次のとおり。

・顧客ロイヤルティ／エンゲージメント　10％
・収益性　23％
・生産性（売上高）　18％
・生産性（生産記録と評価）　14％
・高離職率組織（年換算離職率が40％以上）の離職率　18％
・低離職率組織（年換算離職率が40％以下）の離職率　43％
・安全上の事故　64％
・欠勤率　81％
・シュリンケージ（従業員による窃盗）　28％
・患者の安全性に関する事故（死亡率および転倒率）　58％
・品質（欠陥）　41％
・従業員のウェルビーイング（生き生きしている従業員）　66％
・組織的市民権　13％

結論

エンゲージメントとパフォーマンスとの関係は、事業・作業単位レベルで実質的であり、組織全体での一般化が可能である。従業員エンゲージメントは、11のパフォーマンス成果とそれぞれ関連している。このことは、実践者が、Q12指標が重要なパフォーマンス関連情報をとらえているという確信を持って、さまざまな状況でQ12指標を適用できることを意味している。

はじめに

序文

1930年代、ジョージ・ギャラップが着手したのは、人間のニーズと満足度に関する世界規模の研究である。ギャラップ博士は、世論調査測定に科学的なサンプリングのプロセスを他に率先して導入した。また、彼は世論調査だけでなく、ウェルビーイングに関する画期的な研究を実施した。95歳以上の高齢者に共通する要素に関する研究である（Gallup & Hill, 1959）。その後数十年にわたり、ギャラップ博士とその同僚たちは数多くの世論調査を世界中で実施し、人々の生活のさまざまな側面について調べた。初期の世界規模の世論調査では、家族、宗教、政治、個人の幸福度、経済、健康、教育、安全、仕事への意識などを取り上げていた。1970年代、ギャラップ博士の報告で判明したのは、仕事に高い満足度を得ている北米の被雇用者が半数に満たないという結果だった（Gallup, 1976）。西ヨーロッパ、ラテンアメリカ、アフリカ、極東ではさらに低かった。

仕事の満足度は、広範な分野の研究者に注目されてきた。仕事の満足度についての研究は、ギャラップの初期の研究に加えて1万以上の記事や出版物がある。ほとんどの人が起きている時間の大半を仕事に費やしているため、職場に関する研究への関心は高く、心理学や社会学、経済学、人類学、生理学などの多岐にわたる分野で行われている。職場を管理し改善するプロセスは非常に重要であり、ほぼすべての組織にとって大きな課題である。そのために重要となるのが、変化を起こすために使用されるツールが、実際に重要な成果を予測する職場のダイナミクスを測定できることである。言い換えれば、さまざまな組織のリーダーが重視する成果を測定できることが重要になる。組織のリーダーは、仕事の満足度に関する研究への関心と機運を高めるのに最もよい立場にいる。

こうしたギャラップ博士の初期の世論調査と時を同じくして、心理学者でネブラスカ大学教授のドン・クリフトンは、教育やビジネスで成功するための要因を研究しはじめた。クリフトン博士は、1969年にセレクションリサーチ社（SRI）を設立する。多くの心理学者は機能障害や病気の原因を研究対象としていたが、クリフトン博士とその同僚たちは、研究の方向性を「強みを基盤にした心理学」に定め、「人を開花させるものは何か」についての調査を進めた。

彼らの初期の発見は、幅広い業界や職種を超えて、成功する個人やチームに焦点を当てた何百もの研究を生み出した。特に、成功する学習環境や職場環境に関する研究は、成功した教師や管理職に関する多くの研究につながった。この研究では、成功を促す環境や個人の違いに関する広範な調査が行われた。研究の初期段階で研究者たちは、単に従業員の満足度を測定するだけでは持続可能な変化を生み出せないことを発見した。満足度のなかでも最も重要な要素を特定する必要があった。また、実際に行動し、変化を起こす人にとって使いやすいかたちで測定され報告される必要もあった。

さらに調査を進めていくと、最も効率的に変化が起こるのは現場レベルであることがわかった。第一線のマネジメントレベルで、マネジャーが率いているチームである。経営者にとっての第一線のチームは直属の部下、工場長にとっての第一線のチームは日々マネジメントをしている人たちになる。ギャラップの研究者たちは、優れたマネジャーを研究した結果、最適な意思決定は、それに関する情報が日常の行動に近い現場レベルで収集されたときに起こることを明らかにした。

クリフトン博士の研究がギャラップ博士の研究と統合されたのは、1988年にギャラップとSRIが合併したときである。これにより、先進的な経営科学と一流の科学的調査の融合が実現した。ギャラップ博士もクリフトン博士も、人生の多くの時間を人々の意見や態度、才能、行動の研究に費やした。そのために質問を作成し、その回答を記録し、どの質問が有意差のある回答を引き出し、意味のある成果に結びつくかを検討した。サーベイ調査の場合、ある質問はバイアスのない有意義な意見を引き出すが、そうでない質問もある。マネジメント研究でも、ある質問は将来のパフォーマンスを予測する回答を引き出すが、そうでない質問もある。

適切な質問を開発するには、反復プロセスが必要である。研究者が質問を書き、分析を行う。調査や質問は改良され、言い換えられる。追加分析が行われる。それを受けて再び質問は改良され、言い換えられる。そして、このプロセスを繰り返していく。ギャラップは、この反復プロセスを採用し、本稿の対象となる調査ツールを設計した。それがQ12、従業員エンゲージメントの測定ツールである。

次章では、Q12の開発と検証のために何十年にもわたって行われてきた研究の概要を説明する。続いて、従業員エンゲージメントとパフォーマンスの関係について、276の組織と11万2312の事業・作業単位（270万8538人の従業員を含む）を対象とした456の研究のメタ分析について述べる。

Q12の開発

1950年代初頭、クリフトン博士は職場環境や学習環境の研究を始めた。目的は、その環境にプラスに働く要因、そして人々が自分特有の才能を十分に活かせる要因を特定することだった。クリフトン博士は、この初期の研究を通して、科学と強みの研究を用いて個人の参照枠や態度の枠組みを調査しはじめた。

1950年代から1970年代にかけて研究を継続するなかで、その対象は、学生やカウンセラー、経営者、教師、従業員などに及んだ。クリフトン博士は、さまざまな評価尺度やインタビュー方法を用いて個人の違いを研究し、人々の相違点を説明する質問や要因を分析した。彼が調査した概念は、「強みと弱みに着目した際の比較」「人間関係」「人事サポート」「友人関係」「学習」などである。さまざまな質問が作成され、テストされたが、そのなかにはQ12の初期バージョンの項目も多く含まれていた。継続的なフィードバックの方法が最初に開発された目的は、質問してデータを収集し、その結果について継続的な議論を促すことで、フィードバック・プロセスである。また、従業員の可能性を提供することだった。測定ベースのフィードバック・プロセスである。また、従業員の離職の原因を知るために、組織を去った従業員に退社インタビューが行われた。共通する離職の理由は「マネジャーの質」に集中した。

1980年代、ギャラップの研究者たちは、この反復プロセスを継続し、パフォーマンスの高い個人やチームを調査した。調査には、個人の才能や、職場での態度を査定することが含まれていた。質問票を設計するために多くの定性的(質的)分析が実施され、インタビューやフォーカスグループが行われた。ギャラップの研究者たちは、優れたパフォーマンスを出している個人やチームに、彼らの職場環境や、成功に関する思考、感情、行動について尋ねた。

研究者たちは、定性的データを用いて、成功につながる特徴的な要因についての仮説と洞察を生み出した。これらの仮説に基づいて質問を作成し、テストした。また、1980年代には、退社インタビューを含む数多くの定量的な調査を行い、離職の原因を探った。フォーカスグループやインタビューなどの定性的分析は、「組織開発監査」や「卓越性を生み出す態度管理」などの長期にわたる包括的な従業員調査の基礎となった。これらの調査の多くは、100~200の項目で構成されている。定量的な分析としては、調査データの次元性を査定するための因子分析や、データの独自性と重複性を特定するための回帰分析、総合的な満足度、コミットメント、生産性といった有意義な成果と相関する質問を特定するための基準関連妥当性分析などが行われた。また、調査結果をマネジャーや従業員にフィードバックするための手順を開発した。こうした手順とその実践的な活用により、研究者は、どの項目が対話を生み出し、変化を促すのに最も役立つのかを知ることができた。

才能と環境に焦点を当てたマネジメント研究の実践から生まれたひとつの成果が、組織における才能の最大化の理論である。

1人当たりの生産性＝才能×（関係性＋正しい期待値＋承認／報酬）

これらのコンセプトは、後にQ12の基本的な要素として組み込まれていく。

SRIとギャラップの研究者は、長期にわたりマネジャーの成功パターンについての研究を続けた。特にマネジャーの才能と成功を促す環境に焦点を絞っていった。マネジメントの才能に関する知識と、従業員の意識に関する調査データを統合することで、研究者たちは何が成功する職場環境を構築するのかという独自の視点を持つことができた。その結果、「個人の認識」「パフォーマンス志向」「ミッション」「承認」「学習と成長」「期待値」「適性」などのテーマが次々と浮かび上がってきた。研究者たちは経営に関する研究に加えて、成功している教師や生徒、学習環境についても数多くの研究を行った。

1990年代に入ってからも、この反復プロセスは継続された。この時期、ギャラップの研究者は、Q12の最初のバージョンであるGWA（ギャラップ職場監査）を開発し、最も重要な職場の意識や態度を効率的に把握しようとした。定性・定量分析も継続して行われた。10年間で1000以上のフォーカスグループが実施され、何百もの測定手段が開発され、その多くにはいくつかの項目が追加された。また、退社時のインタビューも継続して行われ、従業員が組織に定着するにはマネジャーが重要であることがわかった。Q12やその他の調査項目の研究は、米国やカナダ、メキシコ、英国、日本、ドイツなどの世界各国で実施された。ギャラップの研究者は、これらの調査の中核的な項目に関して、国際的な異文化間のフィードバックを得て、異文化間の調査項目の適用性についての状況を把握した。また、5段階評価法や2分法など、さまざまな尺度を検証した。

調査データの定量的な分析には、記述統計や因子分析、判別分析、基準関連妥当性分析、信頼性分析、回帰分析、その他の相関分析がある。ギャラップの研究者は、成功している職場とそうでない職場を区別する中核的な概念と、その概念を最もよくとらえる表現の研究を続けた。1997年には、基準関連妥当性の研究はメタ分析に統合され、1135の事業・作業単位を対象に、事業所の収益性、生産性、従業員定着率、顧客の満足度やロイヤルティに対する従業員の満足度やエンゲージメント（Q12で測定）の関連性を調べた（Harter & Creglow, 1997）。また、メタ分析によって、エンゲージメントと成果の関係の一般化を検討することができた。この確証的解析の結果、Q12の各項目の基準関連妥当性が明らかになった。

基準関連妥当性の研究はいまも継続中で、メタ分析は下記のとおりアップデートされている。1998年には2528の（Harter & Creglow, 1998）、2000年には7939の（Harter & Schmidt, 2000）、2002年には1万885の（Harter & Schmidt, 2002）、2003年には1万3751の（Harter, Schmidt, & Killham, 2003）、2006年には2万3910の（Harter, Schmidt, Killham, & Asplund, 2006）、2009年には3万2394の（Harter, Schmidt, Killham,

& Agrawal, 2009)、2013年には4万9928の（Harter, Schmidt, Agrawal, & Plowman, 2013)、2016年には8万2248の事業・作業単位を対象としている（Harter, Schmidt, Agrawal, Plowman, & Blue, 2016)。本稿は、従業員エンゲージメントとパフォーマンスの関係に関するQ12メタ分析の第10回目の報告書となる。

2016年の報告書と同様に本報告書では、事業・作業単位の数を拡大し、調査対象となる産業や国を増やしている。また、ウェルビーイングと組織的市民権という2つの新しい成果変数を加えた。

Q12は、1998年に最終的な文言と配列が完成して以来、212の国や地域、74の言語で、4300万人以上の従業員に対して行われてきた。さらには、この尺度の異文化間での特性を調べるために一連の研究が行われた（Harter & Agrawal, 2011)。

研究の紹介

組織の人材の質は、企業の成長と持続可能性の先行指標となるだろう。優秀な従業員のいる職場を実現するには、適材適所の人材を選ぶことから始まる。数多くの研究が、適材適所の選択における有効な採用測定ツールとシステムの有効性を証明している（Schmidt, Hunter, McKenzie, & Muldrow, 1979; Hunter & Schmidt, 1983; Huselid, 1995; Schmidt & Rader, 1999; Harter, Hayes, & Schmidt, 2004; Schmidt, Oh, & Shaffer, 2016)。

入社後、従業員は、組織の成功に影響を与える意思決定や行動を日々行っている。こうした意思決定や行動の多くは、従業員自身の内的動機や原動力に影響される。また、従業員の待遇や従業員同士の接し方が、従業員の行動にプラスの影響を与えることもあれば、組織を危険にさらすこともある、という仮説も立てられる。たとえば、研究により、一般的な職場の態度と、サービス志向、顧客の認識（Schmit & Allscheid, 1995）、および個人のパフォーマンス成果（Iaffaldano & Muchinsky, 1985）とのあいだに正の関係があることがわかっている。最新のメタ分析では、個人の仕事の満足度と個人のパフォーマンスとのあいだに実質的な関係があることが明らかになっている（Judge, Thoresen, Bono, & Patton, 2001）。さらに最近の研究では、個人の職務態度は、パフォーマンスと離脱行動および志向の両方によって定義される従業員個人の有効性の実質的な予測因子であることが示されている（Harrison, Newman, & Roth, 2006; Mackay, Allen, & Landis, 2017）。より最近の研究では、従業員エンゲージメントは高次の職務態度の構成要素として最もよく概念化されていることが明らかになっている。このことは、Newman, Harrison, Carpenter and Rariden（2016）によってさらに補強されている。

また、事業・作業単位のレベルでも、従業員の態度がさまざまな組織の成果に関係していることを示す証拠がある。組織レベルの研究では、主に横断的な研究が中心だった。独立した研究では、従業員の態度と安全性（Zohar, 1980, 2000）、顧客経験（Schneider, Parkington, & Buxton, 1980; Ulrich, Halbrook, Meder, Stuchlik, & Thorpe, 1991; Schneider & Bowen, 1993; Schneider, Ashworth, Higgs, & Carr, 1996; Schmit & Allscheid, 1995; Reynierse & Harker, 1992; Johnson, 1996; Wiley, 1991）、財務（Denison, 1990; Schneider, 1991）、従業員の離職率（Ostroff, 1992）な

どのパフォーマンス成果とのあいだに関係があることがわかっている。Batt（2002）の研究では、多変量解析を用いて人事慣行（従業員の意思決定への参加を含む）と売上成長の関係を調べている。ギャラップは大規模なメタ分析を行っており、最近では8万2248の事業・作業単位を対象に従業員の態度（満足度とエンゲージメント）と、安全性、顧客態度、財務、従業員定着率、欠勤率、品質指標、シュリンケージについての同時性と予測性の関係を調査している（Harter et al., 2016; Harter et al., 2013; Harter et al., 2009; Harter et al., 2006; Harter et al., 2003; Harter, Schmidt, & Hayes, 2002; Harter & Schmidt, 2002; Harter & Schmidt, 2000; Harter & Creglow, 1998; Harter & Creglow, 1997）。このメタ分析は異なる時期に何度も行われたが、従業員の態度とさまざまなビジネス上の成果のあいだには一貫性があり、正の併存性と予測性の関係にあることが明らかになった。また、これらの関係は、幅広い状況（産業や事業・作業単位の種類、国）においても一般化されることがわかっている。その他の独立した研究でも同様の結果が得られている（Whitman, Van Rooy, & Viswesvaran, 2010; Edmans, 2012）。従業員エンゲージメントに関する最近のメタ分析では、過去の景気後退期には、そうではない時期に比べて、従業員の態度とパフォーマンスのあいだに強い相関関係があることがわかっている（Harter, Schmidt, Agrawal, Plowman, & Blue, 2020）。また、本研究では、個人の職務態度に関する研究と同様に、高次の職務態度、すなわちエンゲージメントの構成要素が事業・作業単位全体のパフォーマンスを最もよく予測することがわかった。

従業員の意見を個人レベルで調査することが一般的になっているが、事業・作業単位のレベルでデータを調査することは、データが一般的に報告される場所であるため、非常に重要である（守秘義務のため、従業員エンゲージメント調査は個人より広範な事業・作業単位のレベルで報告される）。さらに、事業単位レベルの調査は通常、ほとんどのビジネスに直接関係する成果（顧客ロイヤルティ、収益性、生産性、離職率、安全上の事故、シュリンケージ、品質など）との関連性を解明する機会となる。これらの成果はしばしば事業・作業単位で集約され報告される。

事業・作業単位レベルでデータを報告し、調査することのもうひとつの利点は、測定ツールのスコアが、個人レベルの分析で用いる次元スコアと同様の信頼性を持つことである。事業・作業単位レベルの値が、多くの個人スコアの平均だからである。事業・作業単位レベルで報告される従業員調査は、項目レベルの測定誤差の懸念が少ないため、より効率的または簡潔化された長さにすることができる。仕事満足度調査と単位レベル分析の利点のよりくわしい議論についてはHarter and Schmidt（2006）を参照いただきたい。

このような事業・作業単位レベルでは、事業・作業単位の数が限られている（事業・作業単位の数がサンプルサイズになる）、あるいは事業・作業単位間で比較できる成果指標の入手が困難なため、データが限られる、という問題が生じる可能性がある。このため、これらの研究の多くは統計的検出力に限界があり、個々の研究の結果が互いに矛盾しているように見えることがある。メタ分析の技術は、このような研究をプールして、効果の強さとその一般化可能性をより正確に推定する機会を提供する。

本論文の目的は、従業員の職場への認識と事業・作業単位の成果との関係に関する最新のメタ分析の結果を、ギャラップのクライアントとともに収集した現在入手可能なデータに基づいて提示することである。この研究では、ギャラップのQ12という測定ツールに焦点を当てている。Q12の項目は、事業・作業単位での重要性を考慮して選択されており、事業・作業単位におけるピープル・マネジメント（訳注、部下ひとりひとりの成功にコミットすることで組織の成果を最大化する）の質についての従業員の認識を測定している。

Q12の説明

GWA（Q12）は、30年以上にわたる量的・質的研究の蓄積に基づいて開発されたもので、信頼性や収束的妥当性、基準関連妥当性が広く研究されている。GWA（Q12）は、これまでの心理学的研究によって検証された測定ツールであるだけでなく、マネジャーが職場に変化をもたらすうえでの有用性に関する実践的な検討がされている。

Q12に含まれる項目を設計するにあたり、行動可能性の観点から、従業員調査項目には2つの大まかなカテゴリーがあることを考慮した。それは、態度的な成果（満足度、忠誠心、誇り、顧客サービスに対する認識、会社にとどまる意思）を反映する測定項目と、これらの成果を促進する行動可能な課題を形成的に測定する項目である。満足度や忠誠心、誇りなどの態度的成果を予測するQ12は、経営者にとって実行可能な課題を測定するものである。標準的なQ12測定ツールでは、総合的な満足度の項目の後に、マネジャーレベルで実行可能（変更可能）な問題を測定する12の項目がある。つまり、役割の明確さ、リソース、能力と要求の適合性、フィードバックを受けること、感謝されていると感じることなど、仕事の状況の要素についての認識を測定する項目である。Q12は、それぞれの原因を測定することでエンゲージメントに貢献する「エンゲージメントの条件」を形成する指標である。

総合満足度とQ12

Q0　（総合満足度）「非常に満足」を5点、「非常に不満」を1点とした5段階評価で、あなたは働く場としての（貴社）にどの程度満足していますか。
Q1　私は仕事のうえで、自分が何を期待されているかがわかっている。
Q2　私は自分がきちんと仕事をするために必要なリソースや設備を持っている。
Q3　私は仕事をするうえで、自分の最も得意なことをする機会が毎日ある。
Q4　この1週間のあいだに、よい仕事をしていると褒められたり、認められたりした。
Q5　上司あるいは職場の誰かが、自分をひとりの人間として気づかってくれていると感じる。
Q6　仕事上で、自分の成長を後押ししてくれる人がいる。
Q7　仕事上で、自分の意見が取り入れられているように思われる。
Q8　会社が掲げているミッションや目的は、自分の仕事が重要なものであると感じさせてくれる。

Q9　私の同僚は、質の高い仕事をするよう真剣に取り組んでいる。
Q10　仕事上で最高の友人と呼べる人がいる。
Q11　この半年のあいだに、職場の誰かが私の仕事の成長度合いについて話してくれたことがある。
Q12　私はこの1年のあいだに、仕事上で学び、成長する機会を持った。

※Q12はギャラップの専有情報であり、法律によって保護されています。書面による同意なしに、Q12を使用してアンケートを実施したり、複製したりすることはできません。すべての著作権はギャラップに帰属します。

現行の基準では、各従業員（国勢調査：参加率の中央値は85％）にQ12の記述について「5＝非常にそう思う」から「1＝まったくそう思わない」までと「わからない／当てはまらない」の6つの回答オプションを用いて評価してもらい、「わからない／当てはまらない」は採点しないことにしている。Q0は満足度の項目であるため、どのくらい同意しているかではなく、満足度はどのくらいかで採点している。回帰分析（Harter et al., 2002）の結果、従業員エンゲージメントは、総合的な満足度尺度が占めるパフォーマンス関連の分散（複合パフォーマンス）のほぼすべてを占めている。したがって、本報告書では、Q1〜12で測定された従業員エンゲージメントに焦点を当てている。

Q1〜12では、マネジャーや上司が影響を与えることができる問題を測定するが、「上司」という言葉が含まれているのは1項目だけである。これは、誰かからの期待が明確であるかどうか、従業員が大切にされていると感じているかどうかなど、従業員は職場の多くの人から影響を受けていると考えるのが現実的だからである。しかし、マネジャーや上司は、こうした認識を支える行動を大切にする文化を確立するために、率先して行動できる立場にいる。

それぞれの概念的な関連性

Q0　総合満足度　この調査の最初の項目は、感情的満足度を「非常に不満」から「非常に満足」までの尺度で測定する。これは、人々が組織に対してどのように感じているかを示す態度的な成果、つまり直接的で反射的な測定である。感情的満足度の直接的な測定であることから、この項目の結果だけで行動するのは難しい。以下12項目で測定される他の問題が、人々がなぜ満足するのか、なぜ彼らが関与して成果を生み出すのかを説明する。

Q1　期待値　達成すべき成果を定義し、明確にすることは、最も基本的な従業員のニーズであり、マネジャーの責任である。これらの成果をどのように定義し、どのように行動するかは、事業・作業単位の目標に応じて異なる。

Q2　リソースや設備　仕事をするために必要なものを用意することは、効率を最大限に高め、従業員の仕事が高く評価されていることだけでなく、会社が従業員の仕事をサポートしていることを示すうえで重要である。優れたマネジャーは、従業員が「リソースや設備を要求することが組織の重要な成果にどうつながるか」を理解することを支援する。

Q3　自分の得意なことをする機会　人が本来持っている才能や強みを最大限に発揮できる役割に就けるように支援することは、優れたマネジャーが継続的に行う仕事である。ひとりひとりの違いを経験やアセスメントを通じて知ることは、役割のなかで、あるいは役割を超えて、人を効率的に配置し、高いパフォーマンスを実現するための障害を取り除くのに役立つ。

Q4　承認　従業員は、自分のやっていることが重要であるかどうかを知るために、常にフィードバックを必要とする。継続的なマネジメントの課題は、各人がどのように承認されたいのかを理解すること、パフォーマンスに基づいて行うことで客観的かつ現実的なかたちで承認することと、そしてそれを頻繁に実施することである。

Q5　人としての気づかい　人によって何を気づかいと感じるかは異なる。優れたマネジャーは、ひとりひとりの話に耳を傾け、その人特有のニーズに対応する。さらに、個人のニーズと組織のニーズのあいだにある関連性を見出す。

Q6　成長の後押し　どのようにコーチングされるかによって、従業員が自分の将来をどう認識するかが変わってくる。マネジャーが、従業員の才能に合った機会を提供することで従業員ひとりひとりの成長を支援しているなら、従業員と会社の両方が恩恵を受ける。

Q7　意見の考慮　従業員に意見を求め、その意見を考慮すると、多くの場合、よりよい意思決定につながる。なぜなら、一般的にマネジャーよりも従業員のほうが、システム全体に影響を与える多くの要因について、より近い現場で接していることが多いからである。それは、顧客の問題から日々生産している製品まで多岐にわたる。さらに、従業員が意思決定に関与していると感じると、成果に対してより責任感を持つようになる。

Q8　ミッションと目的　優れたマネジャーは、仕事の目的だけでなく、ひとりひとりの仕事が組織の目的と成果にどう影響し、関連しているかまで従業員が理解するのを支援する。大事なことは、自分の仕事が、顧客や安全、公共などにどう影響を与えているか、日々の仕事の大局的な効果を従業員に思い出させることである。

Q9　質の高い同僚　マネジャーは、誠実で有能な従業員を選び、共通の目標や品質の評価基準を提示し、社員同士の交流の機会を増やすことで、従業員がお互いに敬意を払う度合いに影響を与えることができる。

Q10　最高の友人　職場の人々がお互いに知り合う機会をどの程度設けるか、また、職場での親密な信頼関係をどの程度重視するかは、マネジャーによって異なる。優れたマネジャーは、「職場で親しい友人関係を築くべきではない」とは思わない。お互いに知り合う機会を積極的に設けるのは、それが人間の基本的なニーズだと考えているからである。その結果、コミュニケーションや信頼関係などの成果に影響を与えることができる。

Q11　成長度合い　従業員ひとりひとりの進歩や成果、目標について話し合う時間を設けることは、マネジャーにとっても従業員にとっても重要なことである。優れたマネジャーは、ひとりひとりと定期的に話し合い、彼らから学ぶと同時に指導している。こうしたギブ・アンド・テークは、マネジャーと従業員がよりよい判断を下すのに役立つ。

Q12　学びと成長の機会　多くの従業員は、よい仕事をしていることを認知されるとともに、「自分が成長している」「知識やスキルを身につける機会がある」と知ることを必要としている。優れたマネジャーは、個人にも組織にもメリットのあるトレーニングを選ぶ。

Q12の実用性については、Wagner and Harter（2006）や Gallup.com に掲載されているさまざまな記事でよりくわしく説明されている。

総計（項目Q1～12の合計または平均値）として、Q12の事業・作業単位でのクロンバックのアルファ値は0・91である。Q1～12の等加重平均（または合計、総平均）と、より長い調査の追加項目の等加重平均（または合計）に対するメタ分析の収束的妥当性は0・91である。これは、Q12が複合指標として、より長期の従業員調査における一般的な要素をとらえていることを示す証拠である。個々の項目は、より広い次元の真のスコア値と平均して約0・70の相関がある。Q12は、行動可能なエンゲージメント状態の測定値だが、その複合測定は、感情的満足度やその他の仕事へのエンゲージメントの直接的な測定と高い収束的妥当性を持っている（収束的妥当性と判別的妥当性の問題、およびエンゲージメントの構成要素についてのさらなる議論についてはHarter and Schmidt, 2008を参照）。

前述したとおり、Q12の事業単位レベルのメタ分析は今回が10回目となる。前回と比べて今回のメタ分析では以下を含んでいる。

- より多くの研究、事業・作業単位や国の数
- 2つの新しい成果（従業員のウェルビーイングと組織市民権）
- 事業・作業単位数の増加。欠勤率のデータを持つ事業・作業単位の数は2倍以上に、品質（欠陥）、離職率、顧客ロイヤルティ／エンゲージメント、生産性のデータを持つ事業・作業単位の数はそれぞれ79％、43％、23％、17％増加した。

そのため、本研究ではデータを大幅に更新している。

調査対象は、オーストラリア、ニュージーランド、アジア、ヨーロッパ、CIS、ラテンアメリカ、中東、北米、アフリカ、カリブ海の国々を含む96カ国の事業・作業単位である。今回のメタ分析に含まれる52社は、米国以外の国でのみ事業を展開している。

このメタ分析には、入手可能なすべてのギャラップの研究（発表済みか否かを問わず）が含まれている。したがって出版バイアスはない。

メタ分析、仮説、方法、そして結果

メタ分析

メタ分析とは、多くの異なる研究に基づいて蓄積されたデータを統計的に統合したものである。そのため、個々の研究の結果を歪める測定誤差やサンプリング誤差、その他の特異性を統制でき、他にはない確かな情報を提供する。メタ分析は、バイアスを排除し、2つ以上の変数間の真の妥当性や関係性を推定する。また、メタ分析で一般的に算出される統計値は、研究者が関係性のモデレーターの有無を探ることを可能にする。

心理学や教育学、行動学、医学、人事選考などの分野で1000件以上のメタ分析が行われている。行動科学・社会科学分野の研究文献には、一見すると結論が相反するような個別の研究が多数含まれている。しかし、メタ分析は、研究者が変数間の平均的な関係を推定し、研究間の知見のばらつきの人工的な原因を補正することを可能にする。メタ分析は、妥当性や関係性がさまざまな状況で（たとえば、企業間や地理的な場所で）一般化するかどうかを研究者が判断するための方法を提供する。

この論文ではメタ分析の完全なレビューは行わない。背景情報や最近のメタ分析法のくわしい説明については、Schmidt and Hunter（2015）；Schmidt（1992）；Hunter and Schmidt（1990, 2004）；Lipsey and Wilson（1993）；Bangert-Drowns（1986）；Schmidt, Hunter, Pearlman and Rothstein-Hirsh（1985）を参照されたい。

仮説と研究の特徴

今回のメタ分析で検討した仮説は以下のとおりである。

仮説1　事業単位の従業員エンゲージメントは、事業・作業単位の成果である顧客ロイヤルティ／エンゲージメント、収益性、生産性、ウェルビーイング、組織市民権と正の平均相関があり、離職率、安全上の事故、欠勤率、シュリンケージ、患者の安全性に関する事故、品質（欠陥）とは負の相関がある。

仮説2　エンゲージメントと事業・作業単位の成果との相関関係は、すべての事業・作業単位の成果について組織を超えて一般化する。つまり、これらの相関関係は、組織によって大きく異なることはない。特に、相関がゼロの組織や、仮説1とは逆方向にある組織は、あったとしてもほとんどないと思われる。

ギャラップの推論データベースには、276の独立した組織に対して独自の調査として行われた456の研究が含まれている。各Q12調査では、データは事業・作業単位レベルで集計され、以下の事業・作業単位のパフォーマンス指標の集計値と相関している。

- 顧客指標（顧客ロイヤルティ／エンゲージメント）
- 収益性
- 生産性
- 離職率
- 安全上の事故
- 欠勤率
- シュリンケージ
- 患者の安全性に関する事故
- 品質（欠陥）
- 従業員のウェルビーイング
- 組織市民権

つまり、これらの分析は、従業員個人ではなく事業・作業単位で行われた。

従業員エンゲージメントの企業・職場単位の平均値（Q12項目の平均値）と、これら11の一般的な成果指標のそれぞれとの関係を推定し、相関関係（r値）を算出した。各企業の事業・作業単位間の相関を計算し、その相関係数をデータベースに入力した。そして、11種類の成果指標それぞれについて、平均妥当性、妥当性の標準偏差、妥当性の一般化統計を算出した。

研究のなかには、これまでのメタ分析と同様に、エンゲージメントとパフォーマンスをほぼ同時期に測定したり、エンゲージメントの測定値がパフォーマンスの測定値よりもわずかに遅れて測定されたりする、併存的妥当性に関する研究もあった（エンゲージメントは比較的安定しており、最近の過去を総括したものであるため、このような研究は「併存的」と見なされる）。予測的妥当性の研究では、時間1でエンゲージメントを測定し、時間2でパフォーマンスを測定する。このメタ分析では、対象となった組織の47％について予測的妥当性の推定値が得られた。

本論文では、因果関係の問題には直接触れていない。因果関係の問題は、メタ分析の縦断的データ、複数の変数の検討、パス分析で扱うのが最適である。この問題については、他の文献でも広く議論・検討されている（Harter, Schmidt, Asplund, Killham, & Agrawal, 2010）。因果関係の研究結果は、エンゲージメントと財務パフォーマンスは相互に関連しているが、エンゲージメントは逆に財務パフォーマンスのより強い予測因子であることを示唆している。エンゲージメントと財務パフォーマンスの関係は、顧客の認知度や従業員の定着率など、他の成果との因果関係によって媒介されているように見受けられる。つまり、財務パフォーマンスは、顧客認識や従業員保持などの短期的な成果に対するエンゲージメントの効果に影響される下流の成果である。

今回のメタ分析の対象となる研究は、各分析において各組織を1回ずつ代表するように選択された。いくつかの組織では複数の研究が行われた。研究に参加している各組織の情報を可能な限り含めるために、いくつかの基本的なルールを用いた。同じ顧客に対して2つの併存的研究が行われた場合（Q12と成果のデータが同じ年に収集された場合）、複数の研究の加重平均効果量をその組織の値として収集した。ある組織が併存的研究と予測的研究（1年目にQ12を収集し、2年目に成果を追跡する）を行っていた場合、予測的研究の効果量を収集した。組織が複数の予測的研究を行っていた場合は、これらの研究の相関の平均値を収集した。ある組織の反復研究でサンプルサイズが大幅に異なる場合は、サンプルサイズが最大の研究を使用した。

- 107の組織について、事業・作業単位の従業員の認識と顧客の認識の関係を調べた研究があった。顧客の認識には、顧客の評価指標、患者の評価指標、学生の教師に対する評価指標が含まれていた。これらの指標には、ロイヤルティや満足度、サービスの質、クレームの品質に関する顧客評価、ネットプロモータースコア、エンゲージメントなどが含まれていた。最も多かったのはロイヤルティ指標（たとえば、推薦する可能性、ネットプロモーターやリピートビジネス）を含む研究で、本研究では顧客指標を「顧客ロイヤルティ／エンゲージメント」と呼ぶことにした。指標は研究ごとに異なる。顧客ロイヤルティの一般的な指標は、各尺度に含まれる項目の平均スコアだった。最近では、顧客とサービスを提供する組織との感情的なつながりを測定する「顧客エンゲージメント」を選択する研究が増えている。従業員エンゲージメントと顧客エンゲージメントの相互関係については、Fleming, Coffman and

Harter（2005）; Harter, Asplund and Fleming（2004）を参照していただきたい。

- 収益性の調査は、90の組織で可能だった。収益性の定義は、通常、収益（売上）に対する利益の割合である。いくつかの企業では、各ユニットの相対的なパフォーマンスをより正確に測定するために、研究者は、利益の最良の測定方法として前年との差のスコアや予算額との差を使用していた。そのため、収益性の数値がユニット間で比較しにくいと考えられる場合には、機会（場所）を統制した。たとえば、ある事業・作業単位の利益を売上高で割り、そこから予算割合を差し引いたものが、差分変数である。また、より明確に、事業・作業単位の正確な比較に関連すると考えられる場合には、場所の変数を統制して部分相関（r値）を算出する場合もあった。いずれの場合も収益性変数はマージンの尺度であり、生産性変数（後述）は生産量の尺度である。
- 162の組織について生産性調査が行われた。事業・作業単位の生産性を測る指標は、財務（顧客1人または患者1人当たりの売上高や販売額など）、生産された数（生産量）、プログラムへの登録者数、予算に対する時間や人件費、クロスセル、パフォーマンス評価、または学生の学業成績（3つの教育機関の場合）のいずれかで構成されていた。いくつかのケースでは、これが2分法の変数となっていた（パフォーマンスのよい事業・作業単位＝2、パフォーマンスの悪い事業・作業単位＝1）。生産性に含まれる変数の大半は、売上高や収益、または売上高や収益の伸びを示す財務指標だった。収益性と同様に、多くの場合、研究者はパフォーマンス目標や前年の数値と比較して、事業・作業単位の立地によるビジネスチャンスの差を統制したり、偏相関（r値）を明示的に計算したりする必要があった。このカテゴリーに含まれる変数は、財務指標、評価、生産記録などに要約される。

- 離職率のデータは128の組織で入手できた。離職率の測定方法は、事業・作業単位ごとの従業員の離職率を年換算したものである。ほとんどの場合、自発的な離職率が報告され、分析に用いられた。
- 安全上の事故に関するデータは59の組織で入手できた。安全上の事故の指標としては、労働損失あるいは時間当たりの事故率、事故や労災請求の結果として失われた労働日数の割合（事故とコスト）、事故件数、事故率などが挙げられる。
- 37の組織の欠勤率のデータが含まれている。欠勤率の指標は、事業・作業単位ごとの1人当たり平均欠勤日数を就業可能な総日数で割ったものである。欠勤の指標には、病欠、欠勤時間、欠勤日数が含まれている。
- 11の組織がシュリンケージの測定値を提供した。シュリンケージとは、従業員や顧客による窃盗、商品の紛失などによる、計上されていない商品の損失額のことである。拠点の規模がさまざまであることから、シュリンケージは総売上高に対する割合、または予想される目標値との差として計算された。

- 10の医療機関が患者の安全性に関する事故の指標を提供した。この指標は、患者の転落率（全患者数に対する割合）、医療過誤率、感染率、リスク調整死亡率など多岐にわたる。
- 20の組織が品質の測定方法を提供した。ほとんどの組織で品質は、売れ残りや返品、品質停止、スクラップ、作業効率、検査ごとの不合格品（製造業の場合）、強制停止（公益事業の場合）、懲戒処分、預金精度（金融業の場合）、その他の品質スコアなどの記録によって測定された。品質指標の大部分は欠陥の尺度であるため（数値が大きいほどパフォーマンスが悪いことを意味する）、効率性の尺度と品質スコアは、すべての変数が同じ推論的解釈を持つように逆コード化された。
- 従業員のウェルビーイングの指標は、12の組織で収集された。すべての研究でキャントリル尺度が用いられている。このキャントリル尺度は、回答者の「現時点」での生活評価と「約5年後」の予想される生活評価を0~10段階で測定するものである。尺度は、「想像しうる最高の生活（10）」から「想像しうる最悪の生活（0）」までをしっかり固定している。

- 組織市民権の測定は、2つの組織で得られた。この指標は、会議やプログラムなど、従業員の利益を目的とした会社主催の活動に参加・登録した割合で構成されている。ウェルネス会議や確定拠出年金への登録などは、データを提供した2つの組織の例である。

全体の調査対象は、アンケートに回答した独立した従業員270万8538人と、276組織の11万2312の独立した事業・作業単位であり、事業・作業単位当たりの平均従業員数は24人、1組織当たりの事業・作業単位数は407だった。276組織で456回の調査研究を行った。

図表3－1は、このメタ分析の対象となった産業の概要を示している。54の業種の組織が研究を提供したことから、対象となる業種にはかなりの幅があることがわかる。政府の一般的な産業分類（SICコードによる）のそれぞれに組織が含まれており、サービス業、小売業、製造業、金融業の組織数が多くなっている。事業・作業単位の数が最も多いのは、サービス業、金融業、小売業である。具体的な各業界の内訳の度数は、図表3－1に示している。

今回のメタ分析で対象とした事業・作業単位の種類を、図表3－2にまとめた。事業・作業単位には、店舗や工場・製造所、部署、学校など、かなりのバリエーションがある。全体では22種類の事業・作業単位があり、ワークグループ（チーム）、店舗、銀行支店の研究を行っている組織が最も多い。同様に、ワークグループ（チーム）、店舗、銀行支店は、事業・作業単位のなかでも最も高い比率を示している。

使用したメタ分析手法

分析には、真の妥当性の加重平均推定値、標準偏差推定値、およびこれらの妥当性に対するサンプリング誤差、従属変数の測定誤差、独立変数（Q12平均値）の範囲変動と制限に関する補正が含まれた。また、独立変数の測定誤差を補正した追加の分析も行われた。メタ分析の最も基本的なかたちは、分散推定値をサンプリング誤差に対してのみ補正するものである。ハンターとシュミットが推奨する補正には、範囲制限や収集されたパフォーマンス変数の測定誤差など、測定および統計上のアーチファクトに対する補正が含まれる（Hunter & Schmidt, 1990, 2004; Schmidt & Hunter, 2015）。以降のセクションでは、前述した手順の定義を説明する。

ギャラップの研究者は、パフォーマンス指標の信頼性を計算するために、複数の期間にわたってパフォーマンス変数のデータを収集した。こうした複数の測定値は各研究では得られないため、パフォーマンス変数の測定誤差を補正するために「アーチファクト分布メタ分析法」（Hunter & Schmidt, 1990, pp.158-197; Hunter & Schmidt, 2004）を用いた。アーチファクト分布は、さまざまな研究から得られたテスト・再テスト信頼性がある場合は、それに基づいている。事業・作業単位の成果測定の信頼性を計算するために行った手順は、Schmidt and Hunter（1996）のシナリオ23と一致している。成果の一部の変化（安定性）が実際の変化の関数であることを考慮して、テスト・再テスト信頼性は次の式を用いて計算した。

産業	組織数	事業・作業単位の数	回答者数
飲食	8	1,296	57,104
電子機器	6	1,483	104,273
エンターテインメント	1	106	1,051
食品	6	7,101	344,559
産業機器	1	11	484
その他	12	4,170	158,264
医薬品	2	8,288	171,463
サービス業			
農業	1	7	635
ビジネス	4	1,258	16,162
教育	10	1,259	22,142
行政	7	11,127	213,631
健康	68	14,807	326,483
接客	11	1,241	190,473
老人ホーム	2	508	28,768
個人サービス	1	424	3,226
不動産	4	321	7,924
娯楽・保養	2	49	1,969
社会福祉	4	1,621	28,602
交通・公共事業			
航空会社	1	111	2,293
通信	7	4,234	46,784
配送	1	639	53,151
電気、ガス、衛生	5	3,183	28,887
非危険物の廃棄物処理	1	727	28,600
トラック輸送	1	100	6,213
小計			
金融業	46	28,249	308,296
製造業	47	15,496	413,023
素材・建設業	4	1,270	29,932
小売業	49	25,681	951,344
サービス業	114	32,622	840,015
交通・公共事業	16	8,994	165,928
合計	**276**	**112,312**	**2,708,538**

図表3-1　産業の概要

産業	組織数	事業・作業単位の数	回答者数
金融業			
商業銀行	6	3,132	21,435
クレジット	2	59	581
受託	21	16,230	176,430
保険	10	7,837	79,464
モーゲージ	1	27	985
非預金型	1	94	2,038
証券	4	797	25,833
金融取引	1	73	1,530
製造業			
航空機	1	3,411	37,616
アパレル	1	16	111
自動車	1	30	1,453
建築材料	1	8	1,335
化学物質	1	928	8,203
電子機器	3	239	27,002
消費財	5	289	13,098
食品	7	3,116	91,337
ガラス	1	5	1,349
産業機器	1	89	639
楽器	8	535	5,848
その他	4	924	22,481
製紙業	2	753	27,025
医薬品	5	4,103	39,575
プラスチック	1	133	938
印刷	2	35	716
船舶建造	3	882	134,297
素材・建設業			
素材・建設	4	1,270	29,932
小売業			
自動車	4	261	13,614
建築材料	3	1,158	65,001
衣類	4	1,055	28,937
百貨店	2	752	6,594

図表3-2　事業・作業単位の概要

事業・作業単位	組織数	事業・作業単位の数	回答者数
銀行支店	20	18,118	196,481
コールセンター	7	1,240	22,076
保育センター	1	1,562	25,661
コストセンター	16	3,675	76,758
国	1	26	2,618
販売店	7	423	16,940
部門	12	1,553	33,132
ディビジョン	3	714	134,703
設備	2	1,080	55,182
病院	7	800	69,028
ホテル	9	846	182,953
所在地	14	11,414	269,829
モール	2	216	3,790
患者ケアユニット	8	2,825	52,703
プラント／ミル	8	2,106	100,871
地域	2	113	13,520
レストラン	6	588	34,866
販売部門	6	391	21,722
販売チーム	6	420	27,543
学校	6	409	10,496
店舗	37	24,124	893,781
ワークグループ（チーム）	96	39,669	463,885
合計	**276**	**112,312**	**2,708,538**

$(r_{12} \times r_{23}) / r_{13}$

ここで、r_{12}は、時間1で測定された成果と時間2で測定された成果との相関、r_{23}は、時間2で測定された成果と時間3で測定された成果との相関、r_{13}は、時間1で測定された成果と時間3で測定された成果との相関である。

右記の計算式は、測定エラー、データ収集エラー、サンプリング誤差（主に顧客および品質測定）、成果測定の統制不能な変動によって生じる事業・作業単位の結果のランダムな変化から、実際の変化（時間1から2、時間2から3よりも、時間1から3に発生する可能性が高い）を除外している。推定値は、四半期データのもの、半期データのもの、年次データのものがあった。このメタ分析に使用した成果物分布の平均期間は、各基準タイプの研究全体の平均期間と一致していた。測定誤差の補正に使用した信頼性のリストは、本稿の付録Aを参照されたい。信頼性に関するアーチファクト分布は、顧客ロイヤルティ／エンゲージメント、収益性、生産性、離職率、安全上の事故、品質（欠陥）測定について収集された。欠勤率、シュリンケージ、患者の安全性に関する事故、従業員のウェルビーイング、組織市民権については、本調査の時点では入手できなかったため、収集されていない。したがって、これらの成果の想定信頼度は1・00であり、その結果、真の妥当性の推定値は下方に偏ったものとなった（ここで報告された妥当性の推定値は現実よりも低い）。これらの変数のアーチファクト分布は、今後入手可能になれば追加される予定である。

独立変数（Q12で測定された従業員エンゲージメント）が成果を予測するために実際に使用されているので、実務担当者は使用されている測定ツールの信頼性と共存しなければならないと主張することができる。しかし、独立変数の測定誤差を補正することは、実際の構成要素（真のスコア）がお互いにどのように関係しているかという理論的な疑問に答えることになる。そのため、独立変数の信頼性を補正する前と後の両方の分析結果を示す。本稿の付録Bは、Q12の平均値の信頼性の分布を示したものである。これらの値は、パフォーマンス成果の場合と同じ方法で算出した。

範囲変動や範囲制限を補正する際には、そのような補正が必要かどうかについて検討しなければならない基本的な理論上の問題がある。人事選考では、仕事への応募者を選択する際に、予測因子で最高得点を得た人が一般的に選択されるため、妥当性は範囲制限のために日常的に補正される。これは、観察された相関を下方にバイアスする明示的な範囲制限の結果である（つまり減衰）。しかし、従業員満足度とエンゲージメントの分野では、職場に存在する結果を研究しているので、明示的な範囲制限はないと主張することができる。事業・作業単位は、予測変数のスコア（Q12スコア）に基づいて選択されていない。

しかし、エンゲージメントの標準偏差には、企業によってばらつきがあることが判明した。このばらつきが生じる理由についてのひとつの仮説は、企業によって、従業員満足度やエンゲージメントの取り組みをどのように奨励しているか、また、共通の価値観や共通の文化をどのように構築しているか、あるいは構築していないかが異なるということである。そのため、調査対象となった組織全体の事業・作業単位の母集団の標準偏差は、一般的な企業内の標準偏差よりも大きくなる。このような企業間の標準偏差のばらつきは、（直接的な範囲制限ではなく）間接的な範囲制限と考えることができる。このメタ分析には、改良された間接的範囲制限の補正が組み込まれている（Hunter, Schmidt, & Le, 2006）。

私たちはQ12を開発して以来、4300万人以上の回答者、510万の企業・職場単位、5076の組織に関する記述的なデータを収集してきた。このようなデータの蓄積により、企業内の標準偏差は、全企業・職場単位の母集団における標準偏差の約5分の4であることがわかった。また、母集団の値に対する組織の標準偏差の比率は、組織ごとに異なる。したがって、全事業所の母集団における効果量を推定することが目的なら（理論的に重要な問題であることは間違いない）、そのような入手可能なデータに基づいて補正を行うべきである。観察されたデータでは、事業・作業単位間のばらつきが母集団の平均値よりも小さい組織では相関が弱くなり、その逆もまた同様である。このように、組織間の標準偏差のばらつきは、観察された相関関係にばらつきを生じさせるので、妥当性の一般化可能性を解釈する際に補正可能な人工物である。Harter & Schmidt（2000）の付録には、メタ分析に使用される範囲制限や変動補正のアーチファクト分布が記載されている。これらのアーチファクト分布は2009年に大幅に更新され、今回のメタ分析でも更新されている。現在のアーチファクト分布には、無作為に選んだ100の組織が含まれている。これらの図表はサイズが大きいため、本稿には記載していない。先の研究で報告されたものと似ているが、より多くの項目が含まれている。

アーチファクト分布を用いたメタ分析の概要を以下に抜粋する。

あるメタ分析では、アーチファクト情報が散発的にしか得られないアーチファクトがいくつかあるかもしれない。たとえば、測定誤差と範囲制限がサンプリング誤差以外の唯一の関連人工物であるとする。このような場合、典型的なアーチファクト分布に基づくメタ分析は次の3つのステップで行われる。

1 観察された相関の分布、独立変数の信頼性の分布、従属変数の信頼性の分布、範囲の逸脱の分布という4つの分布に情報をまとめる。そして、各研究が含むあらゆる情報を提供しながら、一連の研究から4つの平均と4つの分散がまとめられる。

2 観測された相関関係の分布は、サンプリング誤差で補正される。

3 サンプリング誤差を補正した分布は、測定誤差と範囲変動を補正する（Hunter & Schmidt, 1990, pp.158-159; Hunter & Schmidt, 2004）。

本研究では、観測された相関関係から始めて、サンプリング誤差、測定エラー、そして最後に範囲変動を補正するというように、分析の各レベルで統計データを計算して報告している。組織内の範囲変動補正（妥当性の一般化推定値を補正するため）と組織間の範囲制限補正（組織間の変動の違いを補正するため）の両方が行われた。組織間の範囲制限補正は、すべての組織の事業・作業単位間でエンゲージメントがどのようにパフォーマンスに関係しているかを理解するうえで重要である。前述したように、このメタ分析では間接的範囲制限補正手順を適用した

(Hunter et al., 2006)。

メタ分析では、サンプルサイズで加重した平均妥当性と、各妥当性をサンプルサイズで再度加重した相関全体の分散の推定値が含まれている。また、サンプリング誤差に基づいて加重した相関に予測される分散の量も計算された。以下は、前述したハンターらの手法（Hunter et al., 2006）を用いて、「骨太の」メタ分析においてサンプリング誤差から予想される分散を計算するための式である。

$$S_e^2=(1-\bar{r}^2)^2/(\bar{N}-1)$$

残留標準偏差は、観測された分散から、サンプリング誤差による分散量、従属変数の測定誤差の研究差による分散量、および範囲変動の研究差による分散量を差し引いて算出した。標準偏差の真の妥当性を推定するために、残留標準偏差を平均値の信頼性の低さと平均値の範囲制限によるバイアスで調整した。説明された分散の合計割合を計算するため、サンプリング誤差、測定誤差、範囲変動に起因する分散の量を観察された分散で割った。一般に、研究間の妥当性の変動のうち高い割合（たとえば75％）がサンプリング誤差やその他の人工物によるものである場合、あるいは90％信頼性値（真の妥当性の分布の10パーセンタイル）が仮説の方向にある場合には一般化可能性があるとされる。Harter et al.（2002）；Harter et al.（2006）；Harter et al.（2009）；Harter et al.（2013）；Harter et al.（2016）と同様に、エンゲージメントと複合パフォーマンスの相関関係を計算した。この計算では、マネジャーは複数の成果に向けて同時に管理しており、各成果がパフォーマンスの全体的な評価においてある程度のスペースを占めていることを想定している。パフォーマンスの複合指標との相関を計算するためにMosier（1943）の公式を用いて、成果指標の信頼性分布と相互相関より、複合指標の信頼性を判断した（Harter et al., 2002）。患者の安全性に関する事故は業界特有の変数であるため、より一般的な「安全性」カテゴリーと組み合わせた。この複合指標の信頼性は0・91である。複合パフォーマンスは、顧客ロイヤルティ／エンゲージメント、離職率（定着率を逆に採点）、安全性（安全上の事故および患者の安全性に関する事故を逆に採点）、欠勤率（逆に採点）、シュリンケージ（逆に採点）、財務（収益性と生産性を均等に重み付けして採点）、品質（欠陥を逆に採点）を均等に重み付けした合計値として測定した。また同様に、複合パフォーマンスを、エンゲージメントの最も直接的な成果（顧客ロイヤルティ／エンゲージメント、離職率（定着率を逆に採点）、安全性（安全上の事故および患者の安全性に関する事故を逆に採点）、欠勤率（逆に採点）、シュリンケージ（逆に採点）、品質（欠陥を逆に採点））を均等に重み付けをした合計としても算出した。この複合変数の信頼性は0・89である。新たに追加された成果（ウェルビーイングと組織市民権）については、他の成果変数との相互相関の推定値がないため、複合パフォーマンスの推定値に含めなかった。

私たちの研究では、Schmidt & Le（2004）のメタ分析パッケージ（間接的な範囲制限の補正を行ったアーチファクト分布メタ分析法）を使用した。このプログラムパッケージはHunter & Schmidt（2004）に記載されている。

結果

本稿では、従業員エンゲージメント（Q12の平均値を均等に重み付けして定義）全体とさまざまな成果との関係に焦点を当てて分析している。図表3－3は、調査した11の成果のそれぞれについて、従業員エンゲージメントとパフォーマンスの関係についての最新のメタ分析および妥当性一般化統計を示している。観察された相関の平均値と標準偏差に続いて、2種類の真の妥当性の推定が行われている。ひとつ目は、組織内の範囲変動と従属変数の測定誤差を補正するものである。この範囲変動の補正は、事業・作業単位間の従業員エンゲージメントの変動という点で、すべての組織を同じ基準にする。この結果は、平均的な組織内の事業・作業単位間の関係を推定していると見ることができる。もうひとつは、事業・作業単位の母集団における範囲制限と、従属変数の測定誤差を補正するものである。後者の範囲制限補正を含む推定値は、特定の組織内で予想される効果ではなく、組織全体の事業・作業単位における効果の解釈に適用される。組織横断的な事業・作業単位のエンゲージメントには、平均的な組織内よりも多くのばらつきがあるので、組織横断的な事業・作業単位について真の妥当性の推定値を計算すると効果量が大きくなる。

たとえば、顧客ロイヤルティ／エンゲージメントの基準に関連する推定値を見てみると、組織間の範囲制限補正（典型的な組織内の効果に関連する）を行わない場合、従業員エンゲージメントの真の妥当性の値は0・20で、90％信頼性値（CV）は0・13である。組織間の範囲制限補正（組織を超えた事業・作業単位に関連する）を行うと、従業員エンゲージメントの真の妥当

図表3-3　従業員エンゲージメントと事業・作業単位のパフォーマンスの　関係性についてのメタ分析

	顧客ロイヤルティ／エンゲージメント	収益性	生産性	離職率	安全上の事故	欠勤率	シュリンケージ	患者の安全性に関する事故	品質（欠陥）	ウェルビーイング	組織市民権
事業・作業単位数	25,391	32,298	53,228	62,815	10,891	24,099	4,514	1,464	4,150	2,651	1,693
rの数	107	90	162	128	59	37	11	10	20	12	2
観測された平均値 r	0.16	0.09	0.13	−0.08	−0.13	−0.27	0.09	−0.43	−0.20	0.56	0.08
観測された SD	0.09	0.07	0.08	0.06	0.09	0.13	0.06	0.15	0.11	0.04	0.01
真の妥当性[1]	0.20	0.10	0.15	−0.12	−0.15	−0.27	−0.09	−0.43	−0.21	0.57	0.08
真の妥当性 SD[1]	0.05	4.00	0.05	0.05	0.03	0.10	0.03	0.08	0.07	0	0
真の妥当性[2]	0.29	0.15	0.21	−0.18	−0.21	−0.38	−0.12	−0.56	−0.29	0.71	0.12
真の妥当性 SD[2]	0.07	0.06	0.06	0.07	0.05	0.13	0.05	0.09	0.09	0	0
サンプリング誤差による分散（%）	50	58	46	49	73	8	60	23	40	114	708
分散（%）[1]	78	73	72	73	90	37	74	66	63	729	995
分散（%）[2]	78	73	72	73	90	37	74	66	64	810	995
90% CV[1]	0.13	0.05	0.09	−0.06	−0.11	−0.14	−0.05	−0.32	−0.12	0.57	0.08
90% CV[2]	0.19	0.08	0.13	−0.09	−0.16	−0.21	−0.06	−0.44	−0.18	0.71	0.12

r = 相関関係　　SD = 標準偏差　　CV=信頼性値

（注1）組織内の範囲変動と従属変数の測定誤差の補正を含む　　（注2）事業・作業単位の母集団における範囲制限と従属変数の測定誤差の補正を含む

性の値は0・29に、90％CVは0・19になる。

これまでのメタ分析と同様に、従業員エンゲージメントと顧客ロイヤルティ／エンゲージメント、収益性、生産性、離職率、安全性、シュリンケージ、品質（欠陥）の成果との関係について、組織を超えた高い一般化可能性が示された。また、新たに加わった2つの成果（ウェルビーイングと組織市民権）についても、相関関係は高い一般化可能性を示している。11の成果のなかでは、従業員エンゲージメントとウェルビーイングの相関が最も強く、観測相関の平均値は0・56、真の妥当性は0・72だった。11の成果のうち、組織間の相関のばらつきのほとんどは、個々の研究におけるサンプリング誤差、測定誤差、または範囲制限の結果だった。90％CVは、すべて仮説の方向にある。組織間の相関の変動が最も大きかったのは、欠勤率の成果だった。これは主に、過去の研究で観察されたものよりも大幅に強い相関を持つ非常に大規模な研究が1件加わったためである。エンゲージメントと欠勤率の関係の真の妥当性の平均値はマイナス0・38、90％CVはマイナス0・21で、関係の方向性に広い一般性があることを示している。効果の方向性は予測可能だが、企業によって効果の大きさは多少異なる。アーチファクトは、従業員エンゲージメントとほとんどの成果の相関の分散のすべてを説明するものではないが、ほぼすべての成果の分散の高い割合を説明している。これは、Q12の従業員エンゲージメントの測定値が、異なる産業や異なる国の組織を含めて、これらの成果を期待される方向に効果的に予測していることを意味する。

まとめると、図表3－3に示したエンゲージメントの複合指標では、ウェルビーイング、患者の安全性に関する事故、欠勤率、品質（欠陥）、顧客ロイヤルティ／エンゲージメント、安全上の事故、生産性に最も強い効果が見られた。また、収益性、シュリンケージ、離職率、組織市民権については、相関性は低いものの高い一般化が見られた。

収益性の場合は、従業員のエンゲージメントに間接的に影響され、より直接的には、顧客ロイヤルティ／エンゲージメント、生産性、離職率、安全上の事故、欠勤率、シュリンケージ、患者の安全性に関する事故、品質などの変数に影響されると考えられる。生産性の変数には、事業・作業単位の生産性を示すさまざまな指標が含まれているが、そのほとんどが売上データであることを留意されたい。メタ分析に含まれる2つの財務変数（売上高と利益）のうち、エンゲージメントは売上高とより高い相関がある。これは、日々の従業員のエンゲージメントが、顧客ロイヤルティ／エンゲージメント、離職率、品質など、売上に関係する変数に影響を与えるからだと考えられる。実際、これは、われわれが因果関係分析で経験的に発見したことでもある（Harter et al., 2010）。シュリンケージの場合は、盗難や在庫への注意、商品の破損など多くの要因が影響するため、相関性はやや低いのかもしれない。次のセクションでは、観測された関係の有効性について検討する。

Harter et al.（2002）と同様に、従業員エンゲージメントと複合パフォーマンスの相関を計算した。先に定義したように、図表3-4には、観測された相関関係、従属変数の測定誤差の補正、従属変数の測定誤差と企業間の範囲制限の補正、従属変数の測定誤差、範囲制限、独立変数の測定誤差の補正（真のスコア相関）の4つの分析の相関とd値を示している。

図表3-4　従業員エンゲージメントと複合的事業・作業単位のパフォーマンスの相関関係（すべての成果）

分析	従業員エンゲージメントと複合パフォーマンスの相関性
観測されたr	0.30
d	0.63
r（従属変数の測定誤差を補正）	0.31
d	0.65
r（従属変数の測定誤差と企業間の範囲制限を補正）	0.41
d	0.90
ρ（従属変数の測定誤差、範囲制限、独立変数の測定誤差を補正）	0.49
δ	1.12

r ＝ 相関関係
d ＝ 標準偏差単位の差
ρ＝ 真のスコア相関
δ＝ 真のスコア差（標準偏差単位）

これまでのメタ分析と同様に、図表3－4に示された効果量は、エンゲージメントと複合パフォーマンスのあいだに実質的な関係があることを示している。

企業内のエンゲージメントの上位半分の事業・作業単位は、エンゲージメントの下位半分の事業・作業単位と比較して、複合パフォーマンスが0・65標準偏差単位で高い。

企業全体で見ると、エンゲージメントが上位半分にある事業所は、下位半分にある事業所に比べて、複合パフォーマンスが0・90標準偏差単位で高くなっている。

利用可能なすべての研究成果物を補正した後（真のスコアの関係を調べた後）、従業員エンゲージメントで上位半分にある事業・作業単位は、従業員エンゲージメントで下位半分の事業・作業単位と比べて複合パフォーマンスが1・12標準偏差単位高い。これは、すべての事業・作業単位において時間の経過とともに期待される真のスコア効果である。

前述したように、従業員のエンゲージメントが直接的な成果をもたらす成果もあれば（顧客ロイヤルティ／エンゲージメント、離職率、安全性、欠勤率、シュリンケージ、品質（欠陥））、中間的な成果（売上高、利益）がより下流の成果をもたらす成果もある。このため、短期的な成果に対する複合的な相関関係も算出した。図表3－5は再び、エンゲージメントと複合パフォーマンスのあいだに実質的な関係があることを示している。観測された相関関係とd値は、図表3－4で報告されたものと同じ大きさである。

効用分析：効果の実用性

これまで、仕事の満足度とパフォーマンスの関係についての研究では、報告された関係の有効性についての分析が限られていた。相関関係を些細なものとして割り切り、その関係の潜在的な有効性を実際に理解しようとする努力がなされてこなかった。Q12には、ギャラップの研究者が、現場のマネジャーや事業・作業単位内の人々が変更可能であると判断した項目が含まれている。このように潜在的な変化の有効性を理解することは非常に重要である。

先行研究には、数値的に小さいまたは中程度の効果が、しばしば大きな実用的な効果につなが

図表3-5　従業員エンゲージメントと複合的事業・作業単位のパフォーマンスの相関関係（直接的な成果）

分析	従業員エンゲージメントと複合パフォーマンスの相関性
観測されたr	0.29
d	0.61
r（従属変数の測定誤差を補正）	0.31
d	0.65
r（従属変数の測定誤差と企業間の範囲制限を補正）	0.41
d	0.90
ρ（従属変数の測定誤差、範囲制限、独立変数の測定誤差を補正）	0.49
δ	1.12

r＝相関関係
d＝標準偏差単位の差
ρ＝真のスコア相関
δ＝真のスコア差（標準偏差単位）

るという多くの証拠が含まれている（Abelson, 1985; Carver, 1975; Lipsey, 1990; Rosenthal & Rubin, 1982; Sechrest & Yeaton, 1982）。図表3－6に示すように、この研究では実際にそうなっている。この研究で言及されている効果量は、他のレビューで言及されている実用的な効果量と一致するか、それ以上である（Lipsey & Wilson, 1993）。

効果の実用的な価値を表示するより直感的な方法は、2項効果量表示（BESD）である（Rosenthal & Rubin, 1982; Grissom, 1994）。BESDは通常、治療群と対照群の成功率を、関心のある成果変数の中央値を上回るパーセンテージで表示する。

BESDは、本研究の結果に適用す

図表３-６　従業員エンゲージメントと成果に関するBESD

従業員エンゲージメント	企業内の事業・作業単位	企業全体の事業・作業単位
	複合パフォーマンス（合計）の中央値を上回る割合（%）	複合パフォーマンス（合計）の中央値を上回る割合（%）
上位半分	66	71
下位半分	34	29
	複合パフォーマンス（直接的な成果）の中央値を上回る割合（%）	複合パフォーマンス（直接的な成果）の中央値を上回る割合（%）
上位半分	66	71
下位半分	34	29

ることができる。図表３－６は、従業員エンゲージメント（Q12）の複合指標の高スコアと低スコアの事業・作業単位について、複合パフォーマンスの中央値を上回る事業・作業単位の割合を示している。真の妥当性推定値（従属変数の測定誤差のみを補正したもの）は、組織内および組織間の事業・作業単位の分析に使用された。

図表３－６を見ると、上位半分と下位半分のあいだに意味のある違いがあることがわかる。上位半分は、Q12で上位50％のスコアを獲得した事業・作業単位の平均で、下位半分は下位50％のスコアを獲得した事業・作業単位の平均と定義される。図表３－６から明らかなように、経営者は、下半分の事業・作業単位ではなく、むしろ上半分の事業・作業単位で何が起こっているかを研究すれば、成功についてより多くのことを学べるだろう。

複合的な事業・作業単位のパフォーマンスに関しては、従業員エンゲージメントが上位半分の事業・

作業単位は、自組織での成功率が94%高く、調査対象となったすべての企業の事業・作業単位全体での成功率が１４５％高い。言い換えれば、従業員エンゲージメントが高い事業・作業単位は、自組織での複合パフォーマンスが平均以上になる確率がほぼ2倍になり、全組織の事業・作業単位全体での成功率が平均以上になる確率が２・４５倍になる。

このことをさらに説明するために、図表３－７は、さまざまなレベルの従業員エンゲージメントにおける平均以上のパフォーマンスの確率を示している。ギャラップのデータベースに登録されているすべての事業・作業単位のなかで、従業員エンゲージメントのレベルが最も高い事業・作業単位は、高い（平均以上の）複合パフォーマンスを持つ確率が83%になる。これに対し、従業員エンゲージメントのレベルが最も低い企業は17%の確率

図表 3 - 7　異なる従業員エンゲージメント・パーセンタイルにおいて、複合パフォーマンスが会社の中央値を上回る割合

従業員エンゲージメントパーセンタイル	会社の中央値を上回る割合
99以上	83
95	75
90	70
80	63
70	58
60	54
50	50
40	46
30	42
20	37
10	30
5	25
1以下	17

である。つまり、従業員エンゲージメントが高くなくても、高いパフォーマンスを達成することは可能だが、その確率は大幅に低くなる（実際には5倍近く低くなる）。

この研究から得られた効果の背後にある実際的な意味を表現する他の形式として、効用分析法がある（Schmidt & Rauschenberger, 1986）。従業員の選考が改善された結果、生産高がドル換算で増加することを推定する公式が導き出されている。これらの公式は、効果の大きさ（相関）、研究対象となる成果の変動性、独立変数の差（この場合はエンゲージメント）を考慮しており、Q12スコアの分布における異なるレベルでのパフォーマンス効果の差を推定する際に使用することができる。これまでの研究（Harter et al., 2002; Harter & Schmidt, 2000）では、効用分析の例として、Q12の上位4分位と下位4分位のあいだの成果の差を比較している。2002年のメタ分析の対象となった企業では、エンゲージメントの上位4分位値と下位4分位値の差は、顧客ロイヤルティ／エンゲージメントで2～4ポイント、収益性で1～4ポイント、月当たりの生産性の数値で数十万ドル、低離職率組織の離職率で4～19ポイント、高離職率組織の離職率で14～51ポイントというのが典型的な例だった。

ギャラップの研究者は最近、同じような成果指標を持つ複数の組織で効用分析を行った（Harter et al., 2002で発表された分析を更新したもの）。エンゲージメントの上位4分位と下位4分位を比較したときの事業・作業単位の差の中央値は次のとおり。

- 顧客のロイヤルティ／エンゲージメント　10％
- 収益性　23％

・生産性（売上） 18％
・生産性（生産記録と評価） 14％
・高離職率組織（年換算離職率が40％以上の組織）の離職率 18％
・低離職率組織（年換算離職率が40％以下の組織）の離職率 43％
・安全上の事故（アクシデント） 64％
・欠勤率 81％
・シュリンケージ（従業員による窃盗） 28％
・患者の安全性に関する事故（死亡率および転倒率） 58％
・品質（欠陥） 41％
・従業員のウェルビーイング（生き生きしている従業員） 66％
・組織市民権 13％

右記の差とそのドル換算した効用は、組織固有の指標、状況、事業・作業単位間の成果の分布を考慮して、組織ごとに計算する必要がある。中央値の推定値は、類似した成果タイプの組織データに基づいて426件の研究で実施された効用分析の分布における中間点を示している。

事業に多くの事業・作業単位がある場合、右記の関係は非自明であることがわかる。効用分析のポイントは有効性を真剣に考えてきた文献とも一致するが、従業員エンゲージメントと組織の成果との関係は、控えめに表現されていても実用的な観点からは意味があるということになる。

ディスカッション

今回更新されたメタ分析の結果は、これまでにQ12を用いて行われたメタ分析に対して、引き続き大規模な相互検証を提供するものである。今回の研究では、メタ分析データベースの規模が3万64事業・作業単位（37％増）となり、調査対象の国や事業所の数も増加した。エンゲージメントとパフォーマンスとの関係は、事業・作業単位で見ると引き続き実質的であり、企業間での一般化が可能であることが明らかになった。企業間の相関関係の違いは、主に調査結果に起因するものである。2016年にサンプルサイズが1万事業・作業単位以上だった成果（顧客ロイヤルティ／エンゲージメント、収益性、生産性、離職率、欠勤率）については、今回更新したメタ分析の結果がほぼ完全に再現されている。最初の4つの成果について、2016年から2020年までの効果量の差は0・00から0・02であり、一般化可能性の証拠は引き続き充実していた。欠勤率については、効果量が0・16増加しているが、これはひとつの大規模な研究が、メタ分析における他の研究の組み合わせよりも大幅に高い効果量を示した結果であると考えられる。しかし、エンゲージメントと欠勤率の関係の方向性は、高い一般化可能性を示した（90％CVマイナス0・21）。

このデータベースの規模は、従業員エンゲージメントとビジネス成果のあいだの真の関係の方向性と大きさが確かなものであるという確信を与えてくれる。また、メタ分析を何度も繰り返して一貫した結果が得られたことは、この研究シリーズが始まった1997年以降、異なる経済状況やテクノロジーの大規模な変化のなかでも、職場の認識が企業にとって重要であり、関連性があることを物語っている。前述したように、最近のメタ分析では、過去の景気後退期にエンゲージメントとパフォーマンスの相関性がやや高いことがわかっている（Harter et al., 2020）。

この最新のメタ分析から得られた知見が重要なのは、一般化可能なツールを開発し、異なる組織間で使用しても重要なパフォーマンス関連情報を引き出すことができるという高い信頼性を引き続き強化しているからである。本研究のデータは、「従業員にとって最善のことを行うことは、事業や組織にとっての最善のことと矛盾する必要はない」という理論をさらに実証するものである。本研究では、従業員エンゲージメントとウェルビーイングのあいだに強い関係があることが新たに報告され、この概念がさらに強化された。

エンゲージメントとウェルビーイングの強い関連性は、先行研究によって裏付けられている。世界中のサンプルで、職場でのエンゲージメントと生活満足度、日々の経験、健康のあいだに一貫した関連性があることがわかっている（Gallup, 2010）。ある長期的な研究では、エンゲージメントの変化が、人口統計や健康歴、薬の使用状況を考慮したうえで、コレステロールとトリグリセド（血液サンプル）の変化を予測することがわかった（Harter, Canedy, & Stone, 2008）。さらに最近では、エンゲージした従業員とエンゲージしていない従業員を比較すると、瞬間的な感情とコルチゾールに違いがあることが観察された（Harter & Stone, 2011）。今回の研究でわかったエンゲージメントと組織市民権の関連性と一致するように、以前の研究では、職場でのエンゲージメントが組織主催の健康プログラムへの参加の可能性を予測することがわかっている

(Agrawal & Harter, 2009)。以前のメタ分析では、職務態度と組織市民権行動とのあいだに強い関連性があることが判明している(Whitman et al., 2010)。また、エンゲージメントは、多様なグループ内での包括性の認識に不可欠であることが示されている(Jones & Harter, 2004; Badal & Harter, 2014)。これらの研究を総合すると、エンゲージした職場の効果は非常に広範囲に及ぶことがわかる。

また特筆すべき点は、ギャラップのコンサルタントがマネジャーを教育し、企業と協力して変革に取り組んだ場合、従業員エンゲージメントは1~2年目に平均して2分の1の標準偏差で成長し、3年以上後には多くの場合、全標準偏差またはそれ以上の成長が見られたことである。適用された測定ツールと改善プロセスの有効性を示す重要な要素は、調査対象の変数をどの程度変化させることができるかということである。現在の証拠からは、従業員エンゲージメントは変更可能であり、事業・作業単位によって大きく異なるといえる。

本稿で紹介した効用分析および他で立証した効用分析で示したように、観察された効果の大きさは、特にここで測定されたエンゲージメントがかなり変化しやすいことを考えると、重要な実用的意味を持つといえる。

参考文献

本書巻末の参考文献を参照。

付録A　事業・作業単位の成果の信頼性

Schmidt & Hunter（1996）のシナリオ23に基づく

顧客ロイヤルティ／エンゲージメント		収益性		生産性		離職率		安全性		品質（欠陥）	
信頼性	度数	信頼性	度数	信頼性	度数	信頼性	度数	信頼性	度数	信頼性	度数
0.89	1	1.00	3	1.00	4	1.00	1	0.84	1	0.94	1
0.87	1	0.99	2	0.99	2	0.63	1	0.82	1		
0.86	1	0.94	1	0.92	2	0.62	1	0.66	1		
0.84	1	0.93	1	0.90	1	0.60	1	0.63	1		
0.75	1	0.91	1	0.62	1	0.39	1				
0.58	1	0.90	1	0.57	1	0.27	1				
0.53	2	0.89	2	0.34	1	0.25	1				
0.52	1	0.79	1			0.24	1				
0.51	1	0.57	1								
0.46	1	0.56	1								
0.41	1										
0.33	1										

付録B　従業員エンゲージメントのテスト・再テストの信頼性

Schmidt & Hunter（1996）のシナリオ23に基づく

エンゲージメント	
信頼性	度数
0.97	1
0.92	1
0.86	1
0.84	1
0.83	1
0.82	3
0.81	1
0.80	3
0.79	2
0.78	1
0.77	1
0.76	1
0.75	4
0.74	1
0.71	1
0.70	1
0.69	1
0.66	2
0.65	2
0.63	1
0.61	2
0.60	1
0.55	1
0.47	2
0.45	1
0.35	1
0.27	1

資料4

強みに基づく能力開発と組織的成果の関係——ストレングス・メタ分析

The Relationship Between Strengths-Based Employee Development and Organizational Outcomes

ジム・アスプランド（MA、ギャラップ）
ジェームズ・K・ハーター（PhD、ギャラップ）
サンギータ・アグラワル（MS、ギャラップ）
ステファニー・K・プローマン（MA、ギャラップ）

概要

目的

現在までに、数多くの組織研究から得られた証拠は、強みを活かした従業員の育成が、エンゲージメントと生産性のより高い職場につながることを示唆している。本研究の目的は、強みに基づく能力開発に関する研究の集合体にメタ分析を適用し、一般化可能性の証拠を検討することである。

具体的には以下のことを検証する。

1 22の組織における強みに基づく人材開発とパフォーマンスの関係
2 強みに基づく人材開発とパフォーマンスの関係の一貫性または一般化可能性
3 調査結果における、経営者・マネジャーにとっての実用的意味

メタ分析、仮説、方法論、そして結果

メタ分析

メタ分析は、対象となる2つ以上の変数間の関係性に関する累積研究や、2群間の実験的介入の影響に対して実施することができる。前者はr値のメタ分析であり、後者はd値（実験群と統制群の差を、プールされた標準偏差で割った値）のメタ分析である。信頼性分布や範囲制限分布などの高度な統計手法を用いるメタ分析数学では、d値よりもr値のほうが適している。d値は点双列のr値に直接変換でき、またその逆も可能なので、d値をr値に変換してメタ分析を行い、真のスコアのr値を解釈するためにd値に戻すのが最も容易である。本研究ではこのようなプロセスをとっている。

本メタ分析では、可能な限り、サンプリング誤差、測定誤差、範囲制限などの人工的な変動要因を補正した。測定誤差は、過去のギャラップのメタ分析で得られたアーチファクト分布に基づいて、ほとんどの従属変数で補正した。テスト・再テストの信頼性は、Schmidt and Hunter

（1996）のシナリオ23に基づいて推定した。シナリオ23は、従属変数のある変化（安定性）が実際の変化の関数であることを考慮している。

強みに基づく介入

ギャラップの「強みに基づく介入」の最も一般的な定義は、回答者が〈クリフトン・ストレングス〉アセスメントを完了し、自分の生来の才能を認識することである。実際には、目的や種類、規模によって異なる。回答者に対して高度なコーチングやトレーニングを行う場合もあれば、書籍やウェブサイトの説明、個別指導などの基本的な情報を提供する場合もある。また、チームのマネジャーを対象とする場合もあれば、企業や組織によってはメンバーを対象とする場合もある。

ギャラップの研究者は、「強みに基づく能力開発の介入の強さ」を事業・作業単位で比較した調査研究を多数行ってきた。ある研究では、強みの介入を受けた事業単位と受けていない事業単位を比較している。強みの介入を受けた従業員の割合が低い（ゼロではない）事業単位と、強みに関するトレーニングを受けた従業員の割合が高い事業単位を比較したものもある。これらの研究には無作為比較試験も含まれているが、大部分は、無作為に分けられた実験群と統制群ではなく、待機リスト統制群を利用した準実験的なものである。可能な場合は、非無作為化実験群と統制群の違いを説明すると考えられる変数を、統計的統制として分析に利用した（ベースライン・エンゲージメント、地理的条件、事業・作業単位の年齢、商圏の市場統計、製品の種類など）。

強みに基づく介入の種類

私たちは、強みに基づく介入を次の4つのタイプに分類した。

1　事業・作業単位内に〈クリフトン・ストレングス〉を受検した人が1人以上いる。従属変数については、同アセスメントを完了した人がいない事業・作業単位と比較した。

2　事業・作業単位内で〈クリフトン・ストレングス〉を受検した人の割合を記録。この場合、実験群の独立変数は1～100％の範囲となる。

3　マネジャーは〈クリフトン・ストレングス〉を受検し、それを用いたマネジャー育成コースも受講している。従属変数については、マネジャーが同コースを修了していない事業・作業単位と比較した。

4　マネジャーは〈クリフトン・ストレングス〉を受検している。従属変数については、アセスメントを受検したマネジャーがいない事業・作業単位と比較した。

従属変数

6つの一般的な従属変数は、売上、利益、従業員エンゲージメント、顧客エンゲージメント、離職率、安全性（事故）である。これらは研究全体で使用された。以下は、本研究に含まれる6つの従属変数の成果について、それぞれ説明したものである。

- 売上：売上高、成約率、取扱個数、売上高成長率、労働時間当たり売上高、予算または目標

と比較した売上高、比較可能な売上高成長率、生産性の利用率

- 利益：売上高に対する全体の利益率、増益率、粗利益の増加率、利益率の低下率（逆スコア）、目標やゴールに対する利益率、既存顧客の利益率、金利・税引前利益（ＥＢＩＴ）
- 従業員エンゲージメント：エンゲージメント調査における事業単位レベルでの平均値
- 顧客エンゲージメント：顧客の品質に対する認識
- 離職率：年換算の事業・作業単位の離職率、最初の90日間の離職率
- 安全性（事故）：労災費、労災事故、患者の転倒、事故頻度、事故重症度

強みに基づく介入を実施した組織におけるサンプル全体の割合は、１％未満から99％まで、研究によって相当なばらつきがあった（比率は０・０１未満から０・９９まで）。どのような比率であっても、分散は０・５０で最大になる。そのため、０・５０から離れるに従い、効果量は小さくなる。範囲制限の補正は、研究間の独立変数の推定値Ｕ（ｓｄ／ＳＤ）のアーチファクト分布に基づいて行われた。成果と介入の組み合わせで異なるアーチファクト分布が作成された。この場合、範囲制限の補正により、真の効果推定値の大きさは、実験群と統制群の大きさが同じである場合に期待される大きさに近いものとなる。

ギャラップの推論データベースを精査した結果、〈クリフトン・ストレングス〉のデータとパフォーマンスデータの両方を持つ組織が数多く見られた。私たちは、〈クリフトン・ストレングス〉に対して少なくとも30件の完全な回答がある組織に限定して調査を行った。いくつかは、統

制群が特定できないため、削除した。最終的には、22の組織で43の研究が行われた（対象者は120万人）。

調査対象となった企業の業種は、重機械・車両製造、小売り・商業銀行、量販・専門店、電気事業、金融・保険、ヘルスケア、航空宇宙、食品・その他農業製品、建築資材、投資サービス、教育、医薬品など多岐にわたる。

調査対象者は、45カ国の事業・作業単位から集めており、地理的にも多様である（1研究当たり国数は1～36）。

メタ分析の実施にあたっては、以下のステップを踏んだ。

1 研究は、成果のタイプ、強さの介入のタイプ、統制変数を使用しているかどうかで分類された。

2 実験的および準実験的研究から得られたd値は、実験効果変数の性質に応じて、r値または点双列r値に変換された（ある介入タイプでは実験変数＝事業・作業単位内でアセスメントを受けた人の割合が連続的だった）。

3 アーチファクト分布を用いたメタ分析を行い、観察されたスコアと真のスコアの効果量、標準偏差、一般化可能性の統計を報告した。

4 r値をd値の効果量に換算して戻した。

5 実用性分析は、さまざまな介入と成果の組み合わせによる効果量推定値の実用的な価値を推定するために行われた。

結果

本研究は、強みの学習や開発と組織のパフォーマンス指標の関係に焦点を当てている。これらの関係性に関するメタ分析と妥当性の一般化統計は、図表4－1に示すとおりである。

従属変数の測定誤差と組織内の範囲制限を補正した後、観測された相関の平均値と標準偏差、そして真の妥当性の推定値が示されている。この範囲制限の補正は、独立変数の変動に関して、すべての組織を同じ基準に置く。これらの結果は、平均的な組織内の事業・作業単位間の関係を推定していると見なすことができる。

調査結果は、90％という信頼性値によって示されるように、組織を超えた一般化可能性を示しており、そのすべてが仮説の関係の方向と一致している（Schmidt & Hunter, 1977）。つまり、アセスメント〈クリフトン・ストレングス〉の完成度は、異なる産業や異なる国の組織を含めて、期待される方向にこれらの成果を効果的に予測している。

いくつかの測定項目では、相関のばらつきのほとんどがアーチファクトによって説明される。安全性と売上については、相関のばらつきの少なくとも3分の2が、サンプリング誤差、範囲のばらつき、測定誤差に起因している。利益指標についても同様の結果が得られたが、その程度は低く、これらの相関関係の変動の半分以上が測定誤差に起因するものだった。

顧客エンゲージメントと離職率の場合、研究のサンプルは、サンプリング誤差によって予想されるよりも、効果量のばらつきがはるかに少ない。これは、今回のケースのように、表項目ごと

図表 4-1　成果とクリフトン・ストレングス・アセスメント介入の関係性に関するメタ分析

	事業単位					
	顧客エンゲージメント	利益	安全性	売上	従業員エンゲージメント	離職率
事業単位数	1,345	7,188	423	9,438	29,620	1,581
rの数	3	9	3	10	15	3
観測された平均値 r	0.053	0.129	−0.119	0.082	0.086	−0.214
観測された SDr	0.013	0.063	0.101	0.052	0.063	0.030
観測された平均値 d	0.110	0.260	−0.240	0.170	0.170	−0.450
真の妥当性 r[1]	0.107	0.251	−0.209	0.150	0.215	−0.478
真の妥当性 SD[1]	0.000	0.078	0.060	0.054	0.095	0.000
真の妥当性 d[1]	0.220	0.540	−0.440	0.310	0.450	−1.240
サンプリング誤差による分散（%）	1311.2	30.5	68.6	37.9	12.7	194.3
分散（%）[1]	1566.2	55.7	87.9	66.7	60.0	541.6
90% CVr	0.107	0.151	−0.286	0.081	0.093	−0.478
90% CVd	0.220	0.310	−0.620	0.160	0.190	−1.240

SD = Standard Deviation（標準偏差）
（注1）組織内の直接的なレンジ変動と、従属変数の測定誤差の補正を含む

の研究数が少ない場合によく発生する。その結果、アーチファクトに起因する推定分散は、観察された分散の合計を上回った。

統制変数

前述したように、非無作為化実験群と統計群の差を説明する可能性があると仮定された変数が、分析における統計的統制として利用された。従属変数と同様にこれらの統制変数の利用可能性と質は、組織内でも組織間でも大きく異なっていた。

- 安全性：すべての研究で用いられている統制変数は、従業員エンゲージメント、地理的な識別子、従業員と市場の人口統計変数などである。
- 顧客エンゲージメント：3つの研究のうち2つの研究で含んでいる統制変数は、従業員のエンゲージメント、職種や製品の種類、その他の従業員の人口統計学的変数などである。
- 離職率：3つの研究いずれもが用いている統制変数は、従業員のエンゲージメント、地理的識別情報、マネジャーの在職期間、従業員の在職期間、競合他社の数と種類、従業員と市場の人口統計学的特性などである。
- 従業員エンゲージメント：すべての研究で、エンゲージメント調査の実施コホート（介入前のベースライン・エンゲージメント）を統制した。
- 利益：9つの研究のうち6つの研究で用いられている統制変数は、従業員と顧客のエンゲージメント、地理的な識別子、従業員の在職期間、製品の種類、従業員と市場の人口統計学的特性、事業・作業単位の特性、競合他社の数と種類などである。

- 売上：10件の研究のうち7件で用いられている統制変数は、従業員と顧客のエンゲージメント、地理的な識別子、従業員の在職期間、製品の種類、従業員と市場の人口統計学的特性、事業・作業単位の特性、競合他社の数と種類などである。

計上の結果、今回のメタ分析では、85％の研究が何らかの統制変数を用いている。

研究デザインの効果

前述したように、メタ分析の対象となった研究では、4つの異なる研究デザインが使用された。今回のメタ分析の限界のひとつは、デザインごとの研究数が大規模ではないことである。図表4－2は、分析に用いた異なる研究デザインの範囲を示している。

ほとんどの成果指標において、研究デザインには有意な異質性が見られた。デザインタイプごとの研究数が少ないことから、たとえば、異なるタイプの強さの介入の影響に関して多くの推論を行うことは困難である。

図表 4 - 2

事業単位のメタ分析	従属変数	研究タイプ	統制変数使用の有無	相関関係の数	平均	推定される真の妥当性 下位10%	上位10%	範囲
1	顧客エンゲージメント	1	混合	3	0.11	0.11	0.11	0.00
2	利益	混合	混合	9	0.25	0.15	0.35	0.20
3	利益	混合	使用	6	0.29	0.29	0.29	0.00
4	利益	混合	不使用	3	0.14	0.14	0.14	0.00
5	利益	1, 3	混合	6	0.25	0.14	0.37	0.22
6	利益	1, 3	使用	5	0.29	0.25	0.32	0.07
7	利益	2, 4	混合	3	0.25	0.25	0.25	0.00
8	安全性	1	使用	3	−0.21	−0.29	−0.13	0.15
9	売上	混合	混合	10	0.15	0.08	0.22	0.14
10	売上	混合	使用	7	0.14	0.05	0.23	0.18
11	売上	混合	不使用	3	0.26	0.26	0.26	0.00
12	売上	1, 3	混合	7	0.14	0.06	0.23	0.18
13	売上	1, 3	使用	6	0.14	0.04	0.24	0.20
14	売上	2, 4	混合	3	0.20	0.20	0.20	0.00
15	離職率	1, 3	使用	3	−0.48	−0.48	−0.48	0.00
16	従業員エンゲージメント	1, 2	使用	15	0.22	0.09	0.34	0.25

図表 4 - 3

	事業単位						
	顧客エンゲージメント	利益	安全性	売上	従業員エンゲージメント	離職率の低い組織	離職率の高い組織
90%CVと観察結果に基づく範囲	3.4～6.9%	14.4～29.4%	22.9～59.0%	10.3～19.3%	9～15%のエンゲージした従業員	5.8～16.1 pts.	26.0～71.8 pts.

効用分析：効果の実用性

効用分析

ここで報告されているような大きさの効果量は、しばしば解釈が難しい。これらの効果量の実用的な意義は、独立変数の改善のコストと従属変数の変化の利益に依存するので、「小さい」または「大きい」効果量に関する慣習（Cohen, 1988）は、参考にならない場合がある。Rosenthal, et al.（2000）は、大きな実用的利益を伴う数値的に小さな効果の典型的な例を提供している。心臓発作の生存率を高めるためにβブロッカーを使用したことを報告した研究である。この研究の効果量は０・０４だったが、これは、将来の心臓発作が４％減ることを意味し、実用上の意義がある。研究文献には、効果量が中程度の研究で大きな実用的利益が得られた例が他にも数多く示されている（Abelson, 1985; Carver, 1975; Lipsey, 1990; Sechrest & Yeaton, 1982）。

この研究から得られた効果の実用的な意味合いは、効用分析の手法を用いて表現することができる（Schmidt & Rauschenberger, 1986）。従業員の選考の改善による生産高の増加をドル換算で推定する公式が導き出された。これらの公式は、効果の大きさや研究対象の成果の変動性、独立変数の差を用いてパフォーマンス成果の差を推定する。

すべての成果に対する効用推定値を図表4－3に列挙したが、これらは実用上かなりの有意差があることを示している。統制変数を使用したかどうかによって効果の大きさが多少異なることを考慮し、実用的な効用推定値は控えめにした。真のスコア効果の10パーセンタイル（90％信頼性値）と観察された効果量の平均値に基づいて、効用推定値の範囲を作成した。成果のばらつきは、文献とギャラップのデータベースの両方の値に基づいて推定した。

考察

本研究は、〈クリフトン・ストレングス〉を用いて自分の強みを学ぶことの実用的なメリットに関する初のメタ分析である。これらの発見が重要なのは、強みの介入は異なる組織間で高い信頼性を持って展開と活用ができることを示唆しているからである。本研究で得られたデータは、従業員の能力開発に投資することで、組織や顧客、事業主に物質的で心理的な利益をもたらすことができるという証拠となる。

参考文献

本書巻末の参考文献を参照。

資料5

マネジャー採用・育成プロファイルのメタ分析

Gallup Meta-Analytic Study of Managerial Hiring and Development Profiles

ヨンウェイ・ヤン（PhD）
ジョセフ・H・スター（PhD）
ジェームズ・K・ハーター（PhD）
サンギータ・アグラワル（MS）

約60年前、ギャラップはマネジメントの役割についての研究に着手した。以降、チームや組織のリーダーが職場ですばらしいパフォーマンスを発揮するのを予測する、卓越したパターンや先天的な傾向について調査を続けてきた。経営者の成功に関する質的・量的な知見を蓄積し、ビジネスや経済における時代の変化に応じて経営者の成功に関する300以上の測定手段・検証研究のデータベースを維持している。

どの組織や企業においても、すべての従業員は、それぞれの役割の責任を果たさなければならない。それぞれの役割は、顧客や学生、患者など、企業がサービスを提供する人々のニーズを満たすために存在する。このニーズに応えることが、企業の目的や目標に合致していれば、持続的な成長が可能になる。こうした考え方は、現場の従業員からマネジャー、リーダーに至るまで組織内のすべての役割に当てはまる。

マネジャーの役割は、一般的に、企業のリーダーシップを担う役員層と、現場で働く個人貢献者やその直属の上司の役割とのあいだに存在する。マネジャーの具体的な役職名は多岐にわたり、多くの場合、その組織特有の慣習や組織構造を反映している。

ギャラップの研究者はマネジメントの役割の種類を明確にするために、小売業や接客業、製造業、金融業、化学工業など、さまざまな業界の組織における200以上の役割について、過去の研究をレビューした。その結果、マネジャーの責任を成功裏に果たすための資質を理論化することができた。これらの資質は、マネジャー向けアセスメントの項目を選択する際の基礎となる。

ギャラップのアイテムバンクには、マネジャー向けアセスメントの内容に関する300以上の計測手段開発研究がある。これらの研究から得られたデータは継続的に更新され、個々のアイテムや資質、次元の妥当性、信頼性、公平性などの心理学的特性に基づいてレビューされている。マネジャーの成功特性に関する質的・量的レビューに基づき、以下に挙げる一般化可能な次元が、マネジメントにおける将来の成功を予測することがわかっている。

1　モチベーション　チームにやる気をもたらし、特別な成果を出す
2　ワークスタイル　目標を設定し、リソースを調整しながら、チームに卓越した成果を出させる
3　イニシエーション　他人に影響を与えて行動させる。逆境や抵抗を乗り越える

4　コラボレーション　熱心に仕事に取り組む、深い絆で結ばれたチームをつくる
5　思考プロセス　分析的アプローチをとって戦略を立て、意思決定する

先天的な傾向を体系的に測定したこれらの結果に、さらに候補者の経験と実績に対する批判的なレビューを組み合わせることで、マネジャーやリーダーの潜在能力を客観的かつ完全に把握することができる。

ギャラップはこれまでも、マネジャー採用アセスメントに関連するパフォーマンスデータを、そのアセスメントが現場で使用された後に収集してきた。その尺度には、第一線のマネジャーから執行役員まで、さまざまなレベルが含まれている。ギャラップは、これらのデータをもとに併存的妥当性と予測的妥当性の研究を行い、採用アセスメントのスコアとパフォーマンス成果の関係を調査してきた。パフォーマンス成果には、業績評価やマネジャー直属の部下のエンゲージメント、管理する事業単位の財務実績、生産性、顧客によるサービス品質の評価、マネジャー直属の部下の離職率、パフォーマンスの複合指標（財務と非財務の複合指標）などが含まれている。

過去数十年にわたってさまざまな研究を行ってきたが、そのなかには、採用アセスメントに関して行われた過去2回のメタ分析（Schmidt & Rader, 1999; Harter et al., 2004）で参照されたものも含まれている。本研究の目的は、過去のメタ分析を更新することであり、特に、組織の成果に向けて、人々のマネジメントを含めて職務上要求されているマネジャーの選考測定ツールを研究の対象とする。ギャラップは過去の研究から得られた内容をもとに、本報告書の焦点であるマネ

ジャー選考アセスメントをすでに開発している。したがって、過去の研究から得られたメタ分析による妥当性の推定値は、現在のアセスメントの妥当性と異なる設定での一般化可能性を理解するための基礎となる。

方法　このメタ分析では、ギャラップがこれまでに開発してきた詳細な評価（構造化インタビュー）やウェブベースの評価を含む測定ツールの相互検証サンプルのみを対象としている。各パフォーマンス成果変数においてサンプルは独立している。観察された妥当性は、パフォーマンス測定における測定誤差のため、一般的に下方に偏っており、予測的妥当性研究の場合は、マネジャーを選択するために測定ツールのスコアを明示的に使用しているため、範囲制限がある。これらの下方バイアスを補正するために「アーチファクト分布」を使用した。

ギャラップの研究者は、1万4597人のマネジャーを対象とした136の研究を対象とした。これらの研究のうち、81件は予測的妥当性研究、55件は併存的妥当性研究であり、87件は深層（構造化）インタビューから、49件はウェブ評価から得られたものだった。これらの研究には、7つの一般的なパフォーマンス成果が含まれており、一部の研究では複数の成果の相関関係が含まれていた。最も多かったのは上司の業績評価で、次いで従業員エンゲージメント調査における直属の部下からの回答、マネジャーが管理する事業単位の売上高や利益などの財務パフォーマンス指標、成績優秀者に対する賞やボーナス、生産性指標（たとえば金融業では総口座数、ホテルでは宿泊数など）の順だった。7つの研究では、財務実績や顧客エンゲージメント、従業員エンゲージメントを組み合わせた複合パフォーマンス測定を行った。5つの研究では、マネジャーが管理する事業単位が提供しているサービスの質に対する顧客の評価が、3つの研究では、従業員の定着率に関するデータ（従業員の年換算離職率、逆スコア）が含まれていた。

今回の調査では、農業、消費財、建設、金融サービス、小売り、製造、石油、保険、医療、学校、ホテル、レストラン、その他の接客業、軍事、ハイテクなど、さまざまな業界のマネジャーを対象とした。また、英国や米国に加えて、アフリカ、カナダ、インド、マレーシア、シンガポールなどのマネジャーを対象とした国際的なデータも含まれている。また、研究成果によっては、複数の測定方法（財務測定方法など）が提供されているものもある。このような場合、いくつかの基本的な判断ルールに従った。同一の成果に対して、区別できないほど重要な基準尺度が提供されている場合には研究間の相関を平均し、その平均推定値を研究サンプルとした。その他の場合は、特定の測定値が成果に対して最も構成的に妥当な測定値であると判断した。

本研究では、ハンターとシュミット（Hunter & Schmidt, 2004）のメタ分析手法を用いている。多くの異なる研究で蓄積されたデータを統計的に統合するメタ分析は、個々の研究の結果を歪める測定誤差やサンプリング誤差、その他の特異性を統制して強力な情報を提供する。目的としているのは、バイアスを排除し、2つ以上の変数間の真の妥当性や関係性を推定することだ。また、メタ分析で算出される統計値は、研究者が関係性のモデレーターの有無を調査するのにも役立つ。本研究では、相互作用的手順（Hunter & Schmidt, 1990）に、アーチファクト分布に基づくメタ分析の精度を向上させる改良を加えたものを使用した（Hunter & Schmidt, 2004;

Hunter & Schmidt, 1994; Law, Schmidt, & Hunter, 1994; Schmidt et al., 1993）。また、すべての研究が必要な範囲制限と従属変数の信頼性推定値を持っていなかったので、アーチファクト分布メタ分析法を使用した。直接的な範囲制限の補正は、直接的な範囲制限が一般的である予測的妥当性研究にのみ適用した。併存的妥当性研究については、間接的範囲制限補正手順を適用した（Hunter, Schmidt, & Le, 2006）。間接的な範囲制限は、併存的妥当性研究で使用された現職者に見られる可能性が高い。現職者は、偶然よりもパフォーマンスを向上させる何らかの方法で選択されている可能性が高く、基準信頼性の推定値が減衰する可能性が高いからである。併存的研究と予測的研究の両方において、パフォーマンス変数の測定誤差を補正した。

アーチファクト分布——予測変数の信頼性分布　予測変数（独立変数）の信頼性のアーチファクト分布（平均0・82、s＝0・04）は、詳細版とウェブ版の両方を含むアセスメントで報告されたテスト・再テスト信頼性からとった（Harter, 2003）。このメタ分析では、真の妥当性の平均値に予測変数の信頼性の補正を加えていない。むしろ、一般化分析のために、予測変数の信頼性のアーチファクト分布を用いて真の妥当性の標準偏差を補正した。

アーチファクト分布——業績評価　監督者の業績評価には、管理目的で使用される評価と、研究目的のみで使用される評価がある。評価形式は多岐にわたるが、各研究で使用された従属変数は、評価に含まれる項目間の平均値を合成した「総合」評価だった。両方が用意されている場合は、信頼性と内容の網羅性を高めるために後者が用いられた。監督者業績評価の信頼性については、Rothstein（1990）とViswesvaran et al.（1996）によって広範に研究されており、平均0・52（s＝0・10）のアーチファクト分布を形成している。

アーチファクト分布——従業員エンゲージメント　従業員エンゲージメントの測定には、広く研究・報告されているQ12指標を使用した（Harter, Schmidt, Agrawal, & Plowman, 2013）。各マネジャーに報告する従業員の回答を集計した総平均（12項目の平均値）を基準変数として用いた。アーチファクト分布は、Hunter and Schmidt（1996）のシナリオ23の公式に基づき、事業単位でのテスト・再テスト信頼性から作成した。財務成績、生産性、顧客評価、従業員の離職率のテスト・再テスト信頼性は、これらの変数のある期間から次の期間に起こるであろう実際の変化を補正して同じ式を使って計算されている。従業員エンゲージメントのアーチファクト分布信頼性の平均値は0・73（s＝0・14）だった。

アーチファクト分布——財務実績　財務変数には、事業単位レベルのドル売上高、収益、利益、利益成長率、宿泊可能な部屋当たりの売上高（ホテル）、目標に対する利益率、目標に対する粗利益率が含まれる。今回のメタ分析では、新規アカウント数、販売台数、宿泊数など、純粋な財務変数ではない変数を持つ研究を除外し、生産性のカテゴリーに含めたため、財務実績の定義はこれまでのギャラップの分析の定義と若干異なる。また、純粋に財務的な複合指標も含めた。「複合パフォーマンス」カテゴリーには、財務的な成果と非財務的な成果の複合的なものを含めた。財務的な成果は、収益、売上、利益の混合セットを表しているため、Harter et al. (2013) のメタ分析で得られた事業単位レベルの生産性（収益または売上）と利益のアーチファクト分布を組み合わせた。その結果、平均値は0・87（s＝0・18）となった。

アーチファクト分布——生産性　前述のとおり、生産性の指標には、成績優秀賞、ボーナス、総口座数（金融）、宿泊数（ホテル）が含まれる。生産性の記録については、Harter et al. (2004) のパフォーマンス統計と生産性の記録についてまとめられたアーチファクト分布を使用し、平均値は0・98（s＝0・01）とした。

アーチファクト分布——複合パフォーマンス　経営パフォーマンスの複合指標を含む6つの研究では、すべての研究が財務、顧客、従業員のエンゲージメントの成果の合計を含んでいた。Harter et al. (2004) で使用された複合指標のアーチファクト分布を使用し、平均値は0・75（s＝0・04）とした。

アーチファクト分布——顧客の評価　顧客のアンケート回答による顧客へのサービス提供の指標を事業単位レベルで集計した。Harter et al. (2013) でまとめられた平均値0・68（s＝0・20）のアーチファクト分布を用いた。

アーチファクト分布――従業員の定着　事業単位レベルの従業員の離職率のアーチファクト分布もHarter et al.（2013）でまとめられている。平均値は０・５０（ｓ＝０・２６）である。

範囲の制限　前述したように、この分析の対象となる研究には、併存性と予測性の両方の研究が含まれる。予測的妥当性研究では、組織がより高いスコアの応募者を選択する際に明示的な範囲制限がよく発生する。これは、予測的妥当性の推定値を減少させることにつながる。本研究では、ギャラップの研究に基づいて作成されたアーチファクト分布（Harter et al., 2004）を用いた。平均Ｕ（採用された従業員のＳＤ／応募者のＳＤ）は０・７７（ｓ＝０・１６）だった。

結果　図表５－１は、パフォーマンス基準変数の種類別に、研究デザイン（併存性または予測性）ごとのメタ分析結果を示している。先行するメタ分析（Schmidt & Rader, 1999; Harter et al., 2004）では、ギャラップの測定ツールが、マネジャー選考ツールについて収集した研究を含め、さまざまなパフォーマンス成果を予測することがわかった。このことは今回報告されたデータも同様で、いくつかの変数が追加されている。そのなかには、マネジメントの才能と従業員エンゲージメントの関係について行われた多数の研究や、マネジメントの才能とサービス品質に対する顧客の評価の関係を報告した５つの研究などが含まれている。さらには、マネジメントの才能と管理する事業単位での従業員離職率の関係を報告した研究も４つあった。

図表5-1　マネジャーの才能とパフォーマンスの関係性に関するメタ分析

基準変数	サンプルタイプ	症例数	相関関係の数	観測された相関性の平均値	観測された相関性のSD	真の妥当性	真の妥当性のSD	90%信頼性の価値	10%信頼性の価値
複合パフォーマンス	予測性	256	6	0.26	0.07	0.37	0.00	0.37	0.37
業績評価	併存性	2,995	29	0.19	0.13	0.36	0.11	0.22	0.51
	予測性	5,662	26	0.16	0.11	0.28	0.14	0.10	0.46
従業員エンゲージメント	併存性	1,765	22	0.19	0.14	0.30	0.12	0.15	0.46
	予測性	1,013	9	0.18	0.15	0.26	0.15	0.06	0.47
生産性	予測性	685	11	0.17	0.13	0.24	0.01	0.22	0.26
財務実績	予測性	880	21	0.21	0.20	0.29	0.17	0.07	0.51
顧客の評価	予測性	492	6	0.10	0.11	0.15	0.00	0.15	0.15
従業員の維持	予測性	411	3	0.05	0.02	0.11	0.00	0.11	0.11

マネジャーの才能と7つのパフォーマンス成果の関係については、パフォーマンス全体で一般化可能性があることを示す実質的な証拠が残っている。研究間の真の妥当性の分布は、明らかに仮説の方向にある。調査した7つの成果のなかで、予測的妥当性が最も高かったのは複合パフォーマンス（0・37）で、その大きさは測定誤差、範囲制限、サンプリング誤差を補正した後、6つの研究で一貫していた。これは、マネジャーが複数の成果を目指してマネジメントすることからも納得できる。組織のパフォーマンスに才

能が与える影響は、財務的要因と非財務的要因を含む複数の変数の組み合わせによって最もよく表現され、評価されることが期待されるべきである。4つの成果（業績評価、従業員エンゲージメント、生産性、財務実績）についての予測的妥当性は0・24から0・29と、同程度の大きさだった。また、これらの真の妥当性は、研究によって予測的妥当性に多少のばらつきがあるものの、明らかに正の分布を示しており、大いに一般化できるものだった。これは、多くの場面で、これらのパフォーマンス成果に正の相関があることが期待できることを意味している。予測的妥当性のばらつきが最も大きかったのは、財務実績と従業員エンゲージメントだった。妥当性の10パーセンタイルと90パーセンタイルは、それぞれ0・07および0・06から0・51および0・47の範囲だった。これは、財務実績と従業員エンゲージメントの予測分布が明らかに正の方向にあることを示しているが、関係の大きさに関してはいくつかの緩和要因が考えられる。財務実績の効果の大きさは、利用可能な財務指標の種類と、それらの変数に対するマネジャーの影響力の度合いによって調整されている可能性がある。また、マネジメントの才能と従業員エンゲージメントの関係は、時間の経過とともに、さまざまな組織の才能測定に含まれる特定の構成要素に多少依存している可能性もある。にもかかわらず、過去の研究で使用されたさまざまな人材評価は、一貫して財務実績と従業員エンゲージメントの両方をプラスに予測している。効果量の大きさは、実用的効用を判断するためのひとつの要素にすぎない。つまり、事業単位間のパフォーマンスに大きなばらつきがある場合には、効果量が小さくても、より高い金額の実用的効果を説明することができる。次の項では、実用的効用についてくわしく説明する。残りの成果（顧客の評価と従業員の離職率）では、研究数が少ないものの、仮説の方向性に沿った真の妥当性も明らかになった。マネジャーの才能がより高いと、よりポジティブな顧客の評価（0・15）とより高い従業員の定着率（0・11）と関連性がある。

基準関連妥当性係数の解釈

基準に関連する妥当性の証拠は通常、相関関係で表される。当然のことながら、人は疑問を持つかもしれない。果たしてこの相関関係は「大きい」のか。このような質問には、関連する状況で答える必要がある。第一の背景は、人事選考方法の基準関連の妥当性に関する文献での発見である。リーダーシップやマネジメントの有効性に対する気質的要因の予測可能性について発表されたメタ分析研究は限られている。Judge, Bono, Ilies and Gerhardt（2002）は、ビッグファイブ性格特性の測定値とリーダーシップ効果測定値のあいだの真のスコア相関（予測値と基準値の両方の信頼性の低さ、および範囲の制限を補正した後）を0・16（誠実性）から0・24（外向性と経験の開放性）の範囲で報告している。また、Judge, Colbert and Ilies（2004）は、紙と鉛筆で行う知能測定とリーダーシップ効果測定のあいだの真のスコア相関を0・17から0・33とし、効果測定の種類によって関係が異なる可能性があると報告している。マネジャー評価の基準関連妥当性は、Judge et al.（2002）や Judge et al.（2004）で報告されたものと同等であり、場合によってはそれよりも高いと考えられる。

過去20年のあいだに、さまざまなメタ分析研究が採用面接やその他の選考アプローチの妥当性を検討してきた（McDaniel, Whetzel, Schmidt, & Maurer, 1994; Schmidt & Hunter, 1998）。これらの研究で示されているように、妥当性係数のばらつきの原因は、選考評価の種類や測定される構成要素、職種に限らず、基準尺度の種類からも生じる可能性がある。Judge（2002）では、リーダーシップの有効性の測定は主に上司と部下の評価に基づいていた。Judge et al.（2004）では「客観的な」効果測定法（著者らはサバイバルシミュレーションでのチームパフォーマンスなど「定量化可能なスコアに基づく」と定義している）も含まれていた。しかし、どちらの研究にも組織やビジネスの成果指標は含まれていなかったようである。一方、マネジャー評価の基準関連妥当性を推定するために用いられた基準尺度は、職務遂行能力の複数の側面を考慮した複合尺度だった。これらの研究で使用された基準尺度の多様性と評価できる妥当性の推定値は、ギャラップのマネジャー評価を組織的な介入に用いることを強く支持するものである。

妥当性係数の大きさを理解するための、もうひとつの背景は、実際のビジネスへの実用的な影響や潜在的な効用を考慮することである。選考を実施した場合の影響を推定する方法が確立されている。理論的な期待値モデル（Taylor & Russell, 1939）によると、妥当性を一定としたとき、選考手順から得られる実用的な利益は、選考比率の低下に伴って増加する可能性があり、職務上の基本的な成功率（選考ツールを使用しない場合の成功率）にも影響する可能性がある。たとえば、マネジャーの基本成功率を50％と仮定し、メタ分析で得られた0・37の複合パフォーマンス予測的妥当性を適用すると、応募者の上位10％を選考することで成功率は76％に向上し、52％

の改善となる。選考比率が30％の場合、採用者の成功率は67％となり、34％の向上となる。基本成功率を20％、選考比率を10％とすると、採用者の成功率は42％となり、基本成功率の2倍以上となる。選考比率30％の場合、採用者の合格率は33％となる。

財務実績については、ギャラップのデータベースに登録されている事業単位レベルの売上高の平均的な予測的妥当性と変動係数（平均に対する標準偏差の比）を63％と仮定すると、ギャラップの選考ツールでマネジャー応募者の上位10％を選んだ場合、マネジャー1人当たりの売上高が32％向上することになる。上位30％を選んだ場合は、マネジャー1人当たりの売上高が21％向上する。ギャラップが調査した組織内における事業単位間の利益の大きなばらつき（平均変動係数94％）を考慮すると、マネジャー候補の上位10％を選ぶことは、マネジャー1人当たりの利益に48％の差をつけることになる。また、上位30％を選ぶと、マネジャー1人当たりの利益に32％の差が生じる。このような効用の推定は、マネジャーが担当する多くの成果について計算することができる。これらの例は、ギャラップのマネジャー選考ツールを用いた場合、時間の経過とともに事業単位のパフォーマンスに大きな実務的差異が期待できることを示している。

参考文献

本書巻末の参考文献を参照。

謝辞

本書は、ギャラップのサイエンティスト、コンサルタント、クライアント、そして学界の一流の科学者たちが、世界中の職場の数千万人の従業員の意見や行動に基づいて行った数十年にわたる研究の成果です。抽出された調査結果が、52の短い章に凝縮されています。本書の制作にあたっては、次のページに挙げる大規模なチームが、さまざまな指示や進行管理、批判的思考、研究、編集指導を行ってくれました。その不断の努力に心から感謝します。

最後に、私たちの恩師であるドン・クリフトン（1924－2003年）に感謝します。彼は、強みに基づく心理学の父であり、〈クリフトン・ストレングス〉の考案者です。私たちに「人のよいところを研究する」ことを教えてくれました。

Editor: Geoff Brewer

Gallup Press Publisher: Seth Schuchman

Chief of Staff for Jim Clifton: Christine Sheehan

Copy editing: Kelly Henry

Fact checking: Trista Kunce

Design: Samantha Allemang

Writing and editing contributions: Ryan Pendell

Administrative support: Carissa Christensen, Shawna Hubbard-Thomas, Deann Wootton

Writing and editing for websites and marketing: Rachael Breck, Jessica Schatz, Kelly Slater, Jane Smith

Gallup Press coordinator: Christy Trout

Marketing and project management: Jessica Kennedy

Communications: Ashley Anderson, Anand Madhavan, Bryant Ott, Shari Theer

Technology: Katie Barton, Ryan Kronschnabel, Morgan Lubeck, Emily Ternus

Internal project management: Chelsea Boryca, Tiffany Saulnier

Science team: Sangeeta Agrawal, Jim Asplund, Kristin Barry, Anthony Blue, Nate Dvorak, Cheryl Fernandez, Ellyn Maese, Shane McFeely, Marco Nink, Stephanie Plowman, Joe Streur, Ben Wigert, Dan Witters, Daniela Yu

Peer review: Jon Clifton, Larry Emond, Vipula Gandhi, Dean Jones, Emily Meyer, Jane Miller, Scott Miller, Melissa Moreno, Matt Mosser, Tom Nolan, Steve O'Brien, Ed O'Boyle, Phil Ruhlman, John Wood

Special thanks to: The girl at United Gate F4 and RaLinda

「マネジャーが、組織の成功のカギである」。これが、この本の一貫した主張です。

マネジャーが自分の能力を最大限発揮して部下の能力を開花させることができれば、部下は顧客のニーズに応えるとともに彼らの意欲を駆き立て、彼らとともに事業を創造していくことができる。そうした信頼に基づいた関係性は持続的成長と収益という実を結びます。

そんな組織の成功の起点となるマネジャーたちの「ニーズ」は、満たされているでしょうか。ただでさえ負荷がかかっているマネジャー自身の「ニーズの容器」が空っぽなら、彼らが部下のニーズを満たし、その力を最大化することなどできるはずがありません。本書で紹介した〈Q12〉は、ニーズが満たされているかどうかを測るための物差しです。

たまに〈Q12〉の調査結果を持って部下であるマネジャーのところへ走っていき、「しっかりしてくれよ」と1on1で叱る方がいますが、それは逆効果です。私たちに問われているのは、組織として本気で「マネジャーの成功」を後押しできているかです。マネジャーの能力を最大化するために全力を尽くす。そのためにリソースや設備が必要なら、「それを提供できない理由」を探すのではなく、何としても提供できるように手を尽くしましょう。

「組織が本気で自分を支援している」と感じるからこそ、マネジャーは「自分の部下の成功」と本気で向き合うことができるのです（ここでいうマネジャーには、チームリーダーから、部長、部門長まで、部下を持つすべての人が含まれます）。部下の成功こそが、マネジャーの成功。この本が紹介するのは、そのための方法です。

〈Q12〉の詳細は本書のなかで説明しているとおりですが、「単にアンケート結果を集計しただけでは、その数値が持つ意味はわからない」という点には十分に注意してください。たとえば、Q2（私は、自分がきちんと仕事をするために必要なリソースや設備を持っている）の回答者全員の平均値が4・0以上だったとしましょう。しかし、これだけでは「高い」とはいえません。数値は、比較されて初めて意味を持ちます。ギャラップが保有する膨大なデータベースと照らし合わせることで初めて「その数値がどこに位置するのか」がわかるのです。日本だけのデータと比較することもできますが、世界で戦っている企業なら、世界規模のデータとの比較が必要です。

また、「本書で取り上げている人材採用や昇進のための才能ベースのアセスメントが〈クリフトン・ストレングス〉ではない」ことについても注意してください。〈クリフトン・ストレングス〉は「能力開発」の起点となるアセスメントであり、「採用」や「昇進」のためのものではありません。〈クリフトン・ストレングス〉の結果やレポートは、能力開発の始まりです。レポートを見ながら、信頼できる人と話し合ってみてください。

マネジャーの方々には、自分らしいコーチング・スタイルやマネジメント・スタイルを確立するために〈クリフトン・ストレングス〉を活用することをお勧めします。「ボスからコーチへ」と言われて戸惑う方も多いと思いますが、自分にとって自然で、やりやすい方法は必ずあります。

これまで私は〈クリフトン・ストレングス〉を使って数々の研修やコーチングをしてきましたが、そうしたなかで「よかったな」と思うことのひとつは、自分の資質を知ることで「マネジャーはこうあるべき」といった思い込みから解放されることです。たとえば、「前任者は戦略を立てるのが上手だったから、自分もうまくやらなければならない」といったプレッシャーを感じる必要はありません。まずは、自分の得意分野を明確にしましょう。そのうえで、「戦略を立てるために使える、あなたの最も得意な思考、感情、行動パターン」を探し当てていくのです。最近は「女性活躍推進」が叫ばれていますが、女性が自分らしいマネジメント・スタイルを確立する際においても、このことは特に重要です。あなたらしさを活かしてください。

人の力を最大化するために、あなたのどの資質がどう役立つのかを、ぜひ探求してほしいと思います。〈Q12〉のなかでも、Q3（私は仕事をするうえで、自分の最も得意なことをする機会が毎日ある）やQ4（この1週間のあいだに、よい仕事をしていると褒められたり、認められたりした）は、日本企業において特に低い傾向にあります。これからの働き方に合わせて、自分らしいやり方でアップグレードしていきましょう。

さて、この本の原著が米国で出版されたのは、新型コロナウイルス感染拡大の前でした。しかし、このタイミングで本書が日本で出版される運びとなったのは、ある意味、幸運だったのではないかと思います。というのも、ほんの数年前まで私たちにとっては遠い話だった「リモートワーク」が当たり前になるなど、働き方をめぐる環境が一変したからです。

先が見えない大きな変動の時代だからこそ、不安という感情的なニーズに応え、的確な判断を下せるようにストレングスとエンゲージメントで従業員の心としっかりつながり、人の力を最大化する組織をつくることが、これまで以上に大切になってきていると思います。ストレングスやエンゲージメントを深めていくことは「終わりのない旅」ですが、それでも一歩踏み出せば、きっと世界が違って見えてくるはずです。本書の翻訳にあたっては、私自身が日ごろ「実践者」として取り組んでいる目線での理解や経験も込めて伝えられるように心がけました。

なかには耳慣れない訳語もあると思います。たとえば「Individual Contributor」。これは、事務職や専門職など、マネジメント職以外に就いている幅広い人を指します。本来なら「一般社員」や「非管理職」という訳語が当てはまるのかもしれませんが、それだと「マネジャーになる以外にも昇進の道が開けるキャリアパスを用意しよう」という本書の趣旨に反してしまいます。このため「個人貢献者」と訳すことにしました。「自分の仕事に誇りを持って組織に貢献している」という意味を込めたかったのです。

そして、この「自分の仕事に誇りを持って組織に貢献している」状態こそ、エンゲージした従業員の姿です。エンゲージメントが組織内のあらゆる階層で高まったとき、組織は生き生きと鼓動しはじめ、その躍動が顧客へと波及していくのです。

最後になりましたが、大きな喜びと学びを与えてくださったクライアントの皆様に心から感謝を申し上げます。そして、ギャラップの皆様にもお礼を申し上げます。著者の Jim Clifton と Jim Harter に、本書の出版を後押ししてくれた Seth Schuchman に、同僚の成功をいつも後押しする Jacque Merritt, Suimin Feng, Kanika Singh, Vidhya Thomas, Danny Lee に、国内で活躍する松隈信一郎氏、大岸良恵氏、内藤博之氏に心より感謝申し上げます。そして、〈クリフトン・ストレングス〉の生みの親であるドン・クリフトンの著書を初めて国内で紹介してくださった日本経済新聞出版の伊藤公一氏にも心からお礼を申し上げます。今回も私の細かな修正に辛抱強く対応してくださいました。

エンゲージメントやストレングスの真価は、パフォーマンスを飛躍的に高めることにあります。そのためには、まず、あなたから始めましょう。あなたの成功を心から祈っています。そして、「人の力を最大化する組織」が多数生まれれば、日本経済は必ずや次のフェーズへと進んでいくでしょう。本書がその一歩を踏み出すための一助になることを願っています。

2022年5月

古屋博子

425-438.

McDaniel, M. A., Whetzel, D. L., Schmidt, F. L., & Maurer, S. D. (1994). The validity of employment interviews: A comprehensive review and meta-analysis. *Journal of Applied Psychology*, 79, 599-616.

Rothstein, H. R. (1990). Interrater reliability of job performance ratings: Growth to asymptote level with increasing opportunity to observe. *Journal of Applied Psychology*, 75, 322-327.

Schmidt, F. L., & Hunter, J. E. (1998). The validity and utility of selection methods in personnel psychology: Practical and theoretical implications of 85 years of research findings. *Psychological Bulletin*, 124 (2), 262.

Schmidt, F. L., Law, K., Hunter, J. E., Rothstein, H. R., Pearlman, K., & McDaniel, M. (1993). Refinements in validity generalization methods: Implications for the situational specificity hypothesis. *Journal of Applied Psychology*, 78, 3-12.

Schmidt, F. L., & Rader, M. (1999). Exploring the boundary conditions for interview validity: Meta-analytic validity findings for a new interview type. *Personnel Psychology*, 52, 445-464.

Taylor, H. C., & Russell, J. T. (1939). The relationship of validity coefficients to the practical effectiveness of tests in selection: discussion and tables. *Journal of Applied Psychology*, 23 (5), 565.

Viswesvaran, C., Ones, D. S., & Schmidt, F. L. (1996). Comparative analysis of the reliability of job performance ratings. *Journal of Applied Psychology*, 81, 557-574.

Schmidt, F. L., & Hunter, J. E. (1977). Development of a general solution to the problem of validity generalization. *Journal of Applied Psychology*, 62 (5), 529.

Schmidt, F. L., & Hunter, J. E. (1996). Measurement error in psychological research: Lessons from 26 research scenarios. *Psychological Methods*, 1 (2), 199-223.

Schmidt, F. L., & Rauschenberger, J. (1986, April). Utility analysis for practitioners. Paper presented at the first annual conference of The Society for Industrial and Organizational Psychology, Chicago, IL.

Sechrest, L., & Yeaton, W. H. (1982). Magnitudes of experimental effects in social science research. *Evaluation Review*, 6 (5), 579-600. doi: 10.1177/0193841X8200600501

巻末資料5

Harter, J. K. (2003). *Test-retest reliability of Gallup selection assessments.* Gallup Technical Report. Omaha, NE.

Harter, J. K., Hayes, T. L., & Schmidt, F. L. (2004). *Meta-analytic predictive validity of Gallup Selection Research Instruments (SRI)*. Gallup Technical Report. Omaha, NE.

Harter, J. K., Schmidt, F. L., Agrawal, S. A., & Plowman, S. K. (2013). *The relationship between engagement at work and organizational outcomes: 2012 Q^{12} meta-analysis.* Gallup Technical Report. Omaha, NE.

Hunter, J. E., & Schmidt, F. L. (1990). *Methods of meta-analysis: Correcting error and bias in research findings.* Newbury Park, CA: Sage.

Hunter, J. E., & Schmidt, F. L. (1994). Estimation of sampling error variance in the meta-analysis of correlations: Use of average correlation in the homogeneous case. *Journal of Applied Psychology*, 79, 171-177.

Hunter, J. E., & Schmidt, F. L. (1996). Measurement error in psychological research: Lessons from 26 research scenarios. *Psychological Methods*, 1, 199-223.

Hunter, J. E., & Schmidt, F. L. (2004). Methods of meta-analysis: Correcting error and bias in research findings (2nd ed.). Newbury Park, CA: Sage.

Hunter, J. E., Schmidt, F. L., & Le, H. A. (2006). Implications of direct and indirect range restriction for meta-analysis methods and findings. *Journal of Applied Psychology*, 91, 594-612.

Judge, T. A., Bono, J. E., Ilies, R., & Gerhardt, M. W. (2002). Personality and leadership: A qualitative and quantitative review. *Journal of Applied Psychology*, 87, 765-780.

Judge, T. A., Colbert, A. E., & Ilies, R. (2004). Intelligence and leadership: A quantitative review and test of theoretical propositions. *Journal of Applied Psychology*, 89, 542-552.

Law, K. S., Schmidt, F. L., & Hunter, J. E. (1994). Nonlinearity of range corrections in meta-analysis: Test of an improved procedure. *Journal of Applied Psychology*, 79,

Human Resource Planning, 14 (2), 151-157.

Schneider, B., Ashworth, S. D., Higgs, A. C., & Carr, L. (1996). Design, validity, and use of strategically focused employee attitude surveys. *Personnel Psychology*, 49 (3), 695-705.

Schneider, B., & Bowen, D. E. (1993). The service organization: Human resources management is crucial. Organizational Dynamics, 21, 39-52.

Schneider, B., Parkington, J. J., & Buxton, V. M. (1980). Employee and customer perceptions of service in banks. *Administrative Science Quarterly*, 25, 252-267.

Sechrest, L., & Yeaton, W. H. (1982). Magnitudes of experimental effects in social science research. *Evaluation Review*, 6 (5), 579-600.

Ulrich, D., Halbrook, R., Meder, D., Stuchlik, M., & Thorpe, S. (1991). Employee and customer attachment: Synergies for competitive advantage. Human Resource Planning, 14 (2), 89-103.

Wagner, R., & Harter, J. K. (2006). *12: The elements of great managing*. New York: Gallup Press.

Whitman, D. S., Van Rooy, D. L., & Viswesvaran, C. (2010). Satisfaction, citizenship behaviors, and performance in work units: A meta-analysis of collective construct relations. *Personnel Psychology*, 63 (1), 41-81.

Wiley, J. W. (1991). Customer satisfaction: A supportive work environment and its financial cost. Human Resource Planning, 14 (2), 117-127.

Zohar, D. (1980). Safety climate in industrial organizations: Theoretical and applied implications. *Journal of Applied Psychology*, 65 (1), 96-102.

Zohar, D. (2000). A group-level model of safety climate: Testing the effect of group climate on microaccidents in manufacturing jobs. *Journal of Applied Psychology*, 85 (4), 587-596.

巻末資料4

Abelson, R. P. (1985). A variance explanation paradox: When a little is a lot. *Psychological Bulletin*, 97 (1), 129-133. doi: 10.1037/0033-2909.97.1.129

Carver, R. P. (1975). The Coleman report: Using inappropriately designed achievement tests. *American Educational Research Journal*, 12 (1), 77-86.

Cohen, J. (1988). *Statistical power analysis for the behavioral sciences* (2nd ed.). Hillsdale, NJ: Lawrence Earlbaum Associates.

Lipsey, M. W. (1990). *Design sensitivity: Statistical power for experimental research*. Newbury Park, CA: SAGE Publications.

Rosenthal, R., Rosnow, R. L., Rubin, D. B. (2000). Contrasts and effect sizes in behavioral research: A correlational approach. Cambridge: Cambridge University Press.

of employee engagement in the prediction of employee effectiveness: A meta-analytic path analysis. *Human Resource Management Review,* 27 (1), 108-120.

Mosier, C. I. (1943). On the reliability of a weighted composite. *Psychometrika*, 8, 161-168.

Newman, D. A., Harrison, D. A., Carpenter, N. C., & Rariden, S. M. (2016). Construct mixology: Forming new management constructs by combining old ones. *The Academy of Management Annals,* 10 (1), 943-995.

Ostroff, C. (1992). The relationship between satisfaction, attitudes, and performance: An organizational level analysis. *Journal of Applied Psychology*, 77 (6), 963-974.

Reynierse, J. H., & Harker, J. B. (1992). Employee and customer perceptions of service in banks: Teller and customer service representative ratings. Human Resource Planning, 15 (4), 31-46.

Rosenthal, R., & Rubin, D. B. (1982). A simple, general purpose display of magnitude of experimental effect. *Journal of Educational Psychology*, 74, 166-169.

Schmidt, F. L. (1992). What do data really mean? Research findings, meta-analysis, and cumulative knowledge in psychology. *American Psychologist*, 47 (10), 1173-1181.

Schmidt, F. L., & Hunter, J. E. (1996). Measurement error in psychological research: Lessons from 26 research scenarios. *Psychological Methods*, 1 (2), 199-223.

Schmidt, F. L., & Hunter, J. E. (2015). Methods of meta-analysis: Correcting error and bias in research findings. (3rd ed.). Thousand Oaks, CA: Sage.

Schmidt, F. L., Hunter, J. E., McKenzie, R. C., & Muldrow, T. W. (1979). Impact of valid selection procedures on work-force productivity. *Journal of Applied Psychology*, 64 (6), 609-626.

Schmidt, F. L., Hunter, J. E., Pearlman, K., & Rothstein-Hirsh, H. (1985). Forty questions about validity generalization and meta-analysis. *Personnel Psychology*, 38, 697-798.

Schmidt, F. L., & Le, H. A. (2004). Software for the Hunter-Schmidt meta-analysis methods. Iowa City, IA: Tippie College of Business, University of Iowa.

Schmidt, F. L., Oh, I. S., & Shaffer, J. A. (2016). The validity and utility of selection methods in personnel psychology: Practical and theoretical implications of 100 years of research findings. *Fox School of Business Research Paper*.

Schmidt, F. L., & Rader, M. (1999). Exploring the boundary conditions for interview validity: Meta-analytic validity findings for a new interview type. *Personnel Psychology*, 52, 445-464.

Schmidt, F. L., & Rauschenberger, J. (1986, April). Utility analysis for practitioners. In *the First Annual Conference of The Society for Industrial and Organizational Psychology*, Chicago, IL.

Schmit, M. J., & Allscheid, S. P. (1995). Employee attitudes and customer satisfaction: Making theoretical and empirical connections. *Personnel Psychology*, 48, 521-536.

Schneider, B. (1991). Service quality and profits: Can you have your cake and eat it too?

Harter, J. K., Schmidt, F. L., & Killham, E. A. (2003, July). Employee engagement, satisfaction, and business-unit-level outcomes: A meta-analysis. Omaha, NE: The Gallup Organization.

Harter, J. K., Schmidt, F. L., Killham, E. A., & Agrawal, S. (2009). Q^{12} meta-analysis. Omaha, NE: Gallup.

Harter, J. K., Schmidt, F. L., Killham, E. A., & Asplund, J. W. (2006). Q^{12} meta-analysis. Omaha, NE: Gallup.

Harter, J. K., & Stone, A. A. (2012). Engaging and disengaging work conditions, momentary experiences and cortisol response. *Motivation and Emotion*, 36 (2), 104-113.

Hunter, J. E., & Schmidt, F. L. (1983). Quantifying the effects of psychological interventions on employee job performance and work-force productivity. *American Psychologist*, 38 (4), 473-478.

Hunter, J. E., & Schmidt, F. L. (1990). *Methods of meta-analysis: Correcting error and bias in research findings*. Newbury Park, CA: Sage.

Hunter, J. E., & Schmidt, F. L. (2004). *Methods of meta-analysis: Correcting error and bias in research findings* (2nd ed.). Newbury Park, CA: Sage.

Hunter, J. E., Schmidt, F. L., & Le, H. A. (2006). Implications of direct and indirect range restriction for meta-analysis methods and findings. *Journal of Applied Psychology*, 91, 594-612.

Huselid, M. A. (1995). The impact of human resource management practices on turnover, productivity, and corporate financial performance. *Academy of Management Journal*, 38 (3), 635-672.

Iaffaldano, M. T., & Muchinsky, P. M. (1985). Job satisfaction and job performance: A meta-analysis. *Psychological Bulletin*, 97 (2), 251-273.

Johnson, J. W. (1996). Linking employee perceptions of service climate to customer satisfaction. *Personnel Psychology*, 49, 831-851.

Jones, J. R., & Harter, J. K. (2004). Race effects on the employee engagement-turnover intention relationship. *Journal of Leadership & Organizational Studies*, 11 (2), 78-87.

Judge, T. A., Thoresen, C. J., Bono, J. E., & Patton, G. K. (2001). The job satisfaction-job performance relationship: A qualitative and quantitative review. *Psychological Bulletin*, 127 (3), 376-407.

Lipsey, M. W. (1990). *Design sensitivity: Statistical power for experimental research*. Newbury Park, CA: Sage.

Lipsey, M. W., & Wilson, D. B. (1993). The efficacy of psychological, educational, and behavioral treatment: Confirmation from meta-analysis. *American Psychologist*, 48 (12), 1181-1209.

Mackay, M. M., Allen, J. A., & Landis, R. S. (2017). Investigating the incremental validity

Harter, J. K., Canedy, J., & Stone, A. (2008). A longitudinal study of engagement at work and physiologic indicators of health. In *Work, Stress, & Health Conference*. Washington, D.C.

Harter, J. K., & Creglow, A. (1997). A meta-analysis and utility analysis of the relationship between core GWA employee perceptions and business outcomes. Lincoln, NE: The Gallup Organization.

Harter, J. K., & Creglow, A. (1998, July). A meta-analysis and utility analysis of the relationship between core GWA employee perceptions and business outcomes. Lincoln, NE: The Gallup Organization.

Harter, J. K., Hayes, T. L., & Schmidt, F. L. (2004, January). Meta-analytic predictive validity of Gallup Selection Research Instruments (SRI). Omaha, NE: The Gallup Organization.

Harter, J. K., & Schmidt, F. L. (2000, March). Validation of a performance-related and actionable management tool: A meta-analysis and utility analysis. Princeton, NJ: The Gallup Organization.

Harter, J. K., & Schmidt, F. L. (2002, March). Employee engagement, satisfaction, and business-unit-level outcomes: A meta-analysis. Lincoln, NE: The Gallup Organization.

Harter, J. K., & Schmidt, F. L. (2006). Connecting employee satisfaction to business unit performance. In A. I. Kraut (Ed.), *Getting action from organizational surveys: New concepts, technologies, and applications* (pp. 33-52). San Francisco: Jossey-Bass.

Harter, J. K., & Schmidt, F. L. (2008). Conceptual versus empirical distinctions among constructs: Implications for discriminant validity. Industrial and Organizational Psychology, 1, 37-40.

Harter, J. K., Schmidt, F. L., Agrawal, S., & Plowman, S. K. (2013, February). *The relationship between engagement at work and organizational outcomes: 2012 Q12® meta-analysis*. Omaha, NE: Gallup.

Harter, J. K., Schmidt, F. L., Agrawal, S., Plowman, S. K., & Blue, A. (2016). *The relationship between engagement at work and organizational outcomes: 2016 Q12® meta-analysis: Ninth edition*. Omaha, NE: Gallup.

Harter, J. K., Schmidt, F. L., Agrawal, S., Plowman, S. K., & Blue, A. T. (2020). Increased business value for positive job attitudes during economic recessions: A meta-analysis and SEM analysis. *Human Performance*, 33 (4), 307-330.

Harter, J. K., Schmidt, F. L., Asplund, J. W., Killham, E. A., & Agrawal, S. (2010). Causal impact of employee work perceptions on the bottom line of organizations. *Perspectives on Psychological Science*, 5 (4), 378-389.

Harter, J. K., Schmidt, F. L., & Hayes, T. L. (2002). Business-unit-level relationship between employee satisfaction, employee engagement, and business outcomes: A meta-analysis. *Journal of Applied Psychology*, 87 (2), 268-279.

巻末資料3

Abelson, R. P. (1985). A variance explanation paradox: When a little is a lot. *Psychological Bulletin*, 97 (1), 129-133.

Agrawal, S., & Harter, J. K. (2009, October). Employee engagement influences involvement in wellness programs. Omaha, NE: Gallup.

Badal, S., & Harter, J. K. (2014). Gender diversity, business-unit engagement, & performance. *Journal of Leadership & Organizational Studies*, 2 (4), 354-365.

Bangert-Drowns, R. L. (1986). Review of developments in meta-analytic method. *Psychological Bulletin*, 99 (3), 388-399.

Batt, R. (2002). Managing customer services: Human resource practices, quit rates, and sales growth. *Academy of Management Journal*, 45 (3), 587-597.

Carver, R. P. (1975). The Coleman Report: Using inappropriately designed achievement tests. *American Educational Research Journal*, 12 (1), 77-86.

Denison, D. R. (1990). Corporate culture and organizational effectiveness. New York: John Wiley.

Edmans, A. (2012, November 1). The link between job satisfaction and firm value, with implications for corporate social responsibility. *Academy of Management Perspectives*, 26 (4), 1-19.

Fleming, J. H., Coffman, C., & Harter, J. K. (2005, July-August). Manage your Human Sigma. *Harvard Business Review*, 83 (7), 106-114.

Gallup (2010). The state of the global workplace: A worldwide study of employee engagement and wellbeing. Omaha, NE: Gallup.

Gallup, G. H. (1976, Winter). Human needs and satisfactions: A global survey. *Public Opinion Quarterly*, 40 (4), 459-467.

Gallup, G. H., & Hill, E. (1959). The secrets of long life. New York: Bernard Geis.

The Gallup Organization (1993-1998). Gallup Workplace Audit (Copyright Registration Certificate TX-5 080 066). Washington, D.C.: U.S. Copyright Office.

Grissom, R. J. (1994). Probability of the superior outcome of one treatment over another. *Journal of Applied Psychology*, 79 (2), 314-316.

Harrison, D. A., Newman, D. A., & Roth, P. L. (2006). How important are job attitudes? Meta-analytic comparisons of integrative behavioral outcomes and time sequences. *Academy of Management Journal*, 49 (2), 305-325.

Harter, J. K., & Agrawal, S. (2011). Cross-cultural analysis of Gallup's Q^{12} employee engagement instrument. Omaha, NE: Gallup.

Harter, J. K., Asplund, J. W., & Fleming, J. H. (2004, August). Human Sigma: A meta-analysis of the relationship between employee engagement, customer engagement and financial performance. Omaha, NE: The Gallup Organization.

Petti, B., & Williams, S. (2015, March 11). *Use different analytics to solve different problems*. Retrieved December 10, 2018, from https://news.gallup.com/opinion/gallup/181943/different-analytics-solve-different-problems.aspx

Schmarzo, B. (2014, February 6). *KPMG survey: Firms struggle with big data*. Retrieved December 10, 2018, from https://infocus.dellemc.com/william_schmarzo/kpmg-survey-firms-struggle-with-big-data/?utm_source=link_newsv9&utm_campaign=item_193574&utm_medium=copy

終章

Asplund, J., Harter, J. K., Agrawal, S., & Plowman, S. K. (2015). *The relationship between strengths-based employee development and organizational outcomes 2015 strengths meta-analysis*. Retrieved December 10, 2018, from https://news.gallup.com/reports/193427/strengths-meta-analysis-2015.aspx

Fleming, J. H., & Asplund, J. (2007). *Human sigma: Managing the employee-customer encounter*. New York: Gallup Press.

Fleming, J. H., Coffman, C., & Harter, J. (2005). Manage your human sigma. *Harvard Business Review*, 83 (7), 106-14.

Harter, J. K. (2000). Managerial talent, employee engagement, and business-unit performance. *The Psychologist-Manager Journal*, 4 (2), 215-224.

Harter, J. K., Hayes, T. L., & Schmidt, F. L. (2004). Meta-analytic predictive validity of Gallup selection research instruments (SRI). Omaha, NE: Gallup.

Schmidt, F. L., Oh, I. S., & Shaffer, J. A. (2016). The validity and utility of selection methods in personnel psychology: Practical and theoretical implications of 100 years of research findings. Retrieved December 7, 2018, from https://www.testingtalent.net/wp-content/uploads/2017/04/2016-100-Yrs-Working-Paper-on-Selection-Methods-Schmit-Mar-17.pdf

Schmidt, F. L., & Rader, M. (1999). Exploring the boundary conditions for interview validity: Meta-analytic validity findings for a new interview type. *Personnel Psychology*, 52 (2), 443-464.

Yang, Y., Harter, J. K., Streur, J. H., Agrawal, S., Dvorak, N., & Walker, P. (2013). *The Gallup manager assessment: Technical report*. Omaha, NE: Gallup.

Yu, D., Harter, J. K., Fleming, J. (2014). The relationship between customer engagement and organizational outcomes in the business-to-consumer context: 2014 B2C customer engagement meta-analysis. Omaha, NE: Gallup.

of the 2018 ACM/IEEE International Conference on Human-Robot Interaction, Chicago.

Strohkorb, S., Huang, C., Ramachandran, A., & Scassellati, B. (2016). Establishing sustained, supportive human-robot relationships: Building blocks and open challenges. In *AAAI Spring Symposia*, Palo Alto, CA.

Thomaz, A. L., & Breazeal, C. (2008). Teachable robots: Understanding human teaching behavior to build more effective robot learners. *Artificial Intelligence*, 172 (6-7), 716-737.

Tsarouchi, P., Michalos, G., Makris, S., Athanasatos, T., Dimoulas, K., & Chryssolouris, G. (2017). On a human-robot workplace design and task allocation system. *International Journal of Computer Integrated Manufacturing*, 30 (12), 1272-1279.

Unhelkar, V. V., & Shah, J. A. (2016). ConTaCT: Deciding to communicate during time-critical collaborative tasks in unknown, deterministic domains. In *Thirtieth AAAI Conference on Artificial Intelligence*, Phoenix, AZ.

Xu, A., & Dudek, G. (2015). OPTIMo: Online Probabilistic Trust Inference Model for asymmetric human-robot collaborations. In *10th ACM/IEEE International Conference on Human-Robot Interaction, Workshop on the Emerging Policy and Ethics of Human-Robot Interaction*, Portland, OR.

第52章

2018年のギャラップの調査（ヨーロッパのフルタイムおよびパートタイムの従業員4,000人を対象）では、ドイツの従業員の36%が「自分の会社は、適切な意思決定を行うために、利用可能なデータをうまく活用している」ことに強く同意しています。フランスでは32%、スペインでは31%、英国では29%の従業員が同じように回答しました。

Goasduff, L. (2015, September 15). *Gartner says business intelligence and analytics leaders must focus on mindsets and culture to kick start advanced analytics*. Retrieved December 10, 2018, from https://www.gartner.com/newsroom/id/3130017?utm_source=link_newsv9&utm_campaign=item_193574&utm_medium=copy

Kruse, W. E., & Dvorak, N. (2016, March 16). *Managing employee risk demands data, not guesswork*. Retrieved December 10, 2018, from https://news.gallup.com/businessjournal/189878/managing-employee-risk-demands-data-not-guesswork.aspx

Leonard, D., & Nelson, B. (2018, July 14). *Successful predictive analytics demand a data-driven workplace*. Retrieved December 10, 2018, from https://news.gallup.com/businessjournal/193574/successful-predictive-analytics-demand-data-driven-culture.aspx

Petti, B. (2018, May 3). *4 keys to becoming a data-driven HR leader*. Retrieved December 10, 2018, from https://www.gallup.com/workplace/236084/keys-becoming-data-driven-leader.aspx

production systems: Analysis of requirements for designing an ergonomic work system. *Procedia Manufacturing*, 3, 510-517.

Faggella, D. (2018, November 29). *Machine learning in human resources—— applications and trends*. Retrieved December 10, 2018, from https://www.techemergence.com/machine-learning-in-human-resources/

Fairchild, M. (n.d.). *The top 5 HRIS mistakes and how to avoid them*. Retrieved December 10, 2018, from http://www.hrlab.com/hris-mistakes.php

Hayes, B., & Scassellati, B. (2014). Discovering task constraints through observation and active learning. In *2014 IEEE/RSJ International Conference on Intelligent Robots and Systems*, Chicago.

Jain, D., & Sharma, Y. (2017). Adoption of next generation robotics: A case study on Amazon. *Perspectiva: A Case Research Journal*, 3, 9-23.

Kahneman, D. (2015). *Thinking, Fast and Slow*. New York: Farrar, Straus and Giroux.

Leite, I., McCoy, M., Ullman, D., Salomons, N., & Scassellati, B. (2015). Comparing models of disengagement in individual and group interactions. In *10th ACM/IEEE International Conference on Human-Robot Interaction, Workshop on the Emerging Policy and Ethics of Human-Robot Interaction*, Portland, OR.

Leite, I., Pereira, A., Castellano, G., Mascarenhas, S., Martinho, C., & Paiva, A. (2012). Modelling empathy in social robotic companions. In L. Ardissono, & T. Kuflik (Eds.) *Advances in user modeling*. UMAP 2011. Lecture Notes in Computer Science, vol. 7138. (pp. 135-147). Berlin: Springer.

Leyzberg, D., Spaulding, S., & Scassellati, B. (2014). Personalizing robot tutors to individuals' learning differences. In *Proceedings of the 2014 ACM/IEEE International Conference on Human-Robot Interaction*, Bielefeld, Germany.

Leyzberg, D., Spaulding, S., Toneva, M., & Scassellati, B. (2012). *The physical presence of a robot tutor increases cognitive learning gains*. CogSci.

Michalos, G., Karagiannis, P., Makris, S., Tokcalar, O., & Chryssolouris, G. (2016). Augmented reality (AR) applications for supporting human-robot interactive cooperation. *Procedia CIRP*, 41, 370-375.

Saerbeck, M., Schut, T., Bartneck, C., & Janse, M. D. (2010). Expressive robots in education——Varying the degree of social supportive behavior of a robotic tutor. In *Proceedings of the 28th ACM Conference on Human Factors in Computing Systems*, Atlanta, pp. 1613-1622.

Sharp, B. (2018). Policy implications of people analytics and the automated workplace. In R. Kiggins (Ed.), *The political economy of robots: Prospects for prosperity and peace in the automated 21st century* (pp. 61-80). Basingstoke, U.K.: Palgrave Macmillan.

Stoll, B., Reig, S., He, L., Kaplan, I., Jung, M. F., & Fussel, S. R. (2018). Wait, can you move the robot?: Examining telepresence robot use in collaborative teams. In *Proceedings*

Semykoz, M. (2018, July 26). *Is your culture ready for the AI era?* Retrieved December 10, 2018, from https://www.gallup.com/workplace/237923/culture-ready-era.aspx

Semykoz, M. (2018, August 3). *How to manage the AI disruption: A culture of purpose.* Retrieved December 10, 2018, from https://www.gallup.com/workplace/238106/manage-disruption-culture-purpose.aspx

Semykoz, M. (2018, August 6). *Are you asking the right questions in the new AI era?* Retrieved December 10, 2018, from https://www.gallup.com/workplace/238151/asking-right-questions-new-era.aspx

Semykoz, M. (2018, August 8). *How to build a culture of confidence in the new age of AI.* Retrieved December 10, 2018, from https://www.gallup.com/workplace/238154/build-culture-confidence-new-age.aspx

Semykoz, M. (2018, August 15). *How to make expert ethical decisions in the AI era.* Retrieved December 10, 2018, from https://www.gallup.com/workplace/238157/expert-ethical-decisions-era.aspx

Semykoz, M. (2018, September 3). *Learn how to cultivate a culture of trust in the AI era.* Retrieved December 10, 2018, from https://www.gallup.com/workplace/238160/learn-cultivate-culture-trust-era.aspx

Semykoz, M. (2018, September 5). *AI is not magic: How to create the right AI culture.* Retrieved December 10, 2018, from https://www.gallup.com/workplace/238163/not-magic-create-right-culture.aspx

第51章

2018年のギャラップの調査（ヨーロッパのフルタイムおよびパートタイムの従業員4,000人を対象）によると、ドイツでは55%、英国では51%、スペインとフランスではともに35%の従業員が「自分の仕事に関連するデータに簡単にアクセスできる」ことに強く同意しています。

Applin, S. A., & Fischer, M. D. (2015). Cooperation between humans and robots: Applied agency in autonomous processes. In *10th ACM/IEEE International Conference on Human-Robot Interaction, Workshop on the Emerging Policy and Ethics of Human-Robot Interaction*, Portland, OR.

Baraka, K., & Veloso, M. (2015). Adaptive interaction of persistent robots to user temporal preferences. In A. Tapus, E. Andre, J. C. Martin, F. Ferland, M. Ammi (Eds.), *Social robotics* (pp. 61-71). Switzerland: Springer.

Carpenter, T. J., & Zachary, W. W. (2017). Using context and robot-human communication to resolve unexpected situational conflicts. In *2017 IEEE Conference on Cognitive and Computational Aspects of Situation Management* (*CogSIMA*), Savannah, GA.

Faber, M., Butzler, J., & Schlick, C. M. (2015). Human-robot cooperation in future

Northeastern University & Gallup (2018). *Optimism and anxiety: Views on the impact of artificial intelligence and higher education's response*. Retrieved December 10, 2018, from https://www.northeastern.edu/gallup/pdf/OptimismAnxietyNortheasternGallup.pdf

Perez, S. (2017). *YouTube promises to increase content moderation and other enforcement staff to 10k in 2018*. Retrieved December 10, 2018, from https://techcrunch.com/2017/12/05/youtube-promises-to-increase-content-moderation-staff-to-over-10k-in-2018/

Reinhart, R. (2018, January 31). *Americans upbeat on artificial intelligence, but still wary*. Retrieved December 10, 2018, from https://news.gallup.com/poll/226502/americans-upbeat-artificial-intelligence-wary.aspx

Reinhart, R. (2018, February 8). *Most U.S. workers unafraid of losing their jobs to robots*. Retrieved December 10, 2018, from https://news.gallup.com/poll/226841/workers-unafraid-losing-jobs-robots.aspx

Reinhart, R. (2018, February 26). *Public split on basic income for workers replaced by robots*. Retrieved December 10, 2018, from https://news.gallup.com/poll/228194/public-split-basic-income-workers-replaced-robots.aspx

Reinhart, R. (2018, March 6). *Most Americans already using artificial intelligence products*. Retrieved December 10, 2018, from https://news.gallup.com/poll/228497/americans-already-using-artificial-intelligence-products.aspx

Reinhart, R. (2018, March 9). *AI seen as greater job threat than immigration, offshoring*. Retrieved December 10, 2018, from https://news.gallup.com/poll/228923/seen-greater-job-threat-immigration-offshoring.aspx

Rugaber, C. S. (2017, October 30). *Robots and automation likely to create more jobs in e-commerce*. Retrieved December 10, 2018, from https://www.inc.com/associated-press/e-commerce-automation-robots-create-more-jobs-amazon-effect.html

第50章

Herway, J. (2018, September 19). *How to set your company apart in a tech-driven world*. Retrieved December 10, 2018, from https://www.gallup.com/workplace/242186/set-company-apart-tech-driven-world.aspx

Northeastern University & Gallup. (2018). *Optimism and anxiety: Views on the impact of artificial intelligence and higher education's response*. Retrieved December 10, 2018, from https://www.northeastern.edu/gallup/pdf/OptimismAnxietyNortheasternGallup.pdf

Reinhart, R. (2018, February 12). *U.S. workers unsure about securing training if AI takes jobs*. Retrieved December 10, 2018, from https://news.gallup.com/poll/226868/workers-unsure-securing-training-takes-jobs.aspx

Institute. Retrieved December 10, 2018, from https://www.mckinsey.com/~/media/McKinsey/Featured%20Insights/Employment%20and%20Growth/Independent%20work%20Choice%20necessity%20and%20the%20gig%20economy/Independent-Work-Choice-necessity-and-the-gig-economy-Full-report.ashx

McFeely, S., & Pendell, R. (2018, August 16). *What workplace leaders can learn from the real gig economy*. Retrieved December 10, 2018, from https://www.gallup.com/workplace/240929/workplace-leaders-learn-real-gig-economy.aspx

第49章

2018年のギャラップの調査（ヨーロッパのフルタイムおよびパートタイムの従業員4,000人を対象）では、ドイツの労働者の37％が「自分の会社は生産性向上に役立つ新技術を直ちに導入している」ことに強く同意しています。フランスでは26％、英国では21％、スペインでは18％の従業員が同じように回答しました。米国と同様、これらのヨーロッパ諸国の従業員の大多数は、新技術の導入によって今後5年以内に自分の仕事がなくなるとは考えていません。

Brynjolfsson, E., & McAfee, A. (2012). Race against the machine: How the digital revolution is accelerating innovation, driving productivity, and irreversibly transforming employment and the economy. Lexington, MA: Digital Frontier Press.

Chang, S. (2017, September 2). *This chart spells out in black and white just how many jobs will be lost to robots*. Retrieved December 10, 2018, from http://www.marketwatch.com/story/this-chart-spells-out-in-black-and-white-just-how-many-jobs-will-be-lost-to-robots-2017-05-31

Daugherty, P., & Wilson, H. J. (2018). *Process reimagined: Together, people and AI are reinventing business processes from the ground up*. Retrieved December 10, 2018, from https://www.accenture.com/t20180424T033337Z__w__/us-en/_acnmedia/PDF-76/Accenture-Process-Reimagined.pdf

Dugan, A., & Nelson, B. (2017, June 8). *3 trends that will disrupt your workplace forever*. Retrieved December 10, 2018, from https://www.gallup.com/workplace/235814/trends-disrupt-workplace-forever.aspx

Frey, C. B., & Osborne, M. A. (2017). The future of employment: How susceptible are jobs to computerisation? *Technological Forecasting & Social Change,* 114, 254-280.

Levin, S. (2017, December 5). Google to hire thousands of moderators after outcry over YouTube abuse videos. *The Guardian*. Retrieved December 10, 2018, from https://www.theguardian.com/technology/2017/dec/04/google-youtube-hire-moderators-child-abuse-videos

Newport, F. (2017, May 17). *One in four U.S. workers say technology will eliminate job*. Retrieved December 10, 2018, from http://www.gallup.com/poll/210728/one-four-workers-say-technology-eliminate-job.aspx

Krieger, J. (2010, October 5). *Creating a culture of innovation.* Retrieved December 10, 2018, from https://news.gallup.com/businessjournal/143282/Creating-Culture-Innovation.aspx

Ratanjee, V., & Dvorak, N. (2018, September 18). *Mastering matrix management in the age of agility.* Retrieved December 10, 2018, from https://www.gallup.com/workplace/242192/mastering-matrix-management-age-agility.aspx

第47章

Gallup. (2018). *Gallup's perspective on the gig economy and alternative work arrangements.* Retrieved December 10, 2018, from https://www.gallup.com/workplace/240878/gig-economy-paper-2018.aspx

Katz, L. F., & Krueger, A. B. (2016). *The rise and nature of alternative work arrangements in the United States, 1995-2015* (No. w22667). National Bureau of Economic Research.

McFeely, S. (2017, June 5). *Is the growing Uber-economy a threat to small businesses?* Retrieved December 10, 2018, from https://news.gallup.com/opinion/gallup/211739/growing-uber-economy-threat-small-businesses.aspx

McFeely, S. (2018, August 30). *7 ways your organization can capitalize on the gig economy.* Retrieved December 10, 2018, from https://www.gallup.com/workplace/241769/ways-organization-capitalize-gig-economy.aspx

McFeely, S., & Pendell, R. (2018, August 16). *What workplace leaders can learn from the real gig economy.* Retrieved December 10, 2018, from https://www.gallup.com/workplace/240929/workplace-leaders-learn-real-gig-economy.aspx

Newport, F., & McFeely, S. (2018, September 19). *What is the future of the U.S. gig economy?* [Audio blog post]. Retrieved December 10, 2018, from https://news.gallup.com/podcast/242315/future-gig-economy.aspx

第48章

Deutschkron, S., & Pearce, C. (2017, October 17). Freelancers predicted to become the U.S. workforce majority within a decade, with nearly 50% of millennial workers already freelancing, annual "Freelancing in America" study finds. Retrieved December 10, 2018, from https://www.upwork.com/press/2017/10/17/freelancing-in-america-2017/

Gallup. (2018). *Gallup's perspective on the gig economy and alternative work arrangements.* Retrieved December 10, 2018, from https://www.gallup.com/workplace/240878/gig-economy-paper-2018.aspx

Manyika, J., Lund, S., Bughin, J., Robinson, K., Mischke, J., & Mahajan, D. (2016 October). Independent work: Choice, necessity, and the gig economy. *McKinsey Global*

あり、実行に移した」と回答しています。

- 「あなたのアイデアは、あなたのチームや会社、組織のコスト削減や増収、効率化につながりましたか」という質問に対し、20%が「アイデアがあり、それが実行され、改善につながった」と回答しています。
- エンゲージした従業員は、平均的な従業員より20%、まったくエンゲージしていない従業員より66%高い確率で「自分（または自分のチーム）がアイデアを出した」と回答しています。また、エンゲージした従業員は、平均的な従業員の2.4倍、まったくエンゲージしていない従業員の7.8倍の確率で「アイデアがあり、それが実行され、改善につながった」と回答しています。

Gallup. (2014, January 30). Innovation: The new frontier for quality: Companies should use the tools they once used to prevent defects to promote fast, transformational change. Retrieved December 10, 2018, from https://news.gallup.com/businessjournal/166958/innovation-new-frontier-quality.aspx

Reiter-Palmon, R., Wigert, B., & de Vreede, T. (2011). Team creativity and innovation: The effect of team composition, social processes and cognition. In M. Mumford (Ed.), *Handbook of organizational creativity* (pp. 295-326). Cambridge, MA: Academic Press.

Wigert, B. (2018). Constructing an evidence-based model for managing creative performance. In R. Reiter-Palmon, V. L. Kennel, & J. C. Kaufman (Eds.), *Individual creativity in the workplace* (pp. 339-369), Cambridge, MA: Academic Press.

第46章

2018年のギャラップの調査（ヨーロッパのフルタイムおよびパートタイムの従業員4,000人を対象）では、英国、ドイツ、フランス、スペインの従業員の約4人に1人が「ビジネスニーズに迅速に対応するための適切なツールとプロセスがある」ことに強く同意しています。また、ほぼ同じ割合で「自分の部署と他部署との連携に満足している」ことに強く同意しています。

Emond, L. (2018, October 1). *Agility is both structural and cultural at Roche.* Retrieved December 10, 2018, from https://www.gallup.com/workplace/243167/agility-structural-cultural-roche.aspx

Gallup. (2018, August 29). *What does agility mean for business leaders?* Retrieved December 10, 2018, from https://www.gallup.com/workplace/241250/agility-mean-business-leaders.aspx

Gallup. (2018, September 7). *3 steps on the path to agility.* Retrieved December 10, 2018, from https://www.gallup.com/workplace/241793/steps-path-agility.aspx

Gallup. (2018, September 25). *2 key strategies for managing agile teams.* Retrieved December 10, 2018, from https://www.gallup.com/workplace/242387/key-strategies-managing-agile-teams.aspx

Hickman, A., & Sasaki, J. (2017, April 5). *Can you manage employees you rarely see?* Retrieved December 10, 2018, from https://www.gallup.com/workplace/236372/manage-employees-rarely.aspx

Krueger, J., & Killham, E. (2006, March 9). *Why Dilbert is right: Uncomfortable work environments make for disgruntled employees——just like the cartoon says.* Retrieved December 10, 2018, from https://news.gallup.com/businessjournal/21802/Why-Dilbert-Right.aspx

Mann, A. (2017, June 22). *How to make an open office floor plan work.* Retrieved December 10, 2018, from https://www.gallup.com/workplace/236219/open-office-floor-plan-work.aspx

Mann, A. (2017, August 1). *3 ways you are failing your remote workers.* Retrieved December 10, 2018, from https://www.gallup.com/workplace/236192/ways-failing-remote-workers.aspx

Mann, A., & Adkins, A. (2017, March 15). *America's coming workplace: Home alone.* Retrieved December 10, 2018, from https://news.gallup.com/businessjournal/206033/america-coming-workplace-home-alone.aspx

Mann, A., & Adkins, A. (2017, March 22). *How engaged is your remote workforce?* Retrieved December 10, 2018, from https://www.gallup.com/workplace/236375/engaged-remote-workforce.aspx

MikeBloomberg. (2018, February 28). I've always believed that open, collaborative workspaces make a difference——in businesses and city halls alike. Glad to see this idea spreading to @BloombergDotOrg #iteams around the world. [Tweet]. Retrieved December 10, 2018, from https://twitter.com/MikeBloomberg/status/968952708542730241

第45章

2018年のギャラップの調査（ヨーロッパのフルタイムおよびパートタイムの従業員4,000人を対象）では、英国の従業員の55%が「少なくとも週に数回、職場で創造的に考えたり、新しいアイデアを話し合ったりする時間が割り当てられている」と答えています。フランスでは48%、スペインとドイツでは38%の従業員が同じように回答しました。また、ドイツの従業員の41%が「新しい、よりよい方法を考えるように奨励されていると感じる」ことに強く同意しています。英国では36%、フランスでは30%、スペインでは20%の従業員が同じように回答しました。

18歳以上の米国の従業員2万5,257人を対象にした調査によると、エンゲージメントが高いほど、より多くのアイデアが生まれるという結果が出ています。

- 「過去12カ月のあいだに、あなたやあなたの職場のチームは、会社や組織を改善するためのアイデアを持ちましたか」という質問に対し、61%が「はい」と回答しています。
- 「あなたのアイデアの実行状況はどうですか」という質問に対し、46%が「アイデアが

workers-foresee-working-past-retirement-age.aspx
Swift, A. (2017, May 8). *Most U.S. employed adults plan to work past retirement age.* Retrieved December 10, 2018, from https://news.gallup.com/poll/210044/employed-adults-plan-work-past-retirement-age.aspx

第42章

Gallup. (2016). *How millennials want to work and live.* Retrieved December 7, 2018, from https://www.gallup.com/workplace/238073/millennials-work-live.aspx
Gallup. (2017). *State of the American workplace.* Retrieved December 7, 2018, from https://www.gallup.com/workplace/238085/state-american-workplace-report-2017.aspx

第43章

Dvorak, N. (2017, September 15). *The working vacation.* Retrieved December 10, 2018, from https://news.gallup.com/opinion/gallup/218015/working-vacation.aspx
Gallup. (2012). *Engagement at work: Working hours, flextime, vacation time, and well-being.* Retrieved December 10, 2018, from https://www.gallup.com/services/176339/engagement-work-working-hours-flextime-vacation-time-wellbeing.aspx
Mann, A., & Nelson, B. (2017, December 12). *Thinking flexibly about flexible work arrangements.* Retrieved December 10, 2018, from https://www.gallup.com/workplace/236183/thinking-flexibly-flexible-work-arrangements.aspx

第44章

Dvorak, N., & Sasaki, J. (2017, March 30). *Employees at home: Less engaged.* Retrieved December 10, 2018, from https://news.gallup.com/businessjournal/207539/employees-home-less-engaged.aspx
Gallup. (2017). *State of the American workplace.* Retrieved December 7, 2018, from https://www.gallup.com/workplace/238085/state-american-workplace-report-2017.aspx
Hickman, A. (2018, March 29). *Why friendships among remote workers are crucial.* Retrieved December 10, 2018, from https://www.gallup.com/workplace/236072/why-friendships-among-remote-workers-crucial.aspx
Hickman, A., & Fredstrom, T. (2018, February 7). *How to build trust with remote employees.* Retrieved December 10, 2018, from https://www.gallup.com/workplace/236222/build-trust-remote-employees.aspx
Hickman, A., & Pendell, R. (2018, May 31). *The end of the traditional manager.* Retrieved December 10, 2018, from https://www.gallup.com/workplace/236108/end-traditional-manager.aspx

http://hir.harvard.edu/article/?a=14544

Plumb, E. (2016, November 15). *The gender pay gap: An interview with Harvard economist Claudia Goldin*. Retrieved December 10, 2018, from https://www.workflexibility.org/gender-pay-gap-interview-economist-claudia-goldin/

第40章

Gallup. (2016). *Women in America: Work and life well-lived*. Retrieved December 10, 2018, from https://www.gallup.com/workplace/238070/women-america-work-life-lived-insights-business-leaders.aspx

Gallup and the International Labour Organization. (n.d.). *Towards a better future for women and work: Voices of women and men*. Retrieved December 10, 2018, from https://news.gallup.com/reports/204785/ilo-gallup-report-towards-better-future-women-work-voices-women-men.aspx

第41章

Arnold, J., & Clark, M. (2016). Running the penultimate lap of the race: A multimethod analysis of growth, generativity, career orientation, and personality amongst men in mid/late career. *Journal of Occupational and Organizational Psychology*, 89 (2), 308-329.

Case, A., & Deaton, A. (2015). Rising morbidity and mortality in midlife among white non-Hispanic Americans in the 21st century. *Proceedings of the National Academy of Sciences*, 112 (49), 15078-15083.

Gallup. (2019). Gallup's perspective on transitioning baby boomer employees. Gallup Working Paper. Omaha, NE.

Harter, J., & Agrawal, S. (2015, January 27). *Older baby boomers more engaged at work than younger boomers*. Retrieved December 10, 2018, from https://news.gallup.com/poll/181298/older-baby-boomers-engaged-work-younger-boomers.aspx

Newport, F. (2018, May 9). *Update: Americans' concerns about retirement persist*. Retrieved December 10, 2018, from https://news.gallup.com/poll/233861/update-americans-concerns-retirement-persist.aspx

Newport, F. (2018, May 10). *Snapshot: Average American predicts retirement age of 66*. Retrieved December 10, 2018, from https://news.gallup.com/poll/234302/snapshot-americans-project-average-retirement-age.aspx

Norman, J. (2016, May 3). *Economic turmoil stirs retirement plans of young, old*. Retrieved December 10, 2018, from https://news.gallup.com/poll/191297/economic-turmoil-stirred-retirement-plans-young-old.aspx

Saad, L. (2016, May 13). *Three in 10 U.S. workers foresee working past retirement age*. Retrieved December 10, 2018, from https://news.gallup.com/poll/191477/three-

the workforce. Retrieved December 10, 2018, from https://news.gallup.com/poll/205439/millions-women-worldwide-join-workforce.aspx

第38章

Gallup and the International Labour Organization. (n.d.). *Towards a better future for women and work: Voices of women and men*. Retrieved December 10, 2018, from https://news.gallup.com/reports/204785/ilo-gallup-report-towards-better-future-women-work-voices-women-men.aspx

Newport, F., & Saad, L. (2017, November 14). *How widespread is sexual harassment in the U.S.?* [Audio blog post]. Retrieved December 10, 2018, from https://news.gallup.com/podcast/222344/widespread-sexual-harassment.aspx

Saad, L. (2017, November 3). *Concerns about sexual harassment higher than in 1998*. Retrieved December 10, 2018, from https://news.gallup.com/poll/221216/concerns-sexual-harassment-higher-1998.aspx

第39章

Bertrand, M., Goldin, C., & Katz, L. F. (2010). Dynamics of the gender gap for young professionals in the financial and corporate sectors. *American Economic Journal: Applied Economics*, 2 (3), 228-255.

Bureau of Labor Statistics. (2016, January 15). Women's earnings 83 percent of men's, but vary by occupation. *TED: The Economics Daily*. Retrieved December 10, 2018, from https://www.bls.gov/opub/ted/2016/womens-earnings-83-percent-of-mens-but-vary-by-occupation.htm

Cook, C., Diamond, R., Hall, J., List, J. A., & Oyer, P. (2018). *The gender earnings gap in the gig economy: Evidence from over a million rideshare drivers*. Retrieved December 10, 2018, from https://www.gsb.stanford.edu/faculty-research/working-papers/gender-earnings-gap-gig-economy-evidence-over-million-rideshare

Gallup and the International Labour Organization. (n.d.). *Towards a better future for women and work: Voices of women and men*. Retrieved December 10, 2018, from https://news.gallup.com/reports/204785/ilo-gallup-report-towards-better-future-women-work-voices-women-men.aspx

Goldin, C. (2014). A grand gender convergence: Its last chapter. *American Economic Review*, 104 (4), 1091-1119.

Goldin, C. (2015, July 27). How to achieve gender equality in pay. *Milken Institute Review*. Retrieved December 10, 2018, from http://www.milkenreview.org/articles/how-to-achieve-gender-equality-in-pay

Goldin, C., & Devani, T. (2017, August 7). Narrowing the wage gap: An interview with Claudia Goldin. *Harvard International Review*. Retrieved December 10, 2018, from

人を対象）では、英国の従業員の57%が「もし私が倫理や誠実さについて懸念を伝えたら、雇用主は正しいことをすると確信している」ことに強く同意しました。フランスでは36%、スペインでは32%、ドイツでは31%の従業員が同じように回答しています。

DiSciullo, M., & Jones, D. D. (2017, June 12). *More than 150 CEOs make unprecedented commitment to advance diversity and inclusion in the workplace*. Retrieved December 10, 2018, from https://www.ceoaction.com/media/press-releases/2017/more-than-150-ceos-make-unprecedented-commitment-to-advance-diversity-and-inclusion-in-the-workplace/

Miller, J. (2017, October 19). *It's not you, it's me: Supporting workplace inclusion*. Retrieved December 10, 2018, from https://www.gallup.com/workplace/236264/not-supporting-workplace-inclusion.aspx

Pendell, R. (2018, September 10). *How to reduce bias and hire the best candidate*. Retrieved December 10, 2018, from https://www.gallup.com/workplace/241955/reduce-bias-hire-best-candidate.aspx

Washington, E. (n.d.). *Starbucks after anti-bias training: Will it last?* Retrieved December 10, 2018, from https://www.gallup.com/workplace/235139/starbucks-anti-bias-training-last.aspx

Washington, E., & Newport, F. (2017, April 25). *Diversity and inclusion in the workplace after Trump election*. Retrieved December 10, 2018, from https://www.gallup.com/workplace/236324/diversity-inclusion-workplace-trump-election.aspx

第37章

Badal, S., & Harter, J. K. (2014). Gender diversity, business-unit engagement, and performance. *Journal of Leadership & Organizational Studies*, 21 (4), 354-365.

Brenan, M. (2017, November 16). *Americans no longer prefer male boss to female boss*. Retrieved December 10, 2018, from https://news.gallup.com/poll/222425/americans-no-longer-prefer-male-boss-female-boss.aspx

Gallup. (2016). *Women in America: Work and life well-lived*. Retrieved December 10, 2018, from https://www.gallup.com/workplace/238070/women-america-work-life-lived-insights-business-leaders.aspx

Gallup and the International Labour Organization. (n.d.). *Towards a better future for women and work: Voices of women and men*. Retrieved December 10, 2018, from https://news.gallup.com/reports/204785/ilo-gallup-report-towards-better-future-women-work-voices-women-men.aspx

Miller, J. (2017, January 17). *The dwindling female labor force in the U.S.* Retrieved December 10, 2018, from https://news.gallup.com/businessjournal/201719/dwindling-female-labor-force.aspx

Ray, J., & Esipova, N. (2017, March 8). *Millions of women worldwide would like to join*

sexual-harassment-higher-1998.aspx
Swift, A. (2017, March 15). *Americans' worries about race relations at record high.* Retrieved December 10, 2018, from https://news.gallup.com/poll/206057/americans-worry-race-relations-record-high.aspx
Washington, E., & Patrick, C. (2018, September 17). *3 requirements for a diverse and inclusive culture.* Retrieved December 10, 2018, from https://www.gallup.com/workplace/242138/requirements-diverse-inclusive-culture.aspx

第34章

米国の労働者のうち9%が「職場で敬意を持って扱われている」ことに同意しない、または強く同意しませんでした。この9%のうちの90%が、「職場で35の差別やハラスメントのうち、少なくともひとつを経験したことがある」と回答しています。
2018年のギャラップの調査（ヨーロッパのフルタイムおよびパートタイムの従業員4,000人を対象）では、英国の従業員の3%が「職場では常に敬意を持って扱われている」ことに同意しない、または強く同意しませんでした。ドイツでは4%、スペインでは10%、フランスでは12%の従業員が同じように回答しています。

Gallup. (2018). *Three requirements of a diverse and inclusive culture——and why they matter for your organization.* Retrieved December 10, 2018, from https://www.gallup.com/workplace/242108/diversity-inclusion-perspective-paper.aspx
Jones, J. R., & Harter, J. K. (2005). Race effects on the employee engagement-turnover intention relationship. *Journal of Leadership & Organizational Studies*, 11 (2), 78-88.
Porath, C. (2014, November 19). Half of employees don't feel respected by their bosses. *Harvard Business Review.* Retrieved December 10, 2018, from https://hbr.org/2014/11/half-of-employees-dont-feel-respected-by-their-bosses

第35章

Polzer, J. T., Milton, L. P., & Swarm Jr., W. B. (2002). Capitalizing on diversity: Interpersonal congruence in small work groups. *Administrative Science Quarterly*, 47 (2), 296-324.
Riffkin, R., & Harter, J. (2016, March 21). *Using employee engagement to build a diverse workforce.* Retrieved December 10, 2018, from https://news.gallup.com/opinion/gallup/190103/using-employee-engagement-build-diverse-workforce.aspx
Washington, E. (2018, October 3). *How to use CliftonStrengths to develop diversity and inclusion.* Retrieved December 10, 2018, from https://www.gallup.com/workplace/243251/cliftonstrengths-develop-diversity-inclusion.aspx

第36章

2018年のギャラップの調査（ヨーロッパのフルタイムおよびパートタイムの従業員4,000

第V部　これからの働き方

第32章

Gallup. (2016). *How millennials want to work and live*. Retrieved December 7, 2018, from https://www.gallup.com/workplace/238073/millennials-work-live.aspx

Gallup. (2017). *State of the American workplace*. Retrieved December 7, 2018, from https://www.gallup.com/workplace/238085/state-american-workplace-report-2017.aspx

Harter, J. (2014, September 9). *Should employers ban email after work hours?* Retrieved December 10, 2018, from https://www.gallup.com/workplace/236519/employers-ban-email-work-hours.aspx

Newport, F. (2017, May 10). *Email outside of working hours not a burden to U.S. workers*. Retrieved December 10, 2018, from https://news.gallup.com/poll/210074/email-outside-working-hours-not-burden-workers.aspx

第33章

Bezrukova, K., Spell, C. S., Perry, J. L., & Jehn, K. A. (2016). A meta-analytical integration of over 40 years of research on diversity training evaluation. *Psychological Bulletin*, 142 (11), 1227-1274.

Brenan, M. (2017, November 16). *Americans no longer prefer male boss to female boss*. Retrieved December 10, 2018, from https://news.gallup.com/poll/222425/americans-no-longer-prefer-male-boss-female-boss.aspx

Downey, S. N., van der Werff, L., Thomas, K. M., & Plaut, V. C. (2014). The role of diversity practices and inclusion in promoting trust and employee engagement. *Journal of Applied Social Psychology*, 45 (1), 35-44.

Gallup. (2016). *How millennials want to work and live*. Retrieved December 7, 2018, from https://www.gallup.com/workplace/238073/millennials-work-live.aspx

Gallup. (2018). *Three requirements of a diverse and inclusive culture——and why they matter for your organization*. Retrieved December 10, 2018, from https://www.gallup.com/workplace/242108/diversity-inclusion-perspective-paper.aspx

Jones, J. M. (2015, May 20). *Majority in U.S. now say gays and lesbians born, not made*. Retrieved December 10, 2018, from https://news.gallup.com/poll/183332/majority-say-gays-lesbians-born-not-made.aspx

Kalev, A., Dobbin, F., & Kelly, E. (2006). Best practices or best guesses? Assessing the efficacy of corporate affirmative action and diversity policies. *American Sociological Review*, 71 (4), 589-617.

Saad, L. (2017, November 3). *Concerns about sexual harassment higher than in 1998*. Retrieved December 10, 2018, from https://news.gallup.com/poll/221216/concerns-

た変化を反映させるために採用分析を調整しました。

Bouchard, T. J., Lykken, D. T., McGue, M., Segal, N. L., & Tellegen, A. (1990). Sources of human psychological differences: The Minnesota study of twins reared apart. *Science*, 250 (4978), 223-228.

Harter, J. K. (2000). Managerial talent, employee engagement, and business-unit performance. *The Psychologist-Manager Journal*, 4 (2), 215.

Jang, K. L., Livesley, W. J., & Vemon, P. A. (1996). Heritability of the big five personality dimensions and their facets: A twin study. *Journal of Personality*, 64 (3), 577-592.

Plomin, R., DeFries, J. C., & McClearn, G. E. (2008). *Behavioral genetics*. Macmillan.

Segal, N. L. (2012). Born together—reared apart: The landmark Minnesota twin study. Harvard University Press.

Yang, Y., Harter, J. K., Streur, J. H., Agrawal, S., Dvorak, N., & Walker, P. (2013). *The Gallup manager assessment: Technical report*. Omaha, NE: Gallup.

第31章

ギャラップの研究者は、従業員エンゲージメント測定の1回目と2回目の実施のあいだに、ギャラップのトレーニングに投資した組織（n＝309）、投資しなかった組織（n＝272）581について調査しました。これには、2000年から2016年にかけて従業員エンゲージメント測定に参加した250万人のデータが含まれています。トレーニングには、強みに基づく教育、従業員エンゲージメント教育、マネジャー教育が含まれていました。

強みのトレーニングに投資した企業では、従業員エンゲージメントが平均17％増加したのに対し、トレーニングを行わずQ12のみを測定した企業では8％の増加となりました。強みのトレーニングを行わず、従業員エンゲージメントのトレーニングを行った企業では、12ポイントの改善が見られました。たとえば、1万人の従業員を抱える大企業では、強みのトレーニングによって初年度の従業員1人当たりの生産性が基準値から2,330万ドル向上したと推定されます。これは、トレーニングを実施しなかった企業よりも1,210万ドル、強みの要素を含まないエンゲージメントのトレーニングを実施した企業よりも860万ドル多いことになります。

Meinert, D. (2014, July 22). *Leadership development spending is up*. Retrieved December 10, 2018, from https://www.shrm.org/hr-today/news/hr-magazine/pages/0814-execbrief.aspx

Wigert, B., & Agrawal, S. (2018, July 16). *Employee burnout, part 2: What managers can do*. Retrieved December 10, 2018, from https://www.gallup.com/workplace/237119/employee-burnout-part-2-managers.aspx

Wigert, B., & Maese, E. (2018). *The manager experience study*. Gallup Working Paper. Omaha, NE.

Retrieved December 10, 2018, from https://www.gallup.com/workplace/236117/organizations-create-exceptional-workplaces.aspx

第30章

ギャラップのデータベースには、50年以上にわたる何百もの詳細な研究が蓄積されています。私たちの調査チームは、優れた経営者のプロフィールが時代とともに変化していることを調べました。何百もの研究のなかから、その研究が行われた特定の時代において、どのような特性が成功を予測するのかについての洞察を得ました。私たちは「成功」を、チームの生産性やエンゲージメント、定着率、顧客サービス評価、利益の高さと定義しました。

何が変わっていて、何が変わっていないのかを理解するために、10年ごとに研究をまとめました。その結果、成功するチームのパフォーマンスを予測する多くの基本的な特性には、かなりの一貫性があることがわかりました。1970年代と1980年代に成功を予測した特性の多くは、今日でも成功を予測しています。成功するマネジャーは、パフォーマンス成果の達成に向けて邁進するために、従業員たちと緊密な個人的関係を築いています。

私たちは、第30章で挙げた全体的な次元（モチベーション、ワークスタイル、イニシエーション、コラボレーション、思考プロセス）が時代を超えて、成功するマネジャーに共通して見られることを発見しました。しかし、今日の優れたマネジャーがどのようにチームを立ち上げ、どのような思考プロセスを通じて問題を解決し、意思決定を行うかについて、重要な違いがあることもわかりました。

ここでは、今回の調査で明らかになった2つの重要な違いを紹介します。

1 かつてのマネジャーは、法律を定め、従業員を支配することで周囲に影響を与えることができました。マネジャーは、仕事がどのように行われるべきかの中心人物であり、設計者である必要があったのです。現在のマネジャーは、従業員に対してファシリテーターやコーチの役割を担っています。コーディネーターやオーケストラの編曲家のようなものだと考えられます。彼らは、権威ある発言をしなければなりませんが、従業員の意見にも耳を傾けなければなりません。今日のマネジャーは、働く時間や場所が柔軟になり、仕事と生活が融合した世界において、明確なアカウンタビリティのシステムを設定する必要があります。

2 かつてのマネジャーは、チームが置かれている状況を理解し、意思決定がなされるより大きな環境を意識することで問題を解決してきました。これにより、マネジャーは、意思決定をする際に十分な情報に基づいた視点を持つことができたのです。今日、成功しているマネジャーは、より分析的な意思決定者です。彼らは、より未来志向、システム志向で、可能性や新しいアイデアに興味を持ち、より客観的で経験に基づいた問題解決者であるとともに、データの消費者でもあります。

両者の違いは、労働者の独立性と情報アクセスへの大幅な向上という、現代の職場の変化を反映しています。パフォーマンスの高いチームを率いるマネジャーを選ぶための新しいプロファイルは、このような変化を考慮したものであるべきです。ギャラップは、こうし

Mann, A., & McCarville, B. (2015, November 13). *What job-hopping employees are looking for*. Retrieved December 10, 2018, from https://news.gallup.com/businessjournal/186602/job-hopping-employees-looking.aspx
Mathieu, J. E., Hollenbeck, J. R., van Knippenberg, D., & Ilgen, D. R. (2017). A century of work teams in the Journal of Applied Psychology. *Journal of Applied Psychology*, 102 (3), 452-467.
Woolley, A. W., Aggarwal, I., & Malone, T. W. (2015). Collective intelligence and group performance. *Current Directions in Psychological Science*, 24 (6), 420-424.

第28章

ギャラップが230社、8万2,248の事業単位のパフォーマンスを調査した結果によると、5段階の同意尺度で4と5を組み合わせた指標は、5（強く同意）に焦点を当てた指標よりも効果が低くなることがわかりました。5（強く同意）の指標で10ポイント改善した場合のビジネス成果（利益、生産性、顧客ロイヤルティ、離職率、安全性）は、4（一般的同意）で10ポイント改善した場合の約2倍になります。

Emond, L. (2017, August 15). *2 reasons why employee engagement programs fall short*. Retrieved December 10, 2018, from https://www.gallup.com/workplace/236147/reasons-why-employee-engagement-programs-fall-short.aspx
Gallup. (2017). *State of the global workplace*. New York: Gallup Press.
Harter, J. (n.d.). *Dismal employee engagement is a sign of global mismanagement*. Retrieved December 10, 2018, from https://www.gallup.com/workplace/231668/dismal-employee-engagement-sign-global-mismanagement.aspx
Harter, J. (2018, August 26). *Employee engagement on the rise in the U.S.* Retrieved December 10, 2018, from https://news.gallup.com/poll/241649/employee-engagement-rise.aspx
Pendell, R. (2018, August 28). *10 ways to botch employee surveys*. Retrieved December 10, 2018, from https://www.gallup.com/workplace/241253/ways-botch-employee-surveys.aspx

第29章

Flade, P., Harter, J., & Asplund, J. (2014, April 15). Seven things great employers do (that others don't): Unusual, innovative, and proven tactics to create productive and profitable working environments. Retrieved December 10, 2018, from https://news.gallup.com/businessjournal/168407/seven-things-great-employers-others-don.aspx
Harter, J. (2015, November 4). *Who drives employee engagement —— manager or CEO?* Retrieved December 10, 2018, from https://news.gallup.com/opinion/gallup/186503/drives-employees-engagement-manager-ceo.aspx
O'Boyle, E., & Harter, J. (2018, April 18). *39 organizations create exceptional workplaces*.

chicago-cubs-utilizing-moneyball-approach-for-early-success/
Lewis, M. (2004). Moneyball: The art of winning an unfair game. New York: Norton.
Reiter, B. (2014, June 30). Houston's grand experiment. *Sports Illustrated*. Retrieved December 10, 2018, from https://www.si.com/vault/2014/06/30/106479598/astromatic-baseball-houstons-grand-experiment
St. John, A. (2013, October 31). *Powered by Bill James and friends, the Red Sox win (another) Moneyball World Series*. Retrieved December 10, 2018, from https://www.forbes.com/sites/allenstjohn/2013/10/31/powered-by-bill-james-and-friends-the-red-sox-win-another-moneyball-world-series/#76c13a857c64

第27章

〈クリフトン・ストレングス〉の34資質は、次の4つの領域に分類されます

実行力	影響力	人間関係構築力	戦略的思考力
アレンジ	活発性	運命思考	学習欲
回復志向	競争性	共感性	原点思考
規律性	コミュニケーション	個別化	収集心
公平性	最上志向	親密性	戦略性
慎重さ	自我	成長促進	着想
信念	自己確信	調和性	内省
責任感	社交性	適応性	分析思考
達成欲	指令性	包含	未来志向
目標志向		ポジティブ	

159のカスタマーサービスチームを対象としたある研究では、顧客エンゲージメントレベルが最も高いチームには、組織の他の部分に対する「中心性」が高い人が少なくともひとりいることがわかりました。中心性が高い人は、組織内で影響力のある人たちとつながっています。社会ネットワーク分析では、それぞれの1次、2次、3次のつながりを考慮して社会ネットワーク全体に対する各人の中心性を計算します。

また、821人の従業員を対象とした別の研究では、最もエンゲージメントが高い人は、組織内で自分のチーム以外の部門に対する中心性が高い上司を持つ傾向があることがわかりました。

「集合知」とは、「共有メンタルモデル」や「共有認知」などを含む幅広い研究文献に出てくる用語のひとつです。一般的にチームは、メンバーが同じ考えを持っているとき、または異なる考えを持っているが互いに補完し合っているときに、よりよいパフォーマンスを発揮することができます。

DeChurch, L. A., & Mesmer-Magnus, J. R. (2010). The cognitive underpinnings of effective teamwork: A meta-analysis. *Journal of Applied Psychology*, 95 (1), 32-53.
Gallup. (2014). Estimating the influence of the local manager on team engagement: Technical report. Omaha, NE.

第25章

2018年のギャラップの調査（ヨーロッパのフルタイムおよびパートタイムの従業員4,000人を対象）では、フランス（23%）、ドイツ（23%）、英国（17%）、スペイン（17%）の従業員の4人に1人以下が「現在の勤務先にキャリアアップの明確な機会がある」ことに強く同意しています。

Benko, C., & Anderson, M. (2010). The corporate lattice: Achieving high performance in the changing world of work. Boston: Harvard Business Review Press.

Biron, M. M., & Eshed, R. (2017). Gaps between actual and preferred career paths among professional employees: Implications for performance and burnout. *Journal of Career Development*, 44 (3), 224-238.

Crawshaw, J. R., van Dick, R., & Brodbeck, F. C. (2012). Opportunity, fair process and relationship value: Career development as a driver of proactive work behaviour. *Human Resource Management Journal*, 22 (1), 4-20.

Gallup. (2016). *How millennials want to work and live*. Retrieved December 7, 2018, from https://www.gallup.com/workplace/238073/millennials-work-live.aspx

Gallup. (2017). *State of the American workplace*. Retrieved December 7, 2018, from https://www.gallup.com/workplace/238085/state-american-workplace-report-2017.aspx

第26章

Gallup. (2016). *The relationship between engagement at work and organizational outcomes: 2016 Q12® meta-analysis: ninth edition*. Retrieved December 7, 2018, from https://news.gallup.com/reports/191489/q12-meta-analysis-report-2016.aspx

Global Happiness Council. (2018). Work and well-being: A global perspective. *Global Happiness Policy Report 2018*. Retrieved December 10, 2018, from https://s3.amazonaws.com/ghc-2018/GlobalHappinessPolicyReport2018.pdf

Harter, J. K., Schmidt, F. L., Agrawal, S., Plowman, S., & Blue, A. T. (2018). *Increased business value for positive job attitudes during economic recessions: A meta-analysis and SEM analysis*. Gallup Working Paper. Omaha, NE.

Harter, J. K., Schmidt, F. L., Asplund, J. W., Killham, E. A., & Agrawal, S. (2010). Causal impact of employee work perceptions on the bottom line of organizations. *Perspectives on Psychological Science*, 5 (4), 378-389.

Harter, J. K., Schmidt, F. L., & Hayes, T. L. (2002). Business-unit-level relationship between employee satisfaction, employee engagement, and business outcomes: A meta-analysis. *Journal of Applied Psychology*, 87 (2), 268-279.

Kornhauser, J. (n.d.). *Chicago Cubs utilizing "Moneyball" approach for early success*. Retrieved December 10, 2018, from http://www.rantsports.com/mlb/2015/04/23/

contingency perspective. *Journal of Management*, 42 (7), 1753-1783.
PayScale. (2018). *2018 compensation best practices report.* Retrieved December 10, 2018, from https://www.payscale.com/cbpr
Pfeffer, J. (1998). Six dangerous myths about pay. *Harvard Business Review.* Retrieved December 10, 2018, from https://hbr.org/1998/05/six-dangerous-myths-about-pay
Rath, T., & Harter, J. (2010). *Wellbeing: The five essential elements.* New York: Gallup Press.
Rynes, S. L. (1987). Compensation strategies for recruiting. *Topics in Total Compensation*, 2 (2), 185.
Wiersma, U. J. (1992). The effects of extrinsic rewards in intrinsic motivation: A meta-analysis. *Journal of Occupational and Organizational Psychology*, 65 (2), 101-114.
Williams, M. L., McDaniel, M. A., & Nguyen, N. T. (2006). A meta-analysis of the antecedents and consequences of pay level satisfaction. *Journal of Applied Psychology*, 91 (2), 392-413.

第23章

Balzer, W. K., & Sulsky, L. M. (1992). Halo and performance appraisal research: A critical examination. *Journal of Applied Psychology*, 77 (6), 975-985.
Cascio, W. F. (1989). Managing human resources: Productivity, quality of work life, profits. New York: McGraw-Hill.
Hoffman, B., Lance, C. E., Bynum, B., & Gentry, W. A. (2010). Rater source effects are alive and well after all. *Personnel Psychology*, 63 (1), 119-151.
Lunenburg, F. C. (2012). Performance appraisal: Methods and rating errors. *International Journal of Scholarly Academic Intellectual Diversity*, 14 (1), 1-9.
Mount, M. K., Judge, T. A., Scullen, S. E., Sytsma, M. R., & Hezlett, S. A. (1998). Trait, rater and level effects in 360-degree performance ratings. *Personnel Psychology*, 51 (3), 557-576.
Neves, P. (2012). Organizational cynicism: Spillover effects on supervisor-subordinate relationships and performance. *The Leadership Quarterly*, 23 (5), 965-976.
Scullen, S. E., Mount, M. K., & Goff, M. (2000). Understanding the latent structure of job performance ratings. *Journal of Applied Psychology*, 85 (6), 956.
Wigert, B., & Harter, J. (2017). *Re-engineering performance management.* Gallup Position Paper. Omaha, NE.

第24章

Wigert, B., & Harter, J. (2017). *Re-engineering performance management.* Gallup Position Paper. Omaha, NE.

Cable, D. M., & Judge, T. A. (1994). Pay preferences and job search decisions: A person-organization fit perspective. *Personnel Psychology*, 47 (2), 317-348.

Cawley, B. D., Keeping, L., & Levy, P. E. (1998). Participation in the performance appraisal process and employee reactions: A meta-analytic review of field investigations. *Journal of Applied Psychology*, 83 (4), 615-633.

Cerasoli, C. P., Nicklin, J. M., & Ford, M. T. (2014). Intrinsic motivation and extrinsic incentives jointly predict performance: A 40-year meta-analysis. *Psychological Bulletin*, 140 (4), 980-1008.

Chapman, D. S., Uggerslev, K. L., Carroll, S. A., Piasentin, K. A., & Jones, D. A. (2005). Applicant attraction to organizations and job choice: A meta-analytic review of the correlates of recruiting outcomes. *Journal of Applied Psychology*, 90 (5), 928-944.

Dal Bó, E., Finan, F., & Rossi, M. A. (2013). Strengthening state capabilities: The role of financial incentives in the call to public service. *The Quarterly Journal of Economics*, 128 (3), 1169-1218.

Deci, E. L., Koestner, R., & Ryan, R. M. (1999). A meta-analytic review of experiments examining the effects of extrinsic rewards on intrinsic motivation. *Psychological Bulletin*, 125 (6), 627-668.

Dulebohn, J. H., & Martocchio, J. J. (1998). Employee perceptions of the fairness of work group incentive pay plans. *Journal of Management*, 24 (4), 469-488.

Dweck, C. S. (2006). *Mindset: The new psychology of success*. New York: Random House.

Fehr, E., & Gächter, S. (2000). Fairness and retaliation: The economics of reciprocity. *The Journal of Economic Perspectives*, 14 (3), 159-181.

Fehr, E., & Gächter, S. (2001 February). *Do incentive contracts crowd-out voluntary cooperation?*, IEER Working Paper No. 34; and USC CLEO Research Paper No. C01-3.

Gallup. (2018). Gallup's perspective on exit programs that retain stars and build brand ambassadors. Omaha, NE.

Griffeth, R. W., Hom, P. W., & Gaertner, S. (2000). A meta-analysis of antecedents and correlates of employee turnover: Update, moderator tests, and research implications for the next millennium. *Journal of Management*, 26 (3), 463-488.

Jenkins, G. D., Jr., Mitra, A., Gupta, N., & Shaw, J. D. (1998). Are financial incentives related to performance? A meta-analytic review of empirical research. *Journal of Applied Psychology*, 83 (5), 777-787.

Judge, T. A., Piccolo, R. F., Podsakoff, N. P., Shaw, J. C., & Rich, B. L. (2010). The relationship between pay and job satisfaction: A meta-analysis of the literature. *Journal of Vocational Behavior*, 77 (2), 157-167.

Nyberg, A. J., Pieper, J. R., & Trevor, C. O. (2016). Pay-for-performance's effect on future employee performance: Integrating psychological and economic principles toward a

Konradt, U., Otte, K. P., Schippers, M. C., & Steenfatt, C. (2016). Reflexivity in teams: A review and new perspectives. *The Journal of Psychology*, 150 (2), 153-174.

Locke, E. A., & Latham, G. P. (2002). Building a practically useful theory of goal setting and task motivation: A 35-year odyssey. *American Psychologist*, 57 (9), 705-717.

McEwan, D., et al. (2015). The effectiveness of multi-component goal setting interventions for changing physical activity behaviour: A systematic review and meta-analysis. *Health Psychology Review*, 10 (1), 67-88.

Mone, M. A., & Shalley, C. E. (1995). Effects of task complexity and goal specificity on change in strategy and performance over time. *Human Performance*, 8 (4), 243-262.

Pearsall, M. J., Christian, M. S., & Ellis, A. P. J. (2010). Motivating interdependent teams: Individual rewards, shared rewards, or something in between? *Journal of Applied Psychology*, 95 (1), 183-191.

Pichler, S. (2012). The social context of performance appraisal and appraisal reactions: A meta-analysis. *Human Resource Management*, 51 (5), 709-732.

Pulakos, E. (2015, April). *Embedding high-performance culture through new approaches to performance management and behavior change*. In *Society for Industrial-Organizational Psychology Annual Conference*, Philadelphia, PA.

Rodgers, R., & Hunter, J. E. (1991). Impact of management by objectives on organizational productivity. *Journal of Applied Psychology*, 76 (2), 322-336.

Schippers, M. C., West, M. A., & Dawson, J. F. (2015). Team reflexivity and innovation: The moderating role of team context. *Journal of Management*, 41 (3), 769-788.

Seifert, C. F., Yukl, G., & McDonald, R. A. (2003). Effects of multisource feedback and a feedback facilitator on the influence behavior of managers toward subordinates. *Journal of Applied Psychology*, 88 (3), 561-569.

Sheldon, K. M., & Elliot, A. J. (1998). Not all personal goals are personal: Comparing autonomous and controlled reasons for goals as predictors of effort and attainment. *Personality and Social Psychology Bulletin*, 24 (5), 546-557.

Smither, J. W., London, M., & Reilly, R. R. (2005). Does performance improve following multisource feedback? A theoretical model, meta-analysis, and review of empirical findings. *Personnel Psychology*, 58, 33-66.

Winters, D., & Latham, G. P. (1996). The effect of learning versus outcome goals on a simple versus a complex task. *Group & Organization Management*, 21 (2), 236-250.

Wigert, B., & Harter, J. (2017). *Re-engineering performance management*. Gallup Position Paper. Omaha, NE.

第22章

Brosnan, S. F., & De Waal, F. B. (2003). Monkeys reject unequal pay. *Nature*, 425 (6955), 297-299.

Wigert, B., & Harter, J. (2017). *Re-engineering performance management.* Gallup Position Paper. Omaha, NE.

第21章

2018年のギャラップの調査（ヨーロッパのフルタイムおよびパートタイムの従業員4,000人を対象）では、ドイツで22%、英国で24%、フランスで22%、スペインで12%の従業員が「過去1週間に有意義なフィードバックを受けた」ことに強く同意しています。
複数の大規模な学術研究により、継続的なコーチングがパフォーマンスに影響を与えることがわかっています。

Brown, T. C., & Latham, G. P. (2002). The effects of behavioural outcome goals, learning goals, and urging people to do their best on an individual's teamwork behaviour in a group problem-solving task. *Canadian Journal of Behavioural Science*, 34 (4), 276-285.

Cawley, B. D., Keeping, L., & Levy, P. E. (1998). Participation in the performance appraisal process and employee reactions: A meta-analytic review of field investigations. *Journal of Applied Psychology*, 83 (4), 615-633.

Chen, S., Zhang, G., Zhang, A., & Xu, J. (2016). Collectivism-oriented human resource management and innovation performance: An examination of team reflexivity and team psychological safety. *Journal of Management & Organization*, 22 (4), 535-548.

Colquitt, J. A., Conlon, D. E., Wesson, M. J., Porter, C. O. L. H., & Ng, K. Y. (2001). Justice at the millennium: A meta-analytic review of 25 years of organizational justice research. *Journal of Applied Psychology*, 86 (3), 425-445.

Courtright, S. H., Thurgood, G. R., Stewart, G. L., & Pierotti, A. J. (2015). Structural interdependence in teams: An integrative framework and meta-analysis. *Journal of Applied Psychology*, 100 (6), 1825-1846.

Harkin, B., et al. (2016). Does monitoring goal progress promote goal attainment? A meta-analysis of the experimental evidence. *Psychological Bulletin*, 142 (2), 198-229.

Jeffrey, S. A., Schulz, A., & Webb, A. (2012). The performance effects of an ability-based approach to goal assignment. *Journal of Organizational Behavior Management*, 32 (3), 221-241.

Klein, H. J., Wesson, M. J., Hollenbeck, J. R., & Alge, B. J. (1999). Goal commitment and the goal-setting process: Conceptual clarification and empirical synthesis. *Journal of Applied Psychology*, 84 (6), 885-896.

Kluger, A. N., & DeNisi, A. S. (1996). The effects of feedback interventions on performance: A historical review, a meta-analysis, and a preliminary feedback intervention theory. *Psychological Bulletin*, 119 (2), 254-284.

Koestner, R., Lekes, N., Powers, T. A., & Chicoine, E. (2002). Attaining personal goals: Self-concordance plus implementation intentions equals success. *Journal of Personality and Social Psychology*, 83 (1), 231-244.

equilibrium adjustments? Evidence from baseball. Retrieved December 10, 2018, from https://www.gsb.stanford.edu/faculty-research/working-papers/hot-hand-fallacy-cognitive-mistakes-or-equilibrium-adjustments

Khoury, G., & Green, A. (2017, November 9). *Don't leave succession planning to chance*. Retrieved December 10, 2018, from https://www.gallup.com/workplace/236258/don-leave-succession-planning-chance.aspx

Ratanjee, V., & Green, A. (2018, June 14). *How to reduce bias in your succession and promotion plans*. Retrieved December 10, 2018, from https://www.gallup.com/workplace/235970/reduce-bias-succession-promotion-plans.aspx

Recency bias. [Quick Reference]. (n.d.). *Oxford Reference*. Retrieved December 10, 2018, from http://www.oxfordreference.com/view/10.1093/oi/authority.20110803100407676

第19章

2018年のギャラップの調査（ヨーロッパのフルタイムおよびパートタイムの従業員4,000人を対象）では、従業員が報告した「現在の雇用主のもとにとどまる意向」について、国によって大きなばらつきがあることがわかりました。たとえば、ドイツでは65％、スペインでは60％の従業員が「3年後もいまの会社にいる」ことに強く同意しています。英国では38％、フランスでは36％にとどまりました。

Gallup. (2017). *State of the American workplace*. Retrieved December 7, 2018, from https://www.gallup.com/workplace/238085/state-american-workplace-report-2017.aspx

Gallup. (2018). Gallup's perspective on exit programs that retain stars and build brand ambassadors. Omaha, NE.

第IV部　ボスからコーチへ

第20章

2018年のギャラップの調査（ヨーロッパのフルタイムおよびパートタイムの従業員4,000人を対象）では、英国の従業員の34％が「上司が目標設定に自分をかかわらせてくれる」ことに強く同意しています。ドイツ（29％）、フランス（25％）、スペイン（19％）では、その割合が低くなっています。また、4カ国すべてで30％以下の従業員が「優れた仕事をする動機づけとなるような方法で自分のパフォーマンスが管理されている」ことに強く同意しています。

Gallup. (2017). *State of the American workplace*. Retrieved December 7, 2018, from https://www.gallup.com/workplace/238085/state-american-workplace-report-2017.aspx

てさまざまなプログラムに強みに基づくアプローチを追加することで、強みの発見が有機的に行われる場合もあります。理想は、すべての従業員が自分の強みを早期に発見することです。

3 社内にストレングス・コーチのネットワークをつくる。強みに基づく文化を導入し、支援するためには、人事部の存在が不可欠ですが、事業部など他の部門の人々がストレングス・コーチになることで最もスムーズに導入できることが、ギャラップの調査からわかっています。ストレングス・コーチになることは、フルタイムの仕事である必要はありません。ストレングス・コーチが組織の主流に組み込まれていればいるほど、より効果的です。

4 パフォーマンス・マネジメントに「強み」を組み入れる。マネジャーが優れたコーチになるには、まず、自分自身の強みをどう使うかを知る必要があります。マネジャー自身がエンゲージし、すばらしい従業員体験をする必要があるのです。まずは、マネジャーから始めましょう。強みに基づくアプローチが自分自身の人生に与える影響を知ることで、より効果的にチームをコーチングできるようになります。

5 学習プログラムを変革する。ほとんどの組織では、弱点を矯正するプログラムやトレーニングがあるはずです。場合によっては、コンプライアンス研修や倫理研修などで認知していない弱点に気づかせることも必要です。

Crabtree, S. (2018, February 13). *Strengths-based cultures are vital to the future of work.* Retrieved December 10, 2018, from https://www.gallup.com/workplace/236177/strengths-based-cultures-vital-future-work.aspx

Gallup. (n.d.). *Strengths-based workplaces: The replacement for annual reviews.* Retrieved December 10, 2018, from https://www.gallup.com/services/192827/organization-greatest-potential-unlocked.aspx

Rigoni, B., & Asplund, J. (2016, September 29). *Strengths-based development: Leadership's role*. Retrieved December 10, 2018, from https://www.gallup.com/workplace/236378/strengths-based-development-leadership-role.aspx

Rigoni, B., & Asplund, J. (2017, January 3). *Strengths-based cultures attract top talent.* Retrieved December 10, 2018, from https://www.gallup.com/workplace/236270/strengths-based-cultures-attract-top-talent.aspx

第17章

Streur, J., Wigert, B., & Harter, J. (2018). Competencies 2.0: The 7 expectations for achieving excellence: Technical report. Omaha, NE: Gallup.

第18章

Casad, B. J. (2016, August 1). Confirmation bias. In *Encyclopedia Britannica.* Retrieved December 10, 2018, from https://www.britannica.com/science/confirmation-bias

Green, B. S., & Zwiebel, J. (2013 November). *The hot hand fallacy: Cognitive mistakes or*

December 10, 2018, from https://www.gallup.com/workplace/243827/cliftonstrengths-meta-analysis-2018-effects-of-cliftonstrengths-34-feedback.aspx

Asplund, J., Harter, J. K., Agrawal, S., & Plowman, S. K. (2015). *The relationship between strengths-based employee development and organizational outcomes 2015 strengths meta-analysis*. Retrieved December 10, 2018, from https://news.gallup.com/reports/193427/strengths-meta-analysis-2015.aspx

Harter, J. K., & Stone, A. A. (2012). Engaging and disengaging work conditions, momentary experiences and cortisol response. *Motivation and Emotion*, 36 (2), 104-113.

Rigoni, B., & Asplund, J. (2016, July 7). *Strengths-based employee development: The business results*. Retrieved December 10, 2018, from https://www.gallup.com/workplace/236297/strengths-based-employee-development-business-results.aspx

第15章

Asplund, J., Agrawal, S., Hodges, T., Harter, J., & Lopez, S. J. (2014, March). *The Clifton StrengthsFinder 2.0 technical report: Development and validation*. Omaha, NE: Gallup.

Clifton, D. O., & Harter, J. K. (2003). Investing in strengths. In K. S. Cameron, J. E. Dutton, & R. E. Quinn (Eds.), *Positive organizational scholarship: Foundations of a new discipline* (pp. 111-121). San Francisco: Berrett-Koehler.

Hodges, T. D., & Clifton, D. O. (2004). Strengths-based development in practice. In P. A. Linley & S. Joseph (Eds.), *Positive psychology in practice*. Hoboken, NJ: John Wiley and Sons.

Nebraska Human Resources Institute. (n.d.). *History of NHRRF: The Nebraska Human Resources Research Foundation*. Retrieved December 10, 2018, from https://alec.unl.edu/nhri/history-nhrrf

Piersol, R. (2015, June 1). Gallup's Clifton dies at age 79. *Lincoln Journal Star*. Retrieved December 10, 2018, from https://journalstar.com/gallup-s-clifton-dies-at-age-this-story-ran-in/article_cb499250-04a5-5852-b48f-282c047ff505.html

第16章

1 CEOから始める。そうしないと、うまくいきません。これは理想的な出発点ですが、ギャラップがかかわったほとんどの組織は、まず、部門や部署で強みに基づくアプローチを開始し、組織内に、もうひとつの文化（強みに基づく文化）をつくり出しています。このような場合、経営陣の賛同を得るためには、このもうひとつの文化をテストケースとして扱い、強みに基づくアプローチが組織の成果にどう結びついているかを定量的・定性的に調査することで、投資効果を実証する必要があります。

2 すべての従業員に、自分の「才能」に目覚めてもらう。組織によっては、時間をかけ

index-report-2014.aspx
Gallup. (2015). Great jobs, great lives. The relationship between student debt, experiences and perceptions of college worth: Gallup-Purdue Index 2015 report. Retrieved December 7, 2018, from https://news.gallup.com/reports/197144/gallup-purdue-index-report-2015.aspx
Gallup. (2017). *Strada-Gallup 2017 college student survey: A nationally representative survey of currently enrolled students*. Retrieved December 7, 2018, from https://news.gallup.com/reports/225161/2017-strada-gallup-college-student-survey.aspx

第13章

Adkins, A. (2015, April 2). *Only 35% of U.S. managers are engaged in their jobs*. Retrieved December 7, 2018, from https://www.gallup.com/workplace/236552/managers-engaged-jobs.aspx
Gallup. (2017). *State of the American workplace*. Retrieved December 7, 2018, from https://www.gallup.com/workplace/238085/state-american-workplace-report-2017.aspx
Gallup. (2017). *State of the global workplace*. New York: Gallup Press.
Gallup. (2018). Gallup's perspective on aligning compensation with your talent management strategy. Omaha, NE: Gallup.

第14章

エンゲージした従業員は、ひとりで仕事をする時間を減らし、上司とコミュニケーションをとる時間を増やします。しかし、組織にとっては残念なことに、最もエンゲージメントの低い従業員は、顧客と過ごす時間が長くなり、その否定的な感情が顧客に伝染している可能性があります。

ギャラップが4万9,495の事業所を対象に実施した「強みに基づく介入」に関する実験的・準実験的研究のメタ分析によると、従業員エンゲージメントや生産性、収益、定着率、安全性、顧客の認知度が大幅に改善されたことが示されています。さらに、23,640人のエンゲージメントと1万592チームの営業成績を対象とした21件の研究によるメタ分析によると、強みと非強み（non-strengths）の両方のフィードバックを受けた人は、強みのみに関するフィードバックを受けた人よりも高いパフォーマンスを段階的に達成しています。これらの研究から、最適なフィードバックは、強みを伸ばすことに主眼を置き、非強みが弱みにならないように管理する方法について認識し、議論することであることがわかりました。

さらに、ギャラップのデータによると、今日の従業員は、上司が主に自分の強みに基づいてコーチングをしてくれることを期待しています。

Asplund, J. A., & Agrawal, S. (2018). *The effect of CliftonStrengths* 34 *feedback on employee engagement and sales: 2018 CliftonStrengths meta-analysis*. Retrieved

pdf
The University of Texas at El Paso. (n.d.). *Master list of logical fallacies.* Retrieved December 7, 2018, from http://utminers.utep.edu/omwilliamson/ENGL1311/fallacies.htm

第11章

4つの採用基準（経験と実績、生来の傾向、複数回の面接、実践観察）を組み合わせることで、採用の成功率を20%から70%に高めることができます。

シュミットらの100年研究（2016）では、一般的な認識力テストや採用面接（構造化されたものとされていないもの）、インテグリティ診断、パーソナリティ診断、身元照会、経歴データ、過去の経験、作業サンプル、アセスメントセンターで使用するものなど、多くの採用手法によってパフォーマンス予測を向上できることがわかっています。研究者は、これらの方法の多くを使って、5つの生得的な特性や傾向（モチベーション、ワークスタイル、イニシエーション、コラボレーション、思考プロセス）を測定し、それらを組み合わせることでパフォーマンス予測を最大限に高めることができます。その結果、一般的な認識力テストが最も強力なパフォーマンス予測因子であり、他の多くの手法は実質的に付加的であることがわかりました。一般的な認識力は、認識能力のテストや思考プロセスのテスト、これまでの経験や実績、状況判断の知識テスト、適性検査など、さまざまな方法で測定することができます。

Harter, J. K., Hayes, T. L., & Schmidt, F. L. (2004). Meta-analytic predictive validity of Gallup selection research instruments (SRI). Omaha, NE: Gallup.
Schmidt, F. L., & Rader, M. (1999). Exploring the boundary conditions for interview validity: Meta-analytic validity findings for a new interview type. *Personnel Psychology,* 52, 445-464.
Schmidt, F. L., & Zimmerman, R. D. (2004). A counterintuitive hypothesis about employment interview validity and some supporting evidence. *Journal of Applied Psychology,* 89 (3), 553-561.
Schmidt, F. L., Oh, I. S., & Shaffer, J. A. (2016). The validity and utility of selection methods in personnel psychology: Practical and theoretical implications of 100 years of research findings. Retrieved December 7, 2018, from https://www.testingtalent.net/wp-content/uploads/2017/04/2016-100-Yrs-Working-Paper-on-Selection-Methods-Schmit-Mar-17.pdf
Yang, Y., Harter, J. K., Streur, J. H., Agrawal, S., Dvorak, N., & Walker, P. (2013). *The Gallup manager assessment: Technical report.* Omaha, NE: Gallup.

第12章

Gallup. (2014). *Great jobs, great lives. The 2014 Gallup-Purdue Index report.* Retrieved December 7, 2018, from https://news.gallup.com/reports/197141/gallup-purdue-

ドの意図、組織文化など、競合他社との違いが明確にわかる魅力的なコンテンツが必要です。ミレニアル世代の85%がスマートフォンからインターネットにアクセスしていることを考慮すると、ミレニアル世代の採用を目指しているなら、ウェブサイトがシームレスなモバイル体験を提供できるようにする必要があります。
一方、主にX世代とベビーブーマー世代を中心とした求職者の約4人に1人は、依然として新聞を利用しています。

Gallup. (2016). *Gallup's perspective on: Designing your organization's employee experience.* Retrieved December 7, 2018, from https://www.gallup.com/workplace/242240/employee-experience-perspective-paper.aspx?g_source=link_wwwv9&g_campaign=item_242276&g_medium=copy

Gallup. (2016). *How millennials want to work and live.* Retrieved December 7, 2018, from https://www.gallup.com/workplace/238073/millennials-work-live.aspx

第10章

Ambady, N., & Rosenthal, R. (1992). Thin slices of expressive behavior as predictors of interpersonal consequences: A meta-analysis. *Psychological Bulletin, 111* (2), 256-274.

Bias. (n.d.). *Psychology Today*. Retrieved December 7, 2018, from https://www.psychologytoday.com/us/basics/bias

Buchanan, R. D., & Finch, S. J. (2005). *History of psychometrics.* Retrieved December 7, 2018, from https://www.researchgate.net/publication/230267368_History_of_Psychometrics

Christensen-Szalanski, J. J., & Beach, L. R. (1982). Experience and the base-rate fallacy. *Organizational Behavior & Human Performance*, 29 (2), 270-278.

Dronyk-Trosper, T., & Stitzel, B. (2015). Lock-in and team effects: Recruiting and success in college football athletics. *Journal of Sports Economics*, 18 (4), 376-387.

Gladwell, M. (2005). *Blink: The power of thinking without thinking.* New York: Little, Brown.

Grinnell, R. (2016). Availability heuristic. *Psych Central*. Retrieved December 7, 2018, from https://psychcentral.com/encyclopedia/availability-heuristic/

Moore, D. A. (2018, January 22). *Overconfidence: The mother of all biases.* Retrieved December 7, 2018, from https://www.psychologytoday.com/us/blog/perfectly-confident/201801/overconfidence

Pennsylvania State University. (2015, April 17). *Similar-to-me effect in the workplace.* Retrieved December 7, 2018, from https://sites.psu.edu/aspsy/2015/04/17/similar-to-me-effect-in-the-workplace/

Shahani-Denning, C. (2003). *Physical attractiveness bias in hiring: What is beautiful is good.* Retrieved from http://www.hofstra.edu/pdf/orsp_shahani-denning_spring03.

Retrieved December 7, 2018, from https://www.forbes.com/sites/johngreathouse/2013/04/30/5-time-tested-success-tips-from-amazon-founder-jeff-bezos/#33db5d59370c
Kahneman, D. (2015). *Thinking, Fast and Slow*. New York: Farrar, Straus and Giroux.

第Ⅱ部　組織文化をつくる

第6章

2018年のギャラップの調査（フランス、ドイツ、スペイン、英国のフルタイムおよびパートタイムの従業員4,000人を対象）では、従業員の約3人に1人が「自分が働いている会社を職場として推薦する」ことに強く同意しています。

Gallup. (2018). *Gallup's approach to culture: Building a culture that drives performance*. Retrieved December 7, 2018, from https://www.gallup.com/workplace/232682/culture-paper-2018.aspx?g_source=link_WWWV9&g_medium=related_insights_tile1&g_campaign=item_229832&g_content=Get%2520the%2520Most%2520Out%2520of%2520Your%2520Culture

第7章

Gallup. (2016). *The relationship between engagement at work and organizational outcomes: 2016 Q12® meta-analysis: Ninth edition*. Retrieved December 7, 2018, from https://news.gallup.com/reports/191489/q12-meta-analysis-report-2016.aspx
Gallup. (2017). *State of the global workplace*. New York: Gallup Press.

第8章

Koi-Akrofi, G. Y. (2016). Mergers and acquisitions failure rates and perspectives on why they fail. *International Journal of Innovation and Applied Studies*, 17 (1), 150-158.
Ratanjee, V. (2018, February 27). *Why HR leaders are vital for culture change*. Retrieved December 7, 2018, from https://www.gallup.com/workplace/234908/why-leaders-vital-culture-change.aspx

第Ⅲ部　採用のためのブランドを確立する

第9章

ミレニアル世代に限らず、ほとんどの従業員は、オンラインでの仕事探しを好みます。企業に求められる基本的な要件は、オンライン求人情報を見つけやすく、ユーザーフレンドリーで、視覚的に魅力的なものにすることです。ウェブサイトには、組織の目的やブラン

第3章

50年間にわたるギャラップのリーダーシップ研究を再調査した結果、成功するリーダーシップの特徴として、強度、触媒、アカウンタビリティ、柔軟性、ゴール志向、計画性、個別認識、戦略的ネットワーク、才能認識力（訳注、才能を評価するだけでなく、重視し、大切にしていること）、チームリーダー、ビジネス志向、コンセプト、知識追求、戦略的思考、競争力、勇気、組織化、構造、熱意、投資、ビジョンという幅広い要素があることがわかりました。

Emond, L. (2018, July 16). *Microsoft CHRO: A conversation about succession management.* Retrieved December 6, 2018, from https://www.gallup.com/workplace/237113/microsoft-chro-conversation-succession-management.aspx

Newport, F., & Harter, J. (2017, September 26). *What Americans value in the president, workers value in their CEO.* Retrieved December 6, 2018, from https://news.gallup.com/opinion/polling-matters/219932/americans-value-president-workers-value-ceo.aspx

第4章

経営幹部は、以下の方法で人々を効果的に導いていることがわかりました。ビジョンを通じて彼らを感化する。アカウンタビリティを生み出し変化を導いて組織の価値を最大化する。そして、人材育成や関係構築、効果的なコミュニケーションによってメンターの役割を務め、支持者をつくる、です。

Agrawal, S., & Harter, J. K. (2010). The cascade effect of employee engagement: A longitudinal study: Technical report. Omaha, NE: Gallup.

Wigert, B., & Maese, E. (2018). *The manager experience study.* Gallup Working Paper. Omaha, NE.

第5章

2018年のギャラップの調査（ヨーロッパのフルタイムおよびパートタイムの従業員4,000人を対象）では、フランスで41%、英国で33%、ドイツで26%、スペインで27%の従業員が「自分が働いている会社は、ビジネス上のニーズにすぐに対応するための適切なメンタリティがある」ことに強く同意しています。

Book summary of *Thinking, Fast and Slow* by Daniel Kahneman. (2016, September 10). Retrieved December 7, 2018, from http://www.hughflint.com/book-reviews/book-summary-by-thinking-fast-and-slow-by-daniel-kahneman/

Garamone, J. (2013, May 5). *Improving the science of decision making.* Retrieved December 7, 2018, from http://science.dodlive.mil/2013/05/05/improving-the-science-of-decision-making/

Greathouse, J. (2013, April 30). *5 time-tested success tips from Amazon founder Jeff Bezos.*

Keng, C. (2014, June 22). *Employees who stay in companies longer than two years get paid 50% less*. Retrieved November 19, 2018, from https://www.forbes.com/sites/cameronkeng/2014/06/22/employees-that-stay-in-companies-longer-than-2-years-get-paid-50-less/#1d727e4e07fa

Rothwell, J. (2016). *No recovery: An analysis of long-term U.S. productivity decline*. Washington, D.C.: Gallup and the U.S. Council on Competitiveness.

Statista. (2018). *Number of full-time employees in the United States from 1990 to 2017 (in millions)*. Retrieved November 19, 2018, from https://www.statista.com/statistics/192356/number-of-full-time-employees-in-the-usa-since-1990/

Trading Economics. (2018, December). *United States GDP*. Retrieved November 19, 2018, from https://tradingeconomics.com/united-states/gdp

第Ⅰ部　戦略を立てる

第1章

Gallup. (2016). *How millennials want to work and live*. Retrieved December 7, 2018, from https://www.gallup.com/workplace/238073/millennials-work-live.aspx

第2章

2018年のギャラップの調査（ヨーロッパのフルタイムおよびパートタイムの従業員4,000人を対象）では、従業員の4人に1人以下が「自社の経営陣が、将来への希望を抱かせてくれる」ことに強く同意しています。

Agrawal, S., & Harter, J. K. (2010). The cascade effect of employee engagement: A longitudinal study: Technical report. Omaha, NE: Gallup.

Dunbar, R. I. M. (1992). Neocortex size as a constraint on group size in primates. *Journal of Human Evolution, 20*, 469-493.

Fowler, J. H., & Christakis, N. A. (2008). Dynamic spread of happiness in a large social network: Longitudinal analysis over 20 years in the Framingham heart study. *BMJ*, 337, a2338+.

Gallup. (2016). First, break all the rules: What the world's greatest managers do differently. New York: Gallup Press.

Hernando, A., Villuendas, D., Vesperinas, C., Abad, M., & Plastino, A. (2010). Unravelling the size distribution of social groups with information theory in complex networks. *The European Physical Journal B*, 76 (1), 87-97.

Liberty, E., Woolfe, F., Martinsson, P., Rokhlin, V., & Tygert, M. (2007). Randomized algorithms for the low-rank approximation of matrices. *Proceedings of the National Academy of Sciences, 104* (51), 20167-20172.

参考文献

本書では、さまざまな調査・研究を参考にしています。その詳細については以下を参照してください。なお、引用されていない統計はギャラップの調査・研究によるものです。

序章

Bureau of Labor Statistics. (2018, January 19). *Labor force statistics from the current population survey.* Retrieved November 19, 2018, from https://www.bls.gov/cps/cpsaat08.htm

Clifton, J. (2015, December 10). *Killing small business.* Retrieved November 19, 2018, from https://news.gallup.com/opinion/chairman/186638/killing-small-business.aspx

Clifton, J. (2015, December 17). *What the whole world wants.* Retrieved November 19, 2018, from https://news.gallup.com/opinion/chairman/187676/whole-world-wants.aspx?g_source=link_NEWSV9&g_medium=&g_campaign=item_&g_content=What%2520the%2520Whole%2520World%2520Wants

Clifton, J. (2016, August 3). *Corporate boards: Failing at growth.* Retrieved November 19, 2018, from https://news.gallup.com/opinion/chairman/194132/corporate-boards-failing-growth.aspx?g_source=link_NEWSV9&g_medium=TOPIC&g_campaign=item_&g_content=Corporate%2520Boards%3a%2520Failing%2520at%2520Growth

Clifton, J. (2017, June 13). *The world's broken workplace.* Retrieved November 19, 2018, from https://news.gallup.com/opinion/chairman/212045/world-broken-workplace.aspx?g_source=link_NEWSV9&g_medium=TOPIC&g_campaign=item_&g_content=The%2520World%27s%2520Broken%2520Workplace

DeSilver, D. (2017, January 4). *5 facts about the minimum wage.* Retrieved November 19, 2018, from http://www.pewresearch.org/fact-tank/2017/01/04/5-facts-about-the-minimum-wage/

Desjardins, J. (2016, September 8). *Visualizing the size of the U.S. national debt.* Retrieved November 19, 2018, from http://money.visualcapitalist.com/visualizing-size-u-s-national-debt/

Drucker, P. F. (1954). The practice of management: A study of the most important function in American society. New York: Harper & Brothers.

Gallup. (2017). *State of the global workplace.* New York: Gallup Press.

Kamp, K. (2013, September 20). *By the numbers: The incredibly shrinking American middle class.* Retrieved November 19, 2018, from https://billmoyers.com/2013/09/20/by-the-numbers-the-incredibly-shrinking-american-middle-class/

ギャラップ（Gallup）について

グローバルなアナリティクスやアドバイス、ラーニングを行う。組織が抱える問題を解決できるようにリーダーたちを支援。また、従業員や顧客、学生、そして市民の意思について、世界中のどの組織よりもくわしく調査している。

「組織文化の変革」「リーダーシップ開発」「マネジャー育成」「強みを活かしたコーチングと組織文化」「有機的な成長戦略」「『ボスからコーチへ』ソフトウエア・ツール」「スター社員の獲得と採用」「サクセッション・プランニング」「パフォーマンス・マネジメント・システムと評価」「パフォーマンス指標の精緻化」「欠陥や安全リスクの低減」「社内プログラムの評価」「従業員のエンゲージメントとエクスペリエンス」「予測採用アセスメント」「定着率予想」「アジャイルなチームの構築」「顧客エクスペリエンスの向上（B2B）」「ダイバーシティ&インクルージョン」「ウェルビーイング」などのさまざまな分野で、ソリューションやトランスフォーメーション、サービスを提供している。

https://www.gallup.com/contact

著者紹介

ジム・クリフトン（Jim Clifton）

ギャラップ会長兼CEO。米国を中心とする企業から、30カ国・地域に40のオフィスを持つ世界的な企業へとギャラップを導く。重要な地球規模の問題について世界70億人の人々に発言してもらうために考案された「ギャラップ・ワールド・ポール（世界世論調査）」を主導。ノースカロライナ大学フランク・ホーキンス・ケナン民間企業研究所の特別客員教授兼シニア・フェローも務める。著書に*Born to Build*、*The Coming Jobs War*など。

ジム・ハーター（Jim Harter）

ギャラップ・ワークプレイス部門のチーフサイエンティスト。ワークプレイスの有効性に関する1,000以上の研究を主導。そのうちのひとつ、人間の潜在能力とビジネスユニットのパフォーマンスに関する大規模メタ分析の成果は巻末資料として本書に収録。著名なビジネス誌や学術誌への寄稿多数。ネブラスカ大学でPh.D.取得。著書に*12: The Elements of Great Managing*、『職場のウェルビーイングを高める』（日本経済新聞出版）など。

訳者紹介

古屋博子（ふるや・ひろこ）

ギャラップ・シニア・コンサルタント。フラリシュ・コンサルティング代表取締役。ストレングス・コーチングやエンゲージメントの実践を通じて、多くのエグゼクティブやマネジャー、チームのパフォーマンス向上や組織開発を支援。法学修士（慶應義塾大学大学院）、学術博士（東京大学大学院）。訳書に『さあ、才能（じぶん）に目覚めよう　新版』（日本経済新聞出版）など。

ザ・マネジャー
人の力を最大化する組織をつくる

2022年6月1日　1版1刷
2022年8月19日　3刷

著　者　ジム・クリフトン、ジム・ハーター
訳　者　古屋博子
発行者　國分正哉
発　行　株式会社日経BP
日本経済新聞出版
発　売　株式会社日経BPマーケティング
〒105-8308　東京都港区虎ノ門4-3-12
装　幀　渡辺弘之
DTP　有限会社マーリンクレイン
印刷・製本　凸版印刷株式会社
ISBN978-4-296-11372-9